Holger Gertel

Globalisierung im ländlichen Raum Ghanas

Spektrum

Berliner Reihe zu Gesellschaft, Wirtschaft und Politik in Entwicklungsländern

herausgegeben von

Prof. Dr. Georg Elwert (Institut für Ethnologie, FU Berlin)
Prof. Dr. Volker Lühr (Lateinamerikainstitut, FU Berlin)
Prof. Dr. Ute Luig (Institut für Ethnologie, FU Berlin)
Prof. Dr. Manfred Schulz (Institut für Soziologie, FU Berlin)

Band 67

LIT

Holger Gertel

Globalisierung im ländlichen Raum Ghanas

Ein Beitrag zur geographischen Entwicklungsforschung

LIT

Die Deutsche Bibliothek – CIP-Einheitsaufnahme

Gertel, Holger
Globalisierung im ländlichen Raum Ghanas : Ein Beitrag zur geographischen Entwicklungsforschung / Holger Gertel. – Hamburg : LIT, 2000
  (Spektrum ; 67.)
  ISBN 3-8258-4718-7

NE: GT

© LIT VERLAG Münster – Hamburg – London
  Grindelberg 15a 20144 Hamburg Tel. 040–44 64 46 Fax 040–44 14 22

Danksagung

Die vorliegende Arbeit beschäftigt sich mit Prozessen der Globalisierung im ländlichen Raum Ghanas. Dabei stützt sie sich auf die Ergebnisse von Feldforschungen, die 1995 in der *Northern Region* und 1996 im Westen der Brong-Ahafo Region von Ghana durchgeführt wurden. Diesbezüglich möchte ich mich an dieser Stelle für die finanzielle Unterstützung des DAAD bedanken, durch die der Feldaufenthalt von 1995 ermöglicht wurde. Weiterhin sei dem ASA-Programm der Carl-Duisberg Gesellschaft für die finanzielle Unterstützung und die inhaltliche Vorbereitung hinsichtlich des Feldaufenthaltes von 1996 gedankt.

Meinen akademischen Lehrern Prof. Dr. Thomas Krings und Prof. Dr. Hans-Georg Bohle gilt an dieser Stelle mein besonderer Dank. Ohne die kritischen Ratschläge und inhaltlichen Anregungen von Prof. Dr. Thomas Krings wäre diese Magisterarbeit in der vorliegenden Form wohl kaum entstanden. Ebenso möchte ich mich hier noch einmal bei Prof. Dr. Hans-Georg Bohle für die Vermittlung des *UNESCO Internship* und für die wissenschaftlichen Anregungen während meines Studiums bedanken. Die Empfehlungsschreiben von Prof. Dr. Walther Manshard haben mir in Ghana wichtige Türen von einheimischen und internationalen Institutionen geöffnet; hierfür gebührt ihm mein ausdrücklicher Dank. Schließlich sei an dieser Stelle noch Dr. Thomas Schaaf von der Abteilung für *Ecological Science* der *UNESCO* Hauptniederlassung in Paris für die Betreuung im Vorfeld und zum Teil während des Aufenthaltes von 1995 gedankt.

Weitreichende Anregungen konnte ich zusätzlich während meines Studiums (1995/96) an der *London School of Oriental and African Studies (SOAS)* sammeln. Hier gilt mein besonderer Dank Dr. Kathleen Baker vom *Department of Geography*, die meinen Blick für die Probleme der Länder in Sub-Sahara Afrika im Kontext von globalen Prozessen geschärft hat. Dr. Tanya Bowyer-Bower verdanke ich sicherlich die Erkenntnis, daß neben sozialgeographischen auch physisch-geographische Zusammenhänge bei Entwicklungsproblemen in afrikanischen Trockengebieten zu berücksichtigen sind. Hinsichtlich der wissenschaftlichen Analyse von Nahrungssystemen in Afrika war Prof. Dr. Johan Pottier vom *Department of Anthropology* mehr als hilfreich. Weiterhin waren die Hinweise über die politische Ökonomie von Ghana durch Dr. Richard Jeffries vom *Department of Political Science* für meine eigenen Untersuchungen sehr aufschlußreich.

Während meines *Internship* beim *UNESCO Cooperative Integrated Project on Savanna Ecosystems in Ghana (CIPSEG)* wurde ich von vielen Menschen in meiner Arbeit hervorragend unterstützt, von denen an dieser Stelle nur einige stellvertretend genannt werden können. Der *Chief Project Co-ordinator* Dr. B. Amoako-Atta bereitete mir nicht nur einen herzlichen Empfang in Ghana, er stellte auch die inhaltliche und logistische Betreuung meiner Untersuchungen vor Ort sicher. Edward Telly, der *National Director* des *UNESCO-CIPSEG* Projekts, unterstützte einerseits meine Feldstudien und gewährleistete andererseits, daß ich möglichst viel über die kulturellen Hintergründe der einzelnen *clans* von Nordghana kennenlernen konnte. Mein besonderer Dank gilt weiterhin David Issah Jacob und Issac Napodow, die 1995 die Übersetzungsarbeit für mich leisteten. Kwasi Glover lehrte mich viel über die landwirtschaftlichen Besonderheiten der Guinea Savanne und wurde ein enger Freund.

Für die gewährte Unterstützung während der beiden Feldaufenthalte sei weiterhin Prof. Dr. Agyepong und Herrn Kofi Panyin Yarboi vom *Geography Department and Resource Development* der Universität Legon gedankt. Mein Dank gilt auch den Mitarbeitern der GTZ in Tamale, Sunyani und Accra. Besonders hervorzuheben ist hier Dr. Thomas Holtkamp für seine hilfreichen Anregungen.

Der Aufenthalt von 1996 wurde hauptsächlich vom Deutschen Entwicklungsdienst (DED) logistisch unterstützt. Diesbezüglich gilt mein Dank vor allem Herrn Klaus Thüsing, dem verantwortlichen Leiter des Regionalbüros des DED in Ghana sowie den Mitarbeitern Wilfried Hoffstadt und Thomas Diestelhorst. Herr Francis Atta Donkor, Hauptverantwortlicher der *Voluntary Workcamps Association of Ghana (VOLU)* stellte dankenswerterweise den Kontakt zum Untersuchungsdorf Gyankufa in der Brong Ahafo Region her. Durch die Hilfe von *Chief Commander* Manuh von der Zongo Polizeistation in Kumasi wurde der Aufenthalt in Gyankufa schließlich vorbereitet und die näheren Kontakte geebnet. Schließlich sei Herrn Jeff Agyemang Yaw und Frau Rosemary Arthur für ihre Dolmetschertätigkeit gedankt. Stellvertretend für die Dorfbewohner möchte ich mich besonders herzlich beim *chief* von Gyankufa, Gyankufahene Nana Saana Bediatuo für seine Gastfreundschaft, seine Offenheit und sein verständiges Zuhören und Erklären bedanken.

Ohne die überaus konstruktive Mitarbeit von Gabriele Kruk und Silke Haack während des Feldaufenthaltes von 1996 im Rahmen des ASA-Programms wären die erzielten Erkenntnisse, die bedeutende Grundlagen für diese Arbeit lieferten, sicher nicht zustande gekommen. Dafür herzlichen Dank. Schließlich gilt mein Dank noch Antje Schlottmann für die kritischen Anregungen und die Diskussionen während unserer gemeinsamen Studienjahre in Freiburg. Für eine letztmalige Durchsicht des Manuskriptes ein mehr als herzliches Dankeschön an Kathrin Charlier.

Nicht zuletzt möchte ich mich bei meiner Familie bedanken. Ohne deren Unterstützung hätte diese Arbeit in der vorliegenden Form sicherlich nicht realisiert werden können.

Freiburg i. Br. im Januar 1999
Jena im März 2000

Holger Markus Gertel

INHALT

Danksagung V
Verzeichnis der Karten IX
Verzeichnis der Tabellen IX
Verzeichnis der Abbildungen X
Verzeichnis der Photographien X
Verzeichnis der Abkürzungen XI

1   EINLEITUNG 1
1.1   Einführung und Problemstellung 1
1.2   Datengrundlage und methodische Hinweise 3

2   THEORETISCHE ANSÄTZE ZUR ERFASSUNG VON GLOBALISIERUNG 7
2.1   WALLERSTEIN und das kapitalistische Weltsystem 9
2.2   ROBERTSON: Global - Lokal oder Glokal? 10
2.3   HARVEY: *Time-Space Compression* 11
2.4   GIDDENS: *Time-Space Distanciation* und *Disembedding* 13
2.5   ALBROW: *Socioscapes* als Ausdruck von Globalisierung 16
2.6   Globalisierung: Eine Erklärungsinstanz ? 18

3 GLOBALISIERUNGSPROZESSE IN DER BRONG-AHAFO REGION ... 23

3.1 Kommodifizierung indigener Landrechte in Ghana ... 23

3.1.1 Die historische Entwicklung der ghanaischen Landrechte ... 24

3.1.2 Landrechte im Kontext der Kolonialisierung ... 26

3.1.3 Die Landrechtsfrage nach dem Ende der britischen Herrschaft ... 32

3.1.4 Exkurs: Landrechte in den Nordregionen Ghanas ... 39

3.2 Fallbeispiel: Transformationen der Sozialstruktur in Gyankufa ... 47

3.2.1 Subsistenzproduktion versus Kakao-Exportproduktion ... 60

3.2.2 Indigene Landrechte unter dem Einfluß von *'World Vision International'* ... 69

3.2.3 Exkurs: Die Macht von Karten und die Transformation von Landrechten ... 74

3.2.4 Dimensionen der Globalisierung in Gyankufa ... 77

3.3 Kommodifizierung und räumliche Mobilität als Ursachen der Entankerung lokaler Beziehungen ... 87

4 GLOBALISIERUNGSPROZESSE IN DER *NORTHERN REGION* ... 91

4.1 Monetarisierung der Austauschbeziehungen in Ghana ... 91

4.1.1 Von der 'Gabe' zum 'Geld' ... 92

4.1.2 *'Symbolic Tokens'* oder die Bedeutung der 'modernen' Geldwirtschaft ... 95

4.1.3 Die Auswirkungen der Strukturanpassung auf den ländlichen Raum Ghanas ... 99

4.1.4 Exkurs: Abenteuer *VAT (Value Added Tax)* ... 103

4.2 Fallbeispiel: Transformationen der Überlebenssicherung in Kumbuyili und Yiwogu ... 106

4.2.1 Gesellschaftliche Stratifizierung und Überlebenssicherung ... 107

4.2.2 Subsistenzproduktion versus Weltmarktintegration ... 119

4.2.3 Exkurs: Imagebildung an einer 'glokalen' Schnittstelle ... 127

4.2.4 Lokale Nahrungsunsicherheit in der *Northern Region* ... 135

4.3 Monetarisierung als Ursache der Entankerung lokaler Beziehungen ... 142

5 GLOBALISIERUNG ODER STRUKTURWANDEL IN GHANA? ... 147

LITERATUR 153

ANHANG 171

VERZEICHNIS DER KARTEN

Karte 1-1: Administrative Grenzen Ghanas & Lage der Fallbeispiele 6

Karte 3-1: Der Jaman Distrikt & die Lage Gyankufas 48

Karte 3-2: Traditionelle Viertelsbildung von Gyankufa 57

Karte 3-3: Migration in die *Western Region* & Kakaoproduktion in Ghana 64

Karte 3-4: Die sozialräumliche Gliederung von Gyankufa 68

Karte 4-1: Lage von Kumbuyili und Yiwogu 108

Karte 4-2: Lage von Kumbuyili 109

Karte 4-3: Lage von Yiwogu 110

Karte 4-4: Dorfplan von Kumbuyili 111

Karte 4-5: Dorfplan von Yiwogu 112

VERZEICHNIS DER TABELLEN

Tabelle 1-1: Vorgehensweise & Leitfragen der Felduntersuchung von 1996 5

Tabelle 3-1: Landverkäufe in Ghana nach ökologischen Zonen 37

Tabelle 3-2: Formen der Landrechte in Ghana im Überblick 45

Tabelle 3-3: Rotierende Wochenmärkte im Einzugsgebiet von Gyankufa 49

Tabelle 3-4: Infrastrukturelle Baumaßnahmen von *WVI* 72

Tabelle 3-5: Holzexporte 1991-1995 80

Tabelle 3-6: Holzanteil am Gesamtexport 80

Tabelle 3-7: Die Kirchengemeinden in Gyankufa und deren Mitgliederzahl 83

Tabelle 4-1: Struktur der Steuereinnahmen Ghanas 1983-1991 103

Tabelle 4-2: Landwirtschaftlicher Ertrag pro Haushalt 122

VERZEICHNIS DER ABBILDUNGEN

Abbildung 2-1: Globalisierungsprozesse in Ghana (Analyserahmen) 20

Abbildung 3-1: Die *matriclans* des Jaman Distrikts und die vier *matrilineages* von Gyankufa 54

Abbildung 3-2: Der Anbaukalender von Gyankufa 61

Abbildung 3-3: Wirtschaftszyklus von Gyankufa 65

Abbildung 3-4: Holzexporte 1991-1995 80

Abbildung 3-5: Eine Auswahl historisch angelegter Transformationsprozesse in Gyankufa 88

Abbildung 4-1: Bevölkerungsstruktur von Kumbuyili 116

Abbildung 4-2: Bevölkerungsstruktur von Yiwogu 116

Abbildung 4-3: Religionsverteilung in Yiwogu und Kumbuyili 118

Abbildung 4-4: Anbaukalender von Kumbuyili und Yiwogu 120

Abbildung 4-5: Typisiertes Zeitbudget eines Mannes > 30 Jahre 124

Abbildung 4-6: Typisiertes Zeitbudget eines Mannes < 30 Jahre 125

Abbildung 4-7: Typisiertes Zeitbudget einer Frau 126

Abbildung 4-8: Maßnahmen & Auswirkungen des *UNESCO CIPSEG* Projekts 133

Abbildung 4-9: Der 'heilige Hain' und die idealtypische Raumstruktur der *UNESCO-MAB* Projekte (Luftbild) 134

Abbildung 4-10: Model einer Hungerkrise 136

Abbildung 4-11: Lokale Nahrungsunsicherheit im Kontext von Prozessen der Globalisierung 138

VERZEICHNIS DER PHOTOGRAPHIEN

Foto 3-1: Der 'heilige Teich' von Gyankufa 90

Foto 3-2: Eine der beiden von *World Vision* installierten Pumpen 90

Foto 4-1: Das Untersuchungsdorf Kumbuyili und die Dorfpumpe 113

Foto 4-2: Das Untersuchungsdorf Yiwogu 113

Foto 4-3: Junge Männer beim Pflügen mit einem Ochsenpfluggespann 145

Foto 4-4: Der Baobab im Zentrum des 'heiligen Hains' von Kumbuyili 145

VERZEICHNIS DER ABKÜRZUNGEN

BMZ:	Bundesministerium für wirtschaftliche Zusammenarbeit und Entwicklung
CEPA:	Centre for Policy Analysis
CIPSEG:	Co-operative Integrated Project on Savanna Ecosystems in Ghana
CPP:	Convention People's Party
ERP:	Economic Recovery Program
FADEP:	Family and Development Programme
FAO:	Food and Agricultural Organisation
FES:	Friedrich Ebert Stiftung
FORIG:	Forestry Research Institute of Ghana.
GCMB:	Ghana Cocoa Marketing Board
GTZ:	Gesellschaft für Technische Zusammenarbeit
IRNR:	Institute of Renewable Natural Resources.
ISSER:	Institute of Statistical, Social and Economic Research
IWF:	Internationaler Währungsfont
MAB	Man and the Biosphere
MOFA:	Ministry of Food and Agriculture (Ghana)
NORRIP:	Northern Region Rural Integrated Programme (Ghana)
NRO:	Nicht Regierungs Organisation
ODA:	British Overseas Development Administration
ODI:	Overseas Development Institute
PAMSCAD:	Programm of Action to Mitigate the Social Costs of Adjustment
PRA:	Programm for Rural Action (GTZ-Ghana)
ROG:	Republic of Ghana
SAP:	Strukturanpassungsprogramm
UNDP:	United Nations Development Programm
UNESCO:	United Nations Educational, Scientific and Cultural Organisation
UNICEF:	United Nations Children's Fund
USAID:	United States Agency for International Development
WVI:	World Vision International

1 EINLEITUNG

1.1 Einführung und Problemstellung

Begriffe wie 'Globalisierung', 'Glokalisierung', 'Globalismus', 'Global - Lokal' und das 'globale Zeitalter' prägten die 80er und 90er Jahre des vergangenen Jahrhunderts und bestimmen weiterhin den wissenschaftlichen Diskurs. Auffällig ist dabei, daß der Begriff Globalisierung nicht nur in wissenschaftlichen Abhandlungen quer durch alle Disziplinen gebraucht wird, sondern auch in die gegenwärtigen politischen Debatten sowie die Alltagsgesprächen der Menschen Einzug gefunden hat. Dabei wird Globalisierung in der Regel als Schlagwort benutzt, um alltägliche Situationen und Problemlagen, etwa die zunehmende Arbeitslosigkeit in Deutschland, zu erklären. Unbestreitbar ist, daß das Alltagsleben der Menschen zunehmend durch Prozesse der Globalisierung umstrukturiert wird. Wenn Globalisierung jedoch als 'erklärende Variable' aufgefaßt wird, werden die der Globalisierung zugrunde liegenden Prozesse und damit gegenwärtige Problemlagen, etwa in der Wirtschaftspolitik, eher verschleiert und verschwinden im Nebulösen, als daß sie ökonomische, politische oder soziale Probleme erklären. Obwohl mit dem Begriff Globalisierung implizit auf Prozesse verwiesen wird, die den gesamten Globus umspannen, herrscht darüber hinaus die Auffassung vor, daß Globalisierung lediglich ein regionales Phänomen sei. Regionen wie Nordamerika, Europa und (eingeschränkt) Asien seien 'globalisiert', während Regionen wie etwa Afrika südlich der Sahara kaum von der Globalisierung betroffen seinen.[1] Wenn von Globalisierung hinsichtlich der Entwicklungsländer gesprochen wird, so bezieht sich dies in der Regel auf die städtischen Regionen und nur selten auf den ländlichen Raum.

In diesem Zusammenhang unternimmt die folgende Arbeit den Versuch, Globalisierung begrifflich und konzeptionell zu erklären und in bezug auf gesellschaftliche Transformationsprozesse im ländlichen Raum Ghanas zu operationalisieren. Weiterhin wird argumentiert, daß sich 'die Globalisierung' weder auf rein ökonomische Aspekte reduzieren läßt, noch daß es dabei zu regionalen Ausschlüssen kommt. Auch dient 'Globalisierung'

---

[1] Wird etwa der Anteil der Staaten Afrikas südlich der Sahara am Welthandel betrachtet, liegt der Schluß nahe, daß die afrikanischen Staaten den 'Anschluß' an die Länder Europas, Amerikas und Asiens endgültig verloren haben. Bei einem Vergleich der anteilmäßigen Zuströme der Direktinvestitionen nach Sub-Sahara Afrika gegenüber den restlichen Entwicklungsländern fällt beispielsweise auf, daß der Anteil der afrikanischen Staaten ohnehin sehr gering und sogar von 5,9% im Jahr 1988 auf 3,0% bis 1994 zurückgegangen ist (GUNDLACH / NUNNENKAMP 1996:94). Damit drängt sich geradezu das Bild auf, daß die 'Globalisierung' an Afrika vorbei geht.

nicht als selbständige Erklärungsinstanz für ökonomische oder gesellschaftliche Phänomene, sondern - und dies ist zentral für die vorliegende Arbeit - wird Globalisierung als ein analytischer Begriff aufgefaßt, der zu erklären ist. Dem Begriff Globalisierung liegen demzufolge Prozesse zugrunde, die als 'erklärende Variablen' herangezogen werden sollten, um Globalisierung zu erklären und empirisch zu erfassen. Der Fokus der Untersuchung richtet sich dabei auf lokale Auswirkungen dieser Prozesse. Entscheidend ist hierbei, daß davon ausgegangen wird, daß die Prozesse der Globalisierung Auswirkungen auf die Alltagshandlungen der Menschen haben. Es wird also darum gehen, zu untersuchen, inwiefern Globalisierungsprozesse die Alltagshandlungen der Menschen in Ghana umstrukturieren, und zwar in einer Weise, daß soziale Beziehungen aus ihrem lokalen Kontext entankert werden und unter transformierten Bedingungen partiell wieder verankert werden - teilweise auch in neuen Kontexten. Eingebettet in diese Analyse wird weiterhin die These aufgestellt, daß die gegenwärtigen gesellschaftlichen Transformationsprozesse in Ghana nicht lediglich einen Strukturwandel darstellen und als solcher beschrieben werden, sondern sinnvoller mit dem Begriff der Globalisierung erfaßt und bezeichnet werden können. Ziel dieser Arbeit ist es demnach, anhand von zwei Fallbeispielen aus dem ländlichen Raum zu analysieren, inwiefern Ghana in Prozesse der Globalisierung eingebunden ist, welche Prozesse zu gesellschaftlichen Transformationen in Ghana führen und ob diese Transformationsprozesse eher einen gesellschaftlichen Strukturwandel bezeichnen, oder sinnvollerweise als Globalisierungsprozesse zu begreifen sind.

Die geographische Entwicklungsforschung stellt den inhaltlichen und konzeptionellen Rahmen, in den sich diese Arbeit einordnet, wobei es das Ziel der geographischen Entwicklungsforschung ist, Probleme und Prozesse der Entwicklung und Unterentwicklung in Entwicklungs- und Industrieländern zu analysieren und zu erklären. Diesbezüglich versteht sich die Entwicklungsgeographie nicht als Raum- sondern als Sozialwissenschaft mit einer räumlichen Perspektive. Der hier behandelte wissenschaftliche Forschungsgegenstand 'Globalisierung', der bereits auf eine räumliche Perspektive verweist und gesellschaftliche (Entwicklungs-) Probleme konnotiert, stellt somit für die geographische Entwicklungsforschung ein prädestiniertes und zentrales Themenfeld dar.

Im ersten Teil der Arbeit (Kapitel 1 und 2) wird die zentrale Frage- und Problemstellung entwickelt, die Datengrundlage der Fallbeispiele ausgewiesen und die, für diese Arbeit relevanten theoretischen Konzepte zur Globalisierung diskutiert sowie der Analyserahmen zur konzeptionellen Erfassung von Globalisierungsprozessen hinsichtlich der Fallbeispiele vorgestellt. Der zweite Teil der Arbeit (Kapitel 3 und 4) beschäftigt sich mit der empirischen Evidenz von Globalisierungsprozessen in Ghana. In einer historischen Längsschnittanalyse wird die Transformation der Landrechte in Ghana untersucht und die Prozesse der 'Kommodifizierung' und der 'räumlichen Mobilität' analysiert, die als lokale Prozesse der Globalisierung aufgefaßt werden. Dies wird an einem Fallbeispiel aus der *Brong-Ahafo Region* verdeutlicht. Der Fokus des vierten Kapitels liegt auf der Analyse der Monetarisierung der ghanaischen Gesellschaft. Es wird argumentiert, daß durch die Einführung und die weitere Perpetuierung der Geldwirtschaft in alle Bereiche des Alltagslebens soziale Beziehungen aus ihren lokalen Handlungskontexten entankert und umstrukturiert werden. Anhand eines Fallbeispieles aus der *Northern Region* wird dies konkretisiert und die Implikationen für die Überlebenssicherung der Menschen in dieser Region aufgezeigt. Die Abschlußdiskussion geht schließlich der Frage nach, ob die gesellschaftlichen Transformationsprozesse in Ghana sinnvollerweise als Strukturwandel oder als Globalisierung zu erfassen und zu analysieren sind.

1.2 Datengrundlage und methodische Hinweise

Die vorliegende Arbeit stützt sich zum einen auf ein umfangreiches Literaturstudium und zum anderen auf empirische Ergebnisse von zwei Feldaufenthalten, die 1995 in der *Northern Region* und 1996 in der *Brong-Ahafo Region* von Ghana durchgeführt wurden (vgl. Karte 1-1).

Die verwendete Literatur umfaßt neben den in Deutschland zur Verfügung stehenden Publikationen sowohl staatliche als auch private Veröffentlichungen aus Ghana. Weiterhin wurden Berichte und Gutachten der *UNESCO*, von *UNICEF*, der *FAO* und der *GTZ* zur Bearbeitung der zentralen Fragestellungen herangezogen. Wichtige Zusatzinformationen lieferte das Studium von 'grauer' Literatur, hier sind besonders unveröffentlichte Dissertationen aus den Fachbereichen Geographie und Agrarwirtschaft der ghanaischen Universitäten von Legon und Kumasi zu nennen sowie Materialien aus den Nationalarchiven von Sunyani und Tamale. Das Literaturstudium wurde schließlich durch eine ausführliche Recherche in der Bibliothek der *London School of Oriental and African Studies (SOAS)* abgerundet. Die empirischen Felduntersuchungen basieren sowohl auf quantitativen als auch auf qualitativen Erhebungsmethoden und wurden im Sinne einer *Livelihood*-Analyse durchgeführt (GRAWERT 1998). Während des Feldaufenthaltes 1995 wurde in den beiden Untersuchungsdörfern (Kumbuyili und Yiwogu) eine Totalerhebung mit Hilfe eines standardisierten Fragebogens durchgeführt. Dieser

Fragebogen untergliederte sich in die Sektionen Demographie, Bildung, Landwirtschaft und Landnutzungssystem, Ernährungssicherung, ökonomische Absicherung und Einkommensstruktur sowie Umweltwahrnehmung. Die daraus gewonnenen Erkenntnisse wurden schließlich mit Hilfe von *Participatory Rural Appraisal (PRA)* Methoden (CHAMBERS 1995a; 1995b; 1995c; SCHÖNHUTH / KIEVELITZ 1994) qualitativ überprüft. In den jeweiligen Untersuchungsdörfern und in Nachbardörfern wurden mit einem interdisziplinären Team (welches sich aus Mitarbeitern des *UNESCO-CIPSEG* Projektes zusammensetzte) *Focus Group Discussions* und Transects durchgeführt. Weiterhin wurden zusammen mit den Dorfbewohnern Zeitbudget-Analysen und 'kognitive Karten' (*mental maps*) angefertigt sowie ein saisonaler Anbaukalender erstellt. Durch teilnehmende Beobachtung und semistrukturierte Interviews konnten von Beginn des Aufenthaltes in den Untersuchungsdörfern an grundlegende Daten gesammelt werden. Die methodische Vorgehensweise beim zweiten Aufenthalt in Ghana 1996 (Gyankufa) baute auf die methodischen Erkenntnisse des Vorjahres auf. Diesbezüglich lag der Schwerpunkt der angewandten Methoden auf qualitativen Erhebungsmethoden. Neben der teilnehmenden Beobachtung, der Durchführung von Transects, der Anfertigung von *mental maps*, Zeitbudget-Analysen und einem saisonalen Anbaukalender wurden vor allem Leitfaden- und biographische Interviews durchgeführt. Diese Interviews mit einzelnen Personen wurden durch Zielgruppendiskussionen ergänzt. Weiterhin ist zu beachten, daß auch hier in einem Team gearbeitet wurde, wobei die Interviews mit den Einzelpersonen so durchgeführt wurden, daß die Männer vom Autor und einem männlichen Übersetzer, die Frauen von den weiblichen Teammitgliedern und einer weiblichen Übersetzerin befragt wurden. Abgerundet wurden die Erhebungen durch Leitfaden-Interviews mit 'Schlüsselpersonen' des Dorfes und durch eine quantitative Erhebung mittels eines standardisierten Fragebogens, der von den Schülern der *Junior Secondary School* von Gyankufa ausgefüllt wurde. Die Praxis der Felduntersuchung wird durch Tab. 1-1 zusammenfassend dargestellt.

Anmerkungen zur Sprache

Zur Verwendung der englischen Sprache innerhalb dieser Arbeit ist schließlich noch anzumerken, daß sich die Arbeit zu einem Großteil auf Literatur bezieht, die in englischer Sprache verfaßt wurde. Englische Begriffe wurden in der Regel nicht übersetzt, damit der begrifflichen Kontext in seiner ursprünglichen Bedeutung durch eine ungenaue Übersetzung nicht verfälscht wird. Alle englischen Begriffe sind im Text kursiv wiedergegeben.

EINLEITUNG

Tab 1-1: Vorgehensweise & Leitfragen der Felduntersuchung von 1996

Teilnehmende Beobachtung	a) Transect b) *mental map* c) Kartierung	Biographische (a) und Leitfaden-Interviews (b)	Semi-strukturierte Interviews
August 1996			Oktober 1996
♦ Wie läuft der dörfliche Alltag ab (Haushalt, Kinder und Felder versorgen, soziale Beziehungen pflegen, etc.)? ♦ Welches sind wichtige Punkte im Dorf (Brunnen; Markt; Busstation, etc.)? ♦ Trennung der Tätigkeiten und der sozialen Handlungsräume nach Geschlechtern? ♦ Alters- und Sozialstruktur im Dorf? ♦ Beziehungen der Dorfbewohner untereinander?	a) / b): ♦ Wer legt die Route fest? ♦ Wer geht mit? ♦ Welche Interessen haben die Beteiligten? ♦ Unterschiede bei Frauen- / Männergruppen? ♦ Übereinstimmungen / Widersprüche zu eigenen Beobachtungen? c): ♦ Reliefprofil / Grundriß von Lage des Dorfes, der Felder, der Entfernungen ♦ Flußdiagramm der Interaktionen bzw. kausalen Verknüpfungen	a) ♦ Welche aktuellen Probleme gibt es im Leben des / der Befragten? ♦ Welche Probleme gab es früher? ♦ Hat sich das Leben im Dorf in den letzten 10 Jahren verändert? Worin? b) ♦ Welche Rolle spielt die Landwirtschaft bei der Absicherung der Lebensgrundlagen? ♦ Verhältnis von Subsistenz- zur Marktproduktion? ♦ Rolle der Tauschwirtschaft ♦ Dorfsolidaritäten ♦ Einkommensquellen / -höhe / von wem für was verwendet? ♦ Veränderung der Rolle / Verantwortlichkeit der Frau bei der Absicherung der Basisernährung des Haushaltes? ♦ Zukünftige Absicherung der quantitativen (und qualitativen) Ernährung? Problem-lösungen? Wenn keine, warum nicht?	Haushaltsstruktur: ♦ Zahl / Geschlecht / Alter / Bildungsstand der Familienmitglieder? ♦ Besitz: Land / Vieh / Sonstiges? ♦ Familiensituation (z. B. Migration)? Agrarstruktur: ♦ Lage / Entfernung / Größe der Felder? ♦ Landrechte? ♦ Anbauprodukte / Inputs? ♦ Anbaukalender? Ernährungssicherung: ♦ Rolle der Landwirtschaft / sonstige Einkommensquellen? ♦ Bedeutung sozialer Netzwerke? ♦ Güter- / Warenströme zwischen Dorf und Region? ♦ Rolle der Frau? ♦ Engpässe bzgl. Quantität? ♦ Ernteverluste? Marktstrukturen: ♦ Wer vermarktet wo, was und wann? ♦ Transport?
Alle Dorfbewohner	Interessierte Gruppen	Möglichst sozial differenzierte Gesprächspartner	Möglichst viele Gesprächspartner (große Stichprobe)

Entwurf: KRUK 1996; Zeichnung: H. GERTEL 1999

Karte 1-1: Administrative Grenzen Ghanas & Lage der Untersuchungsgebiete

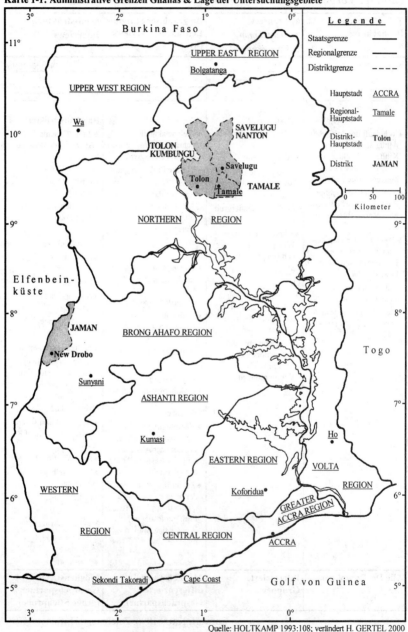

Quelle: HOLTKAMP 1993:108; verändert H. GERTEL 2000

2 THEORETISCHE ANSÄTZE ZUR ERFASSUNG VON GLOBALISIERUNG

Globalisierung meint das erfahrbare Grenzloswerden alltäglichen Handelns in den verschiedenen Dimensionen der Wirtschaft, der Information, der Ökologie, der Technik, der transkulturellen Konflikte und Zivilgesellschaft, und damit im Grunde genommen etwas zugleich Vertrautes *und* Unbegriffenes, schwer Begreifbares, das aber mit erfahrbarer Gewalt den Alltag elementar verändert und alle zu Anpassungen und Antworten zwingt (BECK 1997:44/45).

Obwohl der Begriff 'Globalisierung' bereits durch das Suffix '-isierung' zwar auf den prozeßhaften Charakter der verschiedensten Dimensionen von Globalisierung hinweist, so wird mit Globalisierung oftmals das 'ganz Große', eben das 'Unbegriffene', wie BECK es nennt, verstanden. Wird Globalisierung als erklärende Variable herangezogen, um gegenwärtige gesellschaftliche Transformationen zu begreifen, muß der Begriff als *'black box'* bestehen bleiben, da die ihm zugrunde liegenden Prozesse nicht hinreichend analysiert werden können. Mit dem Begriff Globalisierung kann dann schließlich 'alles' 'erklärt' werden, und Aussagen wie 'die Globalisierung ist verantwortlich für die hohe Arbeitslosigkeit in Deutschland' oder 'die Globalisierung geht an Afrika vorbei' sind scheinbar zwangsläufig immer richtig - und doch erklären diese Aussagen wenig. Es scheint hier daher angebracht, zunächst einige konzeptionelle Vorüberlegungen bezüglich des Begriffs Globalisierung zu präsentieren, bevor die Debatte über Globalisierung aus einer sozialwissenschaftlichen Perspektive heraus näher beleuchtet und der Analyserahmen der empirischen Untersuchungen vorgestellt wird.

Ziel dieser Arbeit ist es, zu analysieren, ob die gegenwärtigen gesellschaftlichen Transformationsprozesse in Ghana und deren räumlicher Niederschlag lediglich als Strukturwandel zu bezeichnen sind, oder ob es sich dabei um Prozesse der Globalisierung handelt. Dazu ist es notwendig, die Frage nach den begrifflichen Unterschieden und Gemeinsamkeiten zwischen Globalisierung und Strukturwandel zu stellen. Hier wird argumentiert, daß beiden Begriffen ein prozeßhafter Charakter immanent ist und ihnen daher eine zeitliche Dimension zugrunde liegt. Weiterhin sind sie hinsichtlich ihrer inhaltlichen Bezüge zunächst unbestimmt, wobei Strukturwandel auf ein Verständnis von gesellschaftlichen Strukturen rekurriert, das in der soziologischen 'Containerphilosophie' verhaftet ist (BECK 1997). Demgegenüber beinhaltet der Begriff der Globalisierung neben der zeitlichen eine räumliche Dimension. Dieser räumliche Bezug impliziert - in Kombination mit dem prozeßhaften Charakter des Begriffs - Vorgänge der Verschränkung von kleineren räumlichen Einheiten mit einem übergeordneten großen Raum -

dem Globus. Kleinere 'räumliche Einheiten' werden globalisiert. Mit dieser implizierten räumlichen Dimension ist bereits in dem Begriff selbst ein entscheidender Ansatzpunkt für geographische Arbeiten angelegt. Allerdings ist die unterliegende und hier konnotierte substantialistische Raumkonzeption im Sinne von WERLEN (1995) als handlungskompatible Raumkonzeption auszuweisen, was mit dem Paradigmenwechsel innerhalb der geographischen Entwicklungs(länder)forschung einhergeht - der sich durch den Übergang von einer Raum- zu einer Handlungswissenschaft auszeichnet (BLENCK 1979). Weder Zeit noch Raum per se sind somit Gegenstand der Untersuchung, sondern die handelnden Menschen - vor allem im Hinblick auf die entsprechenden sozialen Beziehungen, die eine räumliche und zeitliche Dimension aufweisen. Vor diesem Hintergrund erscheint es sinnvoll, die gegenwärtigen sozialen und räumlichen Transformationen in Ghana im Zusammenhang mit dem Begriff der Globalisierung zu analysieren. Dazu wird der bisher erst deskriptiv erfaßte Begriff im Kontext der in sich fragmentierten sozialwissenschaftlichen Debatte im folgenden näher beleuchtet, um ihn dann als 'zu erklärende Variable' analytisch zu positionieren. Der Schwerpunkt der Analyse liegt hierbei auf der englischsprachigen Debatte über Globalisierung, da einerseits die 'Pionierarbeiten' zur Globalisierung und andererseits die analytischen Konzepte, die für die vorliegende Arbeit relevant sind, im wesentlichen innerhalb dieser Debatte verfaßt wurden.[2] Der deutsche Diskurs um Globalisierung wurde in letzter Zeit hauptsächlich von BECK (1997) innerhalb der Wissenschaftsdisziplin der Soziologie, von ALTVATER / MAHNKOPF (1996) und MENZEL (1998) innerhalb der Politologie sowie von WERLEN (1997), KRÄTKE (1995; 1997), NUHN (1997) und OßENBRÜGGE (1998) in der Geographie geführt. Diesbezüglich ist anzumerken, daß sich BECK und WERLEN ebenfalls hauptsächlich auf die englischsprachige Debatte beziehen, während zumindest die Ausführungen von BECK zur Globalisierung für die hier geführte Analyse nur bedingt relevant sind. ALTVATER / MAHNKOPF hingegen bieten ein Konglomerat der verschiedenen Diskurse und formulieren diese auf wirtschaftspolitische Figurationen um, was den Fokus ihrer Analyse eher verwässert, als daß er Klärung schafft. KRÄTKE hingegen konzentriert sich einerseits auf 'Globalisierung und Stadtentwicklung in Europa' (1997) und andererseits auf regulationstheoretische Aspekte der Globalisierung, bleibt aber im Deskriptivem verhaftet. Den Ausführungen von NUHN und OßENBRÜGGE unterliegt ebenso ein beschreibender Charakter

---

[2] Die Auswahl der theoretischen Ansätze unterliegt natürlich rein subjektiven und pragmatischen Kriterien, wie zum Beispiel Zugang zu Literatur und Wissen. Es wird hier kein Anspruch auf Vollständigkeit erhoben und der Autor ist sich bewußt, daß er im Sinne BOURDIEU's (1992:43), *'the scientific fact is constructed'*, dem Phänomen der Konstruktion von Wissen unterliegt.

und sie tragen wenig zur Klärung des Begriffes der Globalisierung bei. Im folgenden soll daher die Debatte um Globalisierung zunächst aus der Sicht von WALLERSTEIN, ROBERTSON, HARVEY, GIDDENS und ALBROW analysiert werden, bevor schließlich die Konzeption von Globalisierung, die dieser Arbeit zugrunde liegt, vorgestellt wird.

2.1 Wallerstein und das kapitalistische Weltsystem

WALLERSTEIN (1974) verwirft in seiner Weltsystemanalyse die Vorstellung von einem Leben in abgeschlossenen Einzelgesellschaften. Durch den Kapitalismus, dem WALLERSTEIN zufolge eine globale Logik innewohnt, strebt die Welt zu einer Vereinheitlichung der kapitalistischen Weltökonomie, welche jedoch durch starke soziale Ungleichheiten gekennzeichnet ist. So teilt sich die Welt in drei Großräume auf: in Zentrum, Semi-Peripherie und Peripherie. Diese Räume seien durch Ausbeutungsverhältnisse - bei denen das Zentrum dominiert - gekennzeichnet. Bestimmend für die kapitalistische Weltökonomie ist das Vorhandensein eines einzigen Marktes. In das kapitalistische Marktgeschehen greift der Staat mit verschiedenen Interventionen ein, um die inhärenten Kosten des Kapitalismus aufzufangen, d.h. soziale Probleme möglichst zu minimieren und die Gewinnmarchen einzelner Gruppen zu maximieren. Nach dem Theorem der 'langen Wellen' von KONDRATIEFF entwirft WALLERSTEIN (1984) ein Szenario von immer wiederkehrenden ökonomischen Krisen, von denen besonders die Regionen der Semi-Peripherie in immer kürzeren Abständen betroffen sind. Letztlich führen diese Krisen nach WALLERSTEIN jedoch zum Zusammenbruch des kapitalistischen Weltsystems.

Für die Globalisierungsdebatte von besonderer Bedeutung ist hierbei, daß WALLERSTEIN von einem einzigen weltumspannenden sozialen System ausgeht, welches allerdings nur im Hinblick auf ökonomische Faktoren untersucht wird. WATERS (1995:25) stellt diesbezüglich fest:

> *For Wallerstein the mechanisms of geosystemic integration are exclusively economic - they are constituted as trading and exploitative relationships between relatively sovereign states and relatively independent cultures.*

GIDDENS (1995b:542) kritisiert daher auch folgerichtig:

> *Economic influences are very important, but so are others. Political considerations, the impact of war, and cultural factors have all had a major impact on the forging of increasing global interdependence.*

Es kann somit festgehalten werden, daß bei WALLERSTEIN ausschließlich ökonomische Faktoren determinierend für die Entstehung eines einzigen weltweiten sozialen Systems sind. Diese monokausale Argumentation ist jedoch kritisch zu hinterfragen, da etwa kulturelle und politische Faktoren völlig aus der Debatte ausgeblendet werden. WALLERSTEIN ist es jedoch unter anderem zuzuschreiben, daß ein Denken in nationalstaatlichen Einheiten durch seine Dreiteilung der Welt aufgebrochen wurde.

2.2 Robertson: Global - Lokal oder Glokal?

ROBERTSON (1987) ist es demgegenüber zu verdanken, daß der Diskurs über Globalisierung in die modernen Sozialwissenschaften Einzug hielt. Er war der erste, der den Begriff explizit benutzte und bis zu einem gewissen Grad operationalisierte. Für ROBERTSON ist Globalisierung ein Prozeß, der eine einzige - jedoch inhomogene - soziale Welt mit sich bringt.

> In using the term 'globalization' I refer to the overall process by which the entire world becomes increasingly interdependent, so as to yield a 'single place' (ROBERTSON 1989:18).

ROBERTSON zufolge bestehen die nationalen Gesellschaften weiter und sind primäre Akteure im globalen System von Gesellschaften, aber sie sind nicht länger die einzigen Determinanten von persönlichen Identitäten. Er betont hingegen, daß es national und global konfliktierende Images gibt, die ein Bewußtsein der Welt als eines *'single place'* schaffen. Dabei ist sicherlich kritisch zu hinterfragen, inwieweit nationale Gesellschaften - als abstrakte Kategorie - überhaupt identitätsdeterminierend wirken können. Weiterhin erklärt ROBERTSON nicht, ob und inwiefern sich Images verorten lassen, bzw. wo und wie sie entstehen. Im Gegensatz zu WALLERSTEIN sieht ROBERTSON jedoch nicht die Ökonomie, sondern die Kultur als Motor von Globalisierung an. Er bezieht sich dabei vor allem auf eine seiner Meinung nach mögliche Schließung religiöser und kultureller Klüfte in den letzten Jahren.[3] WATERS (1995:41) führt dazu aus:

> Global unification was prevented by religious and more specific cultural discontinuities which cleave the world in two dimensions characterized by the compass points. [...] By the late 1980s it would appear from Robertson's recent work (1992) that the potential for a closing of these cleavages is greatly enhanced. He no longer speaks of an international system of states but of globalization at the cultural level.

In einer seiner neueren Arbeiten geht ROBERTSON noch einen Schritt weiter und setzt dem Begriff der Globalisierung den der 'Glokalisierung' entgegen,

---

[3] Der Zusammenschluß religiöser und kultureller Klüfte ist sicherlich kritisch zu hinterfragen. An dieser Stelle sei nur auf die zunehmende innere Zersplitterung des Islam und die Debatte von HUNTINGTON (1996) verwiesen.

bzw. spricht er sich dafür aus, den Begriff der Globalisierung durch das Konzept von Glokalisierung zu ersetzen (ROBERTSON 1995:40).

> The need to introduce the concept of glocalization firmly into social theory arises from the following considerations. Much of the talk about globalization has tended to assume that it is a process which overrides locality, including large-scale locality such as is exhibited in the various ethnic nationalism which have seemingly arisen in various parts of the world in recent years (ROBERTSON 1995:26) [Hervorhebung im Original, A. d. V.].

Im Zusammenhang dieser Arbeit ist die Einbeziehung der lokalen Ebene insofern von Bedeutung, da hierdurch eine analytische Grundlage geschaffen wird, mit der auf der Mikro-Ebene des Alltags empirische Belege für den Globalisierungsprozeß identifiziert werden können.

> Wichtig ist eine methodisch-pragmatische Wende dieses Axioms. Globalisierung - scheinbar das Ganz-Große, das Äußere, das, was am Ende noch dazukommt und alles andere erdrückt - wird faßbar im Kleinen, Konkreten, im Ort, im eigenen Leben, in kulturellen Symbolen, die alle die Signatur des >> Glokalen << tragen. Man kann dies auch so deuten: Erst und nur als glokale Kulturforschung (Industrie-, Ungleichheits-, Technik-, Politikforschung) wird die Soziologie der Globalisierung *empirisch möglich* und nötig (BECK 1997:91).

Zusammenfassend bleibt jedoch kritisch anzumerken, daß zum einen der von ROBERTSON angeführte Beleg für glokale Ereignisse - die steigende Bedeutung nationaler Ethnizitäten - als solcher, im Hinblick auf die von DITTRICH / RADTKE (1990) geführte Debatte um die wissenschaftliche Konstruktion des Begriffes der Ethnizität, hier so nicht anerkannt werden kann. Zum anderen ist eine theoriegeleitete empirische Forschung über Globalisierungsprozesse, die monokausal argumentiert und sich im Falle von ROBERTSON allein auf kulturelle Faktoren stützt, in ihrer Erkenntnisreichweite sehr eingeschränkt. Ebenso wie bei WALLERSTEIN werden zu viele andere Faktoren, wie etwa soziale oder politische Faktoren, aus der Untersuchung ausgeblendet.

2.3 Harvey: *Time-Space Compression*

In seiner Analyse der Globalisierung, basierend auf einer neomarxistischen Sichtweise, entwirft HARVEY (1989; 1997) ein (neues) Konzept von Zeit und Raum. HARVEY argumentiert, daß sich im Laufe der Geschichte Zeit und Raum immer mehr verdichtet haben. Von besonderer Bedeutung ist dabei, daß unter kapitalistischen Bedingungen - metaphorisch ausgedrückt - Raum durch Zeit vernichtet wird. HARVEY zur Folge sind Raum und Zeit objektivierbare und universalistische Konzepte, wobei das Konzept der Zeit im Verlauf der Geschichte das Raumkonzept mehr und mehr vereinnahmt hat. HARVEY bezeichnet diesen Prozeß als *time-space-compression*. Dies bedeutet, daß räumliche Hindernisse keinerlei Einfluß mehr auf Zeitorganisationen haben und umgekehrt. *time-space-compression* führt also im Sinne HARVEYS zu einer 'Verkürzung' der Zeit und zum 'Schrumpfen' des Raums. Durch neue Massentransporttechnologien kann zum Beispiel eine bestimmte Wegstrecke, deren Bewältigung noch vor einem Jahrhundert Wochen in Anspruch nahm, nunmehr von vielen Menschen in wenigen Stunden zurückgelegt werden.

Für HARVEY (1989:260-307) erfolgt der Prozeß von *time-space compression* jedoch nicht graduell, sondern er vollzieht sich explosionsartig, vor allem durch und in Phasen immer wiederkehrender ökonomischer Umstrukturierungen und Krisen. Solche Krisen sind zum Beispiel der Kollaps des Kreditsystems 1847-1848 in der damaligen kapitalistischen Welt (hauptsächlich Europa), der durch Spekulationsverluste beim Eisenbahnbau ausgelöst wurde. Weiterhin führt er an, daß industrielle Massenproduktion und ein besseres Transportsystem den Ausbruch des ersten Weltkrieges unterstützten. Anfang der 70er Jahre identifiziert HARVEY schließlich eine weitere Krise, die das Zeit-Raum Verhältnis weiter zusammenschrumpfen läßt. Durch eine Überakkumulationskrise im System der Massenproduktion wurde die Phase der 'flexiblen Akkumulation' hervorgerufen. Er führt dazu aus (1997:245):

> *Strong currents of innovation led to speed-up and acceleration of turnover times. Time horizons for decision making (now a matter of minutes in international financial markets) shortened and lifestyle fashions changed rapidly. And all of this has coupled with a radical reorganization of space relations, the further reduction of spatial barriers, and the emergence of a new geography of capital development. These events have generated a powerful sense of time-space compression affecting all aspects of cultural and political life.*

Neben den allgemein bekannten Kennzeichen einer flexiblen Produktionsweise (*'just-in-time'*, flexible Arbeitszeiten, etc.) stellt HARVEY somit ein Charakteristikum heraus, welches für den Globalisierungsdiskurs bedeutsam ist. In bezug auf Konsummuster und Nachfrageverhalten weist HARVEY auf die Rolle des 'gemachten' Geschmackes und der Mode hin (vgl. BOURDIEU 1984). Durch von den Massenmedien vermittelte Images, so argumentiert HARVEY, wird das Leben zu einem Leben in der Gegenwart, da Images keine Vergangenheit und keine Zukunft besitzen (HARVEY 1997:242-247).[4] Die

---

[4] Die Vermittlung von globalen Images ist HARVEY (1997:246) zufolge mit großem finanziellen Aufwand in den letzten Jahren vor allem durch sogenannte 'kulturelle' Veranstaltungen vorangetrieben worden. Dabei spielt die Wiederbelebung des Spektakels eine zentrale Rolle. HARVEY verweist in diesem Zusammenhang auf die Bedeutung der Olympischen Spiele. Weitere Spektakel [*events*] durchdringen seit einigen Jahren unser Alltagsleben, es sei hier nur auf die Verfolgung von O. J. Simson durch Reporter, Polizei und anonyme 'Gaffer' hingewiesen. In diesem Zusammenhang scheint es anmerkenswert,

Kompression von Zeit und Raum neigt sich durch die Verbreitung und die zunehmende Bedeutung von Images also einem weiteren Höhepunkt entgegen. Dies hat Auswirkungen auf die Identität der Menschen. HARVEY (1997:246) fragt daher:

> Who are we and to what space/place do we belong? Am I a citizen of the world, the nation, the locality?

Das Konzept von *time-space-compression* zu Ende gedacht würde jedoch auch bedeuten, daß irgendwann jede Handlung zu jeder Zeit an/in jedem Raum möglich wäre, also alles gleichzeitig und gleichräumig ablaufen würde. Die Frage nach der Identität von Subjekten - wer sind wir und wohin gehören wir? - wäre dann wohl kaum zu beantworten. Kritisch zu betrachten ist weiterhin die Annahme HARVEYS, daß sich die Verdichtung des zeit-räumlichen Verhältnisses schubweise vollzogen hat. Die graduelle Aneignung von gewissen Techniken im Alltagsleben der Menschen, die zu einer Verdichtung des Raum-Zeit Verhältnisses im Sinne HARVEYS führten, etwa die massenhafte Verbreitung des PKW, bleibt bei HARVEYS Analyse im Dunkeln.

2.4 Giddens: *Time-Space Distanciation* und *Disembedding*

Globalisierung ist eine 'Konsequenz der Moderne', argumentiert ANTONY GIDDENS (1990). Daher bestimmt GIDDENS in seiner Analyse des Globalisierungsprozesses zunächst die Eckpfeiler der Moderne.

> 'Modernity' refers to modes of social life or organisation which emerge in Europe from about the seventeenth century onwards and which subsequently became more or less worldwide in their influence (GIDDENS 1990:1).

GIDDENS (1990:55-63) identifiziert vier institutionelle Charakteristika der Moderne: Erstens, ein kapitalistisches System der Warenproduktion (*capitalism*), zweitens, eine industrialisierte Gesellschaft (*industrialism*), drittens, die Entwicklung staatlicher Überwachungstechniken (*surveillance*) und viertens, die staatliche Kontrolle der Gewaltmittel (*military power*). Für GIDDENS ist daher die Entstehung von Nationalstaaten im 19. Jahrhundert in Europa und die administrative Kompetenz der jeweiligen Regierungen, die Bevölkerung innerhalb eines bestimmten Territoriums zu kontrollieren, eng mit der Konstitution der Moderne verknüpft. Ausdruck dessen sind die oben genannten Punkte der staatlichen (foucaultschen) Überwachungstechniken und der zentralisierten Kontrolle der Gewaltmittel innerhalb einer industriel-

---

daß durch diese neue Inszenierung des Spektakels der Körper eines Verurteilten aus dem unsichtbaren Raum herausgelöst wird und wieder zum Vorschein kommt (vgl. dazu FOUCAULT 1994).

len militärischen Ordnung. Die Entwicklung des Globalisierungsprozesses vollzog sich innerhalb dieser so bestimmten modernen Gesellschaft und wurde angetrieben durch die *'separation of time from space'* (GIDDENS 1990:17).[5]

> *In premodern contexts both time and space were fundamentally linked to a person's immediate location. The temporal rhythms of everyday life were determined by local diurnal and seasonal cycles. Equally space was confined to what one immediately could perceive and was measured in relation to one's home location, even if one travelled* (WATERS 1995:48).

Dies impliziert, daß Alltagshandlungen in der Moderne zunehmend durch die Abwesenheit von Akteuren bestimmt werden. Im Gegensatz dazu wurde der lokale Kontext der Interaktionen in vormodernen Gesellschaften durch Kopräsens der Akteure determiniert. Eine weitere zentrale Bedingung, die mit der Trennung der Zeit vom Raum zusammenhängt, ist der Transformationprozeß des *'disembedding'*[6]. Unter diesem Begriff versteht GIDDENS (1990:21) *'the 'lifting-out' of social relations from local contexts of interaction and their restructuring across indefinite spans of time-space'*. Dabei unterscheidet GIDDENS zwei Mechanismen des *disembedding*: *'Symbolic token'* zum einen und *'expert systems'* zum anderen. Mit Ersterem spricht er ein universelles Medium des Austauschs an (v.a. Geld), mit dem es möglich ist, Transaktionen und Werttransfers unabhängig von sozialen, kulturellen und politischen Kontexten zu tätigen und soziale Beziehungen über große Raum-Zeit Spannen zu pflegen. Unter letzterem versteht er hauptsächlich technisches Wissen, welches den routinemäßigen Ablauf von Alltagshandlungen in der Moderne garantiert. Ein Haus beispielsweise wird von Experten, Architekten und Statikern geplant und in der Regel von professionellen Bauunternehmen errichtet. Eventuell wird selbst die Innenausstattung und Einrichtung eines Hauses durch Experten vorgenommen. Die Bewohner eines Hauses sind dann häufig Personen, die mit der Planung und der Bauausführung in keinem Zusammenhang stehen, also nicht in unmittelbarem Kontext mit der Handlung des Bauens in bezug zu setzen sind.

> *Expert systems are disembedding because, in common with symbolic tokens, they remove social relations from the immediacies of context* (GIDDENS 1990:28).

Diesen beiden Mechanismen ist ein Moment des Vertrauens immanent; ohne Vertrauen in die Zuverlässigkeit symbolischer Zeichen (Geld) würde kein

---

[5] GIDDENS (1990:17) verweist dabei auf die Einführung der mechanischen Uhr.

[6] In GIDDENS (1997) wird *disembedding* auch mit 'Entbettung' übersetzt. WERLEN (1997) übersetzt *disembedding* treffender als 'Entankerung'.

(moderner) Austausch existieren, und ohne Expertensysteme, bzw. das Vertrauen darin würde wohl kaum noch jemand ein Flugzeug benutzen.

Weiterhin, so GIDDENS, muß das soziale Leben von den Individuen aufgrund gesteigerter Komplexitätsanforderungen, etwa durch das Entstehen neuer Expertensysteme und aufgrund des Bewußtseins um die Risiken, die Expertensysteme und symbolische Zeichen beinhalten (Flugzeuge können de facto abstürzen und Währungen kollabieren) mehr und mehr evaluiert werden. Dadurch wird ein Prozeß der Reflexivität hervorgerufen, d.h. in allen Lebenssituationen müssen wichtige Informationen gefiltert und auf ihre Nutzbarkeit hin überprüft werden, um dementsprechend Handlungen vorzunehmen oder zu unterlassen.

Da GIDDENS im Gegensatz zu ROBERTSON Globalisierung als eine direkte Konsequenz der Moderne betrachtet, sind mit der Darlegung der konstituierenden Elemente der Moderne implizit auch die Bedingungen der Globalisierung angesprochen. Obwohl GIDDENS den Begriff der Glokalisierung nicht verwendet, wird der Prozeß der Globalisierung immer dialektisch gedacht. Globale Prozesse haben Auswirkungen auf lokale Kontexte und umgekehrt. GIDDENS (1997:120) führt dazu aus:

> Globalisierungseinflüsse haben die Tendenz zur Verlagerung lokaler Handlungskontexte, die dann von den Betroffenen reflexiv umgeordnet werden müssen, wobei diese Umordnungsvorgänge ihrerseits auf die Globalisierung zurückwirken.

Dabei ist von besonderer Bedeutung, daß Globalisierungsprozesse das Gefüge von Alltagshandlungen durchdringen und umstrukturieren, womit der Gegenbegriff zu *disembedding*, nämlich '*reembedding*' angesprochen ist. GIDDENS (1990:88) versteht unter *'reembedding' 'processes by means of which faceless commitments are sustained or transformed by facework'*. Diese neu strukturierten Alltagshandlungen verändern in einem fortlaufenden Prozeß wiederum die Struktur von Globalisierung. Weiterhin ist festzuhalten, daß Globalisierung - als Prozeß von *disembedding* - nicht vereinheitlichend wirkt, wie etwa WALLERSTEIN annimmt, sondern fragmentierend. Die Einflüsse der Globalisierung 'schaffen neue Formen der Schichtung und bringen in verschiedenen Gegenden oder Örtlichkeiten oft entgegengesetzte Folgen hervor' (GIDDENS 1997:119).

Zusammenfassend ist festzuhalten, daß GIDDENS die Globalisierung als eine Konsequenz der Moderne betrachtet und *disembedding* Mechanismen unter Modernisierungsbedingungen zu einer raum-zeitlichen Abstandsvergrößerung beitragen. Entscheidend ist hier, daß durch Prozesse der Globalisierung soziale Beziehungen aus ihren lokalen Interaktionskontexen herausgehoben, also *disembedded*, um dann wieder, allerdings unter neuen Bedingungen und mit verschiedenen Reichweiten, *reembedded* werden.

2.5 Albrow: *Socioscapes* als Ausdruck von Globalisierung

Die räumlichen Ordnungen verändern sich. 'Wer sind wir und zu welchem Ort/Raum gehören wir' fragt HARVEY (1997:246). Images über die Beschaffenheit der Welt geistern um den Globus und werden von den verschiedensten Akteuren kreiert, genährt und verbreitet.[7] Touristen, Immigranten, Flüchtlinge, Exilanten, Gastarbeiter und andere Menschen und Gruppen, die in Bewegung sind, bilden Landschaften aus, die APPADURAI (1996:297) als *ethnoscapes* bezeichnet. APPADURAI unterscheidet weiterhin zwischen *technoscape, financescape, mediascape* und *ideoscape*.[8] Das (moderne) Alltagsleben wird durch die Einbindung in diese - vor allem ethnischen - (Migranten)Landschaften und die gleichzeitige Entkopplung (*Disjungture*) von 'traditionellen' lokalen Kontexten geprägt. Dies führt zu einem Prozeß der 'Enträumlichung' (APPADURAI 1998:13), wodurch glokale Kulturen entstünden, die vermeintlich kontextlos an keinen Ort und an keine Zeit gebunden sind. 'Die Imagination gewinnt eine einzigartige Macht im Alltag der Menschen', schreibt BECK (1997:99).[9] Unter diesem Gesichtspunkt spricht sich ALBROW (1997a; 1997b) dafür aus, alte Vorstellungen der Sozialstruktur zu vernachlässigen, da 'die Annahme, daß der Ort über die lokale Kultur mit Gemeinschaft verbunden' ist, nicht mehr zutrifft (ALBROW

---

[7] LASH und URRY (1994:301) äußern sich bezüglich der Bedeutung von Images im Globalisierungsprozeß folgendermaßen: '*Globalization thus involves the circulation of images on a novel global scale; and it involves images which are of the entire globe ('one earth')*'.

[8] Unter *technoscape* versteht APPADURAI (1996:297-300) die immer schneller werdende grenzüberschreitende Bewegung und den Austausch von Technologien. *Finanzscape* symbolisiert die globalen rasanten Verschiebungen großer Geldsummen. Mit *mediascape* sind vor allem die Massenmedien angesprochen, die '*images of the world*' kreieren und um den Globus senden. *Ideoscape* schließlich steht für eine Landschaft in der staatliche und oppositionelle Ideologien und Ideen verbreitet werden, die ihre Wurzeln vor allem aus der Aufklärung beziehen.

[9] Die Künstlerin FIONA BANNER (1997:8) führt in bezug auf ihre Arbeit '*Wordscapes*' folgendes aus: '*The power of images has long replaced the forces of the written word. With the spread of audio-visual media, the world is no longer presented by means of narratives, but instead via reproductions whose potency lies in their immediacy. It is almost impossible for viewers to escape the compulsive magnetism of cinematic re-presentation. Its sheer pace leaves little time for reflection. Barely perceived, the old images are displaced by new ones. Our eyes follow the movement which - in the enormity of the density and intensity - grips us and banishes language to the wings. Ultimately we recall only fragments of a world which, as realistic as it may appear, is essentially staged.*'

1997a:289). Er erweitert APPADURAIS Ausführungen zum globalen Kulturaustausch, unter dessen Bedingungen gesellschaftliche Beziehungen zunehmend unbestimmter werden, um den Begriff *'socioscape'* (soziale Landschaft). 'Soziale Landschaften' bilden ein Arrangement verschiedener sozialer Sphären, 'die nebeneinander bestehen und sich räumlich überschneiden, aber grundlegend verschiedene Horizonte und Zeit-Spannen besitzen' (ALBROW 1997a:303). Das Alltagsleben innerhalb eines Ortes wird somit durch die Verflechtungen und die gegenseitigen Beziehungen dieser Soziosphären, die nicht auf den Ort begrenzt sind, bestimmt. Dabei handelt es sich zunächst um einen individuenzentrierten Ansatz, wobei die jeweiligen Soziosphären die Netzwerke der Individuen widerspiegeln, die nicht ortsgebunden sein müssen, sondern in Zeit und Raum frei fließen.[10] In dem Moment, wo sich die individuellen Soziosphären überlappen, bzw. 'soziale Schnittstellen' (SCHLOTTMANN 1998) bilden, kann daher von der Konstitution einer sozialen Landschaft gesprochen werden. Hierbei ist zu betonen, daß es sich bei der sozialen Landschaft immer um ein Konstrukt handelt, welches dazu dient, die Auswirkungen von Globalisierungsprozessen metaphorisch zu beschreiben. ALBROW (1997a:310) schränkt seine Argumentation daher auch folgendermaßen ein:

> Diese konstruierte soziale Landschaft ist nicht gleichzusetzen mit den Regeln, die dem Zusammenleben an einem Ort zugrunde liegen. Die soziale und kulturelle Vielfalt tritt *nicht per se* an die Stelle der Gemeinschaft alter Art als Grundlage für das Alltagsleben [Hervorhebung im Original; A. d. V.].

Vielmehr seien es Routineabläufe und pragmatische Anpassungen, die sich am Ort herausbilden. An anderer Stelle führt ALBROW (1998a:246) dazu folgendes aus:

> Genau wie gewisse Kompositionsregeln den Abstand und die Zusammengehörigkeit der Elemente einer Landschaft festlegen, wird in sozialen Landschaften das Tun und Lassen der Bewohner von Regeln des Alltagslebens bestimmt [...].

Diese Regeln des Alltagslebens unterliegen jedoch, um mit GIDDENS zu argumentieren, ständigen *disembedding* und *reembedding* Mechanismen. Sie sind somit (zumindest zeitweilig) fließend und werden zunehmend reflexiv. Unter den Bedingungen von Globalisierungsprozessen ergeben sich daher, abseits von Schicht und Klasse, neue Formen der sozialen Schichtung, eben eine 'Zeit-Raum' abhängige soziale Schichtung, begriffen als Konfiguration von Gruppen innerhalb sozialer Landschaften. Inwieweit der jeweilige physische Raum innerhalb einer konstruierten sozialen Landschaft genutzt wird, ist

---

[10] ALBROW benutzt den Begriff der Sphäre im Sinne von Bedeutungsfeld oder Interessensphäre und nicht als geometrischen Begriff (1997a:309).

jedoch abhängig vom Zugang zu Macht und Ressourcen (ALBROW 1998a: 251).

Time-Space social stratification is the frame within which inequalities of access to resources and life chances are containing today which are more acute than any which prevailed during the period of class-based industrial society (ALBROW 1997b:54).

Zusammenfassend ist festzustellen, daß bei WALLERSTEIN und HARVEY hauptsächlich ökonomische Faktoren im Diskurs um die Prozesse der Globalisierung angeführt werden, während ROBERTSON eher kulturelle Aspekte als prozeßbestimmend ansieht. GIDDENS hingegen bezieht sich in seinen Ausführungen bezüglich der Globalisierungsprozesse sowohl auf ökonomische als auch auf kulturelle Faktoren sowie auf soziale und politische Aspekte. Entscheidend bei ihm ist, daß durch die Prozesse der Globalisierung Mechanismen des *disembedding* sozialer Beziehungen ausgelöst und dadurch Alltagshandlungen umstrukturiert werden. Dies wiederum führt im Sinne ALBROWS zu neuen Formen der raum-zeitlichen sozialen Schichtung, die sich in konstruierten heterogenen sozialen Landschaften ausdrücken.

2.6 Globalisierung: Eine Erklärungsinstanz ?

Insgesamt ist 'Globalisierung' als analytisches Konzept und nicht als Erklärungsinstanz zu begreifen (WERLEN 1997:237).

Gerade der zweite Teil dieser Aussage von WERLEN kann nicht genug betont werden, wird doch in Alltagsgesprächen, politischen Diskussionen sowie in wissenschaftlichen Diskursen Globalisierung häufig als Agens dargestellt und verstanden. Hinsichtlich des ersten Teils jedoch - Globalisierung verstanden als analytisches Konzept - ist kritisch zu hinterfragen, ob und wie, wenn Globalisierung nicht als Erklärungsinstanz dient, die Globalisierung dann ein analytisches Konzept sein kann? Im Kontext dieser Arbeit wird Globalisierung daher als ein analytischer Begriff verstanden, der erklärt und operationalisiert werden muß. Globalisierung ist somit als 'zu erklärende Variable' anzusehen. Der Globalisierung, verstanden als ein analytischer Begriff, liegen demzufolge Prozesse zugrunde, die ebenfalls erklärt werden müssen und dann als 'erklärende Variablen' für empirische Analysen herangezogen werden können. Den Begriff 'Globalisierung' zu bestimmen und ihn dadurch als erklärende Variable auszuweisen sind schon einige Autoren angegangen, und doch muß nach den Versuchen der vergangenen Jahre die Erkenntnis erfolgen, daß dieses Unternehmen, wie BECK es ausdrückte, dem Versuch gleicht, 'einen Pudding an die Wand zu nageln' (1997:44). Trotz dieser scheinbar ausweglosen Situation soll an dieser Stelle nicht darauf verzichtet werden, den Pudding in einen stabileren Aggregatzustand zu heben und vor dem Hintergrund der oben geführten Analyse und insbesondere in Anlehnung an GIDDENS (1990:55-78; 1995b:528) folgende **Arbeitsdefinition** vorgenommen werden, welche die wichtigsten Charakteristika der erklärenden Variablen in sich aufnimmt, ohne sie jedoch im einzelnen zu erklären:

Globalisierung ist ein Begriff, der Prozesse zunehmender Interdependenzen zwischen sozialen Systemen[11] beschreibt; und zwar in einer Weise, daß soziale, kulturelle, politische und ökonomische Verflechtungen - im Bereich von sozialen Beziehungen - staatliche Grenzen über(durch)schneiden und die Lebenswelt derjenigen, die in diesen Staaten leben, entscheidend konditionieren. Diese Prozesse weisen jeweils eine in der Moderne verankerte historische Dimension auf.

Fundamental bei dieser Auffassung von Globalisierung ist, daß es sich erstens um einen historischen Prozeß handelt (dem allerdings mehrere Prozesse zugrunde liegen), und es zweitens zu keinem regionalen Ausschluß kommt. Eine gängige These also, Globalisierung spiele sich nur innerhalb der Triade (Europa, Nordamerika und Asien) ab, damit gegenstandslos wird. Da der Begriff Strukturwandel im wesentlichen lediglich eine zeitliche und keine räumliche Komponente enthält, ist der Begriff der Globalisierung, insbesondere für Analysen, die sich innerhalb der geographischen Entwicklungsforschung einordnen lassen, dem des Strukturwandels vorzuziehen. Gesellschaftliche Transformationen können dann als Globalisierung bezeichnet werden, wenn die der Globalisierung zugrunde liegenden Prozesse hinreichend geklärt sind. Diesbezüglich wird für die folgenden zwei Fallstudien ein Analyserahmen (Abb. 2-1) zugrunde gelegt, der die zentralen erklärenden Variablen hinsichtlich der Globalisierungsprozesse im ländlichen Raum von Ghana ausweist. Dazu werden exemplarisch drei Kategorien als erklärende Variablen angenommen (Einbindung in Austauschbeziehungen, physische Anwesenheit und Abwesenheit, kognitive Positionierung), mit denen der Begriff Globalisierung operationalisiert wird. Diesbezüglich ist festzuhalten, daß diese Kategorien subjektive Setzungen sind, die prinzipiell gleichzeitig an einem Ort - unabhängig voneinander oder auch miteinander verschränkt - wirken können. Aus analytischen Gründen wird hier jedoch eine Aufsplittung vorgenommen. Die einzelnen Variablen können unterschiedliche Reich-

---

[11] GIDDENS (1995b:377) definiert soziale Systeme folgendermaßen: *'The patterning of social relations across time-space, understood as reproduced practices. Social systems should be regarded as widely variable in terms of the degree of 'systemness' they display and rarely have the sort of internal unity which may be found in physical and biological systems'.*

Abb. 2-1: Globalisierungsprozesse in Ghana (Analyserahmen)

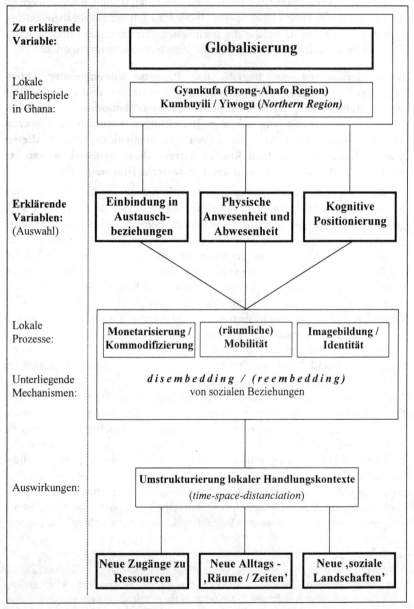

Entwurf & Zeichnung: H. GERTEL 1998

weiten bezüglich ihrer Wirkungen und gesellschaftlichen Durchdringung haben, die von Fall zu Fall, soweit dies möglich ist, analysiert werden müssen. Hier werden sie zunächst einmal als gleichwertig aufgefaßt. Weiterhin sind diese Variablen sicherlich nicht die einzigen Variablen, mit deren Hilfe der Begriff Globalisierung erklärt werden kann - sie sind jedoch für die hier behandelten Fälle die ausschlaggebenden und werden in ihrer unbestimmten Form zunächst einmal als übertragbar auf andere Fälle und Lokalitäten angesehen. Konkret bedeutet dies folgendes:

1. Mit der 'Einbindung in Austauschbeziehungen' wird der Zusammenhang zwischen gesellschaftlichen Beziehungen und der Natur, bzw. gesellschaftlichen Beziehungen inhärenten Zusammenhängen und der Ökonomie analysiert.

2. Die 'physische Anwesenheit und Abwesenheit' von Personen zielt auf die Untersuchung des raum-zeitlichen Handlungskontextes zwischen Personen ab.

3. Die 'kognitive Positionierung' wird individuenzentriert aufgefaßt und es werden damit kognitive Merkmale, wie etwa das individuelle Wissen um bestimmte Problemzusammenhänge oder die Ausbildung von individuen- und lokalspezifischen Handlungs- oder Lebenswelten innerhalb einer gesellschaftlichen Gruppe analysiert.

Diesen erklärenden Variablen liegen wiederum die folgenden drei Prozesse zugrunde, die ihrerseits zu Entankerungen (*disembedding*) von sozialen Beziehungen führen:

1. Mit den Variablen 'Kommodifizierung' und 'Monetarisierung' werden zwei Prozesse angesprochen, die sich auf Austauschsituationen zwischen Personen beziehen und sowohl eine räumliche als auch eine zeitliche Dimension beinhalten. Kommodifizierung wird hier als Prozeß verstanden, bei dem 'etwas' zu einer Ware wird. Prinzipiell kann es sich dabei um Gegenstände oder etwa auch um Informationen handeln. Dieser Prozeß wird im ersten Fallbeispiel anhand der Transformation der Landrechte in Ghana verdeutlicht. Die zeitliche und räumliche Dimension besteht hierbei darin, daß durch die Festschreibung von Landrechten Personen von der Nutzung bestimmter Räume über unbestimmte Zeitspannen ausgeschlossen werden. Mit der Monetarisierung wird die zunehmende Durchdringung der Geldwirtschaft in Ghana angesprochen. Dabei besitzt Geld - in der Form des Krediets - per se eine zeitliche Dimension. Die räumliche Dimension erhält es dadurch, daß der Austausch mittels Geld an keinen räumlichen Kontext gebunden ist. Dies wird Gegenstand des zweiten Fallbeispiel sein.

2. Mit dem Prozeß der 'räumlichen Mobilität' wird die räumliche Dimension der Lebenswelt von Personen beschrieben. Im ersten Fallbeispiel wird dies bezüglich saisonaler Migrationsprozesse näher analysiert.

3. Der Dritte Prozeß schließlich betrifft die Variablen Imagebildung und Identität. Dabei handelt es sich um Bilder und (Lebenswelt-) Vorstellungen, die durch technische Medien sowie innerhalb sozialer Beziehungen vermittelt werden und sich im kognitiven Bereich von Personen ausbilden. Da Images auf Erfahrungen beruhen (SCOTT 1991), wird durch Imagebildung vor allem eine zeitliche Dimension ausgedrückt. Weiterhin werden durch die Entankerung sozialer Beziehungen Identitäten umstrukturiert und/oder neu kreiert. Dies wird in ,beiden Fallbeispielen behandelt werden.

Die Auswirkungen dieser Prozesse auf das Alltagsleben - und damit die Auswirkungen der Globalisierung - bestehen in der Umstrukturierung lokaler Handlungskontexte. Anhand der Beschreibung von drei zentralen Auswirkungen wird dies exemplarisch verdeutlicht: der Entstehung neuer 'Zugängen zu Ressourcen', der Schaffung neuer 'Alltags - Räume / Zeiten' sowie das Hervorbringen neuer Formen der sozialen Schichtung, die metaphorisch als 'soziale Landschaften' beschrieben werden können. Diese Auswirkungen verursachen ihrerseits wiederum Prozesse, die eventuell - aber nicht zwangsläufig - zur Entankerung sozialer Beziehungen beitragen. Daher sind alle Verbindungslinien im Schaubild rekursiv und nicht unilinear oder monokausal gedacht. Die aus ihrem lokalen Kontext herausgehobenen sozialen Beziehungen können dann schließlich - allerdings über vergrößerte Raum-Zeit Spannen und unter veränderten Bedingungen - im lokalen Kontext neu verankert (*reembedded*) werden. Mechanismen des *reembedding* werden in der vorliegenden Arbeit jedoch nur skizzenhaft analysiert.

A group of enlightened liberals, who re-established the Republic after French and US military interventions (1861), conceived a democratic dream for Mexico cast in the French and US molds. They were unable to bring the dream to life but the dictatorship that overthrew them undertook a similar task. Its project meant depriving the peasants, especially the Indians, of their spaces: physically, the commons - the communal land - was to be turned into private property; and culturally they were condemned to be transformed into 'citizens', individually embedded in an abstraction, the so-called 'national society'.

GUSTAVO ESTEVA

3 GLOBALISIERUNGSPROZESSE IN DER BRONG-AHAFO REGION

Seit der *property rights* Debatte wird innerhalb der neoklassischen ökonomischen Entwicklungsforschung die Frage der Landrechte verstärkt diskutiert. Dabei wird allerdings in der Regel kaum zwischen den einzelnen lokalen Landrechten differenziert, sondern oft vereinfacht zwischen Privateigentum, Kommunaleigentum und Staatseigentum unterschieden. Auch regionale Unterschiede werden nur selten berücksichtigt und Transformationen von Landrechten als ein Motor für Prozesse der Globalisierung wurden bisher noch nicht untersucht. Im folgenden werden daher die vorherrschenden Landrechte in Ghana vorgestellt und deren Transformationen in einer historischen Längsschnittanalyse untersucht. Desweiteren werden die damit zusammenhängenden Auswirkungen auf die Sozialstruktur beleuchtet, um die Entankerungsmechanismen herauszuarbeiten, die mit Prozessen der Globalisierung zusammenhängen.

3.1 Kommodifizierung indigener Landrechte in Ghana

Landrechte werden in bezug auf Afrika südlich der Sahara vorwiegend in der Form von Gemeineigentum behandelt, wobei diesem häufig noch die Attribute 'entwicklungshemmend'[12] und 'unproduktiv' zugeschrieben wird.[13] Wird die reale Situation jedoch differenzierter betrachtet, zeigt sich ein Mosaik aus mehreren nebeneinander bestehenden Formen von Landrechten. In Ghana lassen sich dabei sowohl historisch angelegte Transformationen als

---

[12] HARDIN (1968:1244) äußerte in seinem Aufsatz *'The Tragedy of the Commons'* sogar die Befürchtung eines generellen Ruins für die Menschheit: *'Freedom in a commons brings ruin to all'*.

[13] Auf diese Aussage soll im folgenden nicht näher eingegangen werden - sie an dieser Stelle anzuführen soll den Leser hingegen ermuntern, sie kritisch zu hinterfragen (vgl. MIGOT-ADHOLLA et al. 1991; FEDER / FEENY 1991).

auch regionale Unterschiede feststellen. Außerdem sind gegenwärtige Wandlungsprozesse der Landrechtsformen zu beobachten, auf die weiter unten am Beispiel des Untersuchungsdorfs Gyankufa näher eingegangen werden soll.

Die Landrechte in Ghana unterliegen einem ständigen Wandel, der durch die Kolonialzeit jedoch massiv beschleunigt wurde. Daher wird in der folgenden Analyse eine zeitliche Dreiteilung vorgenommen, um die Landrechte vor und während der Kolonialzeit zu untersuchen sowie die postkoloniale Periode bis hin zur Gegenwart Ghanas zu beleuchten. Weiterhin ist eine regional differenzierte Betrachtung sinnvoll, da zum Beispiel die nördlichen Regionen Ghanas eine besondere Entwicklungsgeschichte der Landrechte durchlaufen haben. Am Beispiel von Gyankufa, einem Dorf in der Brong-Ahafo Region, werden schließlich gegenwärtige Prozesse der Kommodifizierung von Land sowie weitere Globalisierungsprozesse analysiert.

3.1.1 Die historische Entwicklung der ghanaischen Landrechte

Die Landrechte in Ghana haben sich in den letzten 200 Jahren stark verändert.[14] Dabei ist allgemein ein Wechsel vom Gemeinschaftseigentum hin zum Individualeigentum festzustellen. Dieser Prozeß wurde durch den Kolonialismus und der damit verbundenen kapitalistischen Wirtschaftsweise ausgelöst; er dauert bis heute an und wird durch zusätzliche Prozesse der Globalisierung verstärkt.

In der vorkolonialen Periode war die Vorstellung von Landbesitz - im Sinne einer eurozentristischen Terminologie - nicht existent (RATTRAY 1969a:344). Land stellte vielmehr eine religiöse Einheit mit den sozialen Systemen dar. Die Erde repräsentierte, soweit heute bekannt, bei allen Ethnien in Ghana eine der wichtigsten Gottheiten; Götter können jedoch von einzelnen Personen oder Gruppen nicht besessen werden (SARPONG 1974:117). Da alles Leben aus der Erde kommt und wieder in die Erde eingeht, gehört entsprechend dieser Auffassung das Land sowohl den Ahnen als auch den zukünftigen Generationen. Alle Lebenden haben daher lediglich das Recht, das Land zu nutzen. RATTRAY (1969a:346) stellt diesbezüglich fest:

> It [land, A. d. V.] could never therefore be the subject of individual testamentary disposition because every one from birth was a beneficiary under a kind of universal succession. It belonged absolutely to the past, to present, and to future generations yet unborn.

---

[14] An dieser Stelle kann sicherlich nur eine Skizze eines in der Realität äußerst komplexen Sachverhaltes wiedergegeben werden. Für detailliertere Schilderungen siehe RATTRAY (1969a) und LUGART (1965 [1922]).

Das gesamte zu einer Ethnie oder eines *clans* gehörige Land wird als *'stool land'* bezeichnet. Ursprünglich bezog sich der Begriff *stool land* lediglich auf das Land der *Ashantis*, die meisten Autoren wenden ihn aber mittlerweile auf den gesamten Nationalstaat an. Der *stool* (Thronschemel) symbolisiert die Macht der politischen Autoritäten und die Einheit der Ethnie bzw. des *clans* sowie deren Verbundenheit mit der obersten Gottheit und den Ahnen, welche durch den *stool* gegenwärtig werden. Der Legende nach erhielt der *Ashantihene* (politische Führer der *Ashantis*) Osei Tutu (1696-1717) den *golden stool* von Kumasi direkt von der obersten Gottheit (PELLOW / CHAZAN 1986:11; BUAH 1980:23-24). In Nordghana jedoch, so zum Beispiel bei den Dagombas, wird nicht vom *stool* als dem Herrschaftssymbol, sondern von *'skin'*, in Anlehnung an die Rinderfelle im Herrschaftspalast der Dagombas in Yendi, gesprochen. *Stool land* wurde entweder durch Migration in menschenleere Gebiete und anschließender Rodung oder durch kriegerische Auseinandersetzungen mit verfeindeten *clans* gewonnen. Über die Verteilung und Nutzung des zur Verfügung stehenden Landes entschieden - stellvertretend für die Ahnen - entweder die politischen Autoritäten (der *chief* und die Ältesten), oder die religiösen Führer (der/die Erdpriester/in). Die Nutzungsrechte allerdings waren (und sind weitestgehend noch immer) innerhalb der Abstammungslinie erblich,[15] wobei je nach Ethnie oder *clan* zwischen dem patrilinearen und matrilinearen Vererbungsrecht unterschieden wird.[16] Fremde und Angehörige anderer *clans* können ebenfalls Nutzungsrechte zugesprochen bekommen, nachdem ein rituell vorgeschriebenes 'Trankopfer' (zum Beispiel ein Schaf und/oder Schnaps) an die Ahnen erbracht wurde, welches in der Regel jährlich wiederholt werden muß. Diese Nutzungsrechte wiederum sind jedoch nicht erblich. Das *stool land* verbleibt also immer unter der Aufsicht des herrschenden *clans*. Diese Art der Allokation von Land hat zum Großteil bis heute Bestand. Veränderungen in der landwirt-

---

[15] Der Fall des Familienlandes ist interessant, da der *chief* kein Zugriffsrecht mehr auf dieses Land hat, es sei denn, das Familienoberhaupt oder ein anderes Familienmitglied möchte ein Landstück verkaufen; dann muß der *chief* konsultiert werden. Familienland ist somit kein echtes *stool land* mehr. Dies ist u. a. schon bei LUGART (1965[1922]:284) beschrieben: *'Family lands are at the disposal of the head of the family, and every member of the family has a right to a share in the land - a right which is not forfeited even by prolonged absence'.*

[16] MANSHARD (1957:221) weist zurecht darauf hin, daß das ghanaische Landrecht sehr differenziert betrachtet werden muß; so existieren verschiedene Nutzungs- oder Besitzrechte für Bäume, Sträucher, Häuser und Bodenschätze unabhängig vom Land, auf dem sie sich befinden. In den Untersuchungsgebieten des Autors in Nordghana gehören zum Beispiel bestimmte (meist ökonomisch wertvolle) Bäume in der Regel demjenigen, der die Bäume gepflanzt hat, auch wenn er später das entsprechende Landstück verkaufen würde. Weiterhin steht dem *chief* von Kumbuyili (vgl. Kapitel 4.2) beispielsweise ein Großteil der Mangoernte und die Früchte des Dawadawa Baumes (Parkia Clappertoniana) zu.

schaftlichen Produktionsweise und in der Bevölkerungszahl führten aber zusätzlich zu neuen Formen der Landverteilung, besonders dort, wo Land an ökonomischem Wert gewann und/oder zu einer knappen Ressource wurde. Zeitlich kann dies mit dem Einsetzen der Kolonialisierung und auf die Einführung von *cash crop* Produkten zurückdatiert werden. Dies wird Gegenstand der folgenden Ausführungen sein.

3.1.2 Landrechte im Kontext der Kolonialisierung

> *Cocoa has been a major source of wealth as well as one of the major causes of chaos in contemporary Ghana. In the late nineteenth and early twentieth century, cocoa replaced gold and slaves as the commodity which integrated the Gold Coast into the modern world economy. But, whereas the task of producing gold and slaves led to the preeminence of noble and merchant classes within a regionally linked economy, the production of cocoa was to penetrate deeply into the society, changing the kinbased and political institutions of peasant cultivators. Cocoa, as distinct from any agricultural crop which preceded it, would link these basic food producers to the British imperial system, and through it to the global economy. In the process, traditional systems of stratification became indelibly marked; and the social and political institutions of Gold Coast societies, especially the cocoa-producing ones, would be radically transformed* (MIKELL 1989:XI).

Die europäische Kolonialisierung der 'Goldküste' hinterließ erhebliche Spuren innerhalb der ghanaischen Gesellschaft. Besonders die Einführung von Kakao in die ghanaische Produktionspalette des Agrarsektors verursachte weitreichende Transformationen. Weiterhin wurde durch die britische Politik des *'indirect rule'* die 'traditionelle' Gesellschaft neu formiert. Im folgenden soll dies am Beispiel der Landrechte verdeutlicht werden.

Das britische *Empire* operierte nach dem Credo der Eigenfinanzierung der Kolonien. Daher wurde nach den Plänen von LUGART (1965[1922]) das System des *indirekt rule* eingeführt, um die administrativen und personellen Kosten minimal zu halten.[17] Dies bedeutete, daß die indigenen sozialen Systeme in ihrer Funktion weitgehend erhalten blieben und lediglich die lokalen politischen Autoritäten in den Verwaltungsapparat der Kolonie einbezogen werden sollten. In den Augen der Kolonialverwaltung waren dies vor allem die *chiefs* der jeweiligen *clans*. FIRMIN-SELLERS (1996:71) führt dazu folgendes aus:

> *The British delegated authority to the chiefs, because they believed that the traditional rulers could maintain law and order in their states (a prerequisite for trade*

---

[17] Die vollständige Einführung des *indirect rule* vollzog sich erst unter dem Gouverneur Sir Frederick Gordon Guggisberg (1919-1927). Allerdings wurde das Prinzip des *indirect rule* teilweise bereits im ausgehenden 19. Jahrhundert praktiziert (BUAH 1980:106).

and production) at the lowest cost. That decision made it prerogative for the British to continually reinforce the chiefs' power.

Die *chiefs* fungierten sozusagen als Experten in allen Belangen der traditionellen Kultur, insbesondere wenn es sich um Rechtsfragen (*customary law*) handelte. Gleichzeitig hatten sie die Aufgabe, die kolonialen Interessen (zum Beispiel Steuereintreibung) durchzusetzen. Mit der Politik des *indirect rule* wurde die gesamte Autorität in die Hände der *chiefs* gelegt und dadurch die Position der Bevölkerung und deren Überwachungsinstitutionen gegenüber den *chiefs* geschwächt.[18] Hinsichtlich der Landrechtsfragen verließ sich die Kolonialverwaltung daher auf die Auslegungen der politischen Führer.[19] Durch die Einführung von *cash crop* Produkten, und hier ist vor allem Kakao anzusprechen, der im Unterschied zu den Subsistenzprodukten eine mehrjährige und nicht einjährige Anbaufrucht ist, entstand die Notwendigkeit, das Landnutzungssystem neu zu gestalten, da das entsprechende Land über mehrere Jahrzehnte anderweitig nicht genutzt werden kann.[20] In der Folgezeit bildeten sich vor allem zwei Systeme der Teilpacht aus: Das 'abunu-' und das 'abusa'-System.[21] Das abunu-System wird in der Regel bei einjährigen Kulturpflanzen angewandt. Bei diesem System erhalten der Landbesitzer und der Pächter jeweils 50 Prozent des Ertrages. Beim abusa-System erhalten der Landbesitzer ein Drittel und der Pächter zwei Drittel des Ertrages. Dieses System ist in Ghana am weitesten verbreitet und findet vor allem bei Dauer-

---

[18] Vgl. hierzu auch HOLTKAMP (1993:53-67).
[19] Die Kolonialverwaltung erkannte sehr wohl, daß die Landrechte in der Kolonie keinesfalls festgelegt waren und es zahlreiche und kostspielige Konflikte um Landbesitz gab. Ihre Bemühungen, dies durch ein Gesetz zu beheben, in dem alles öffentliche Land der Kolonialverwaltung unterstellt wurde, schlugen allerdings fehl. Besonders die Verabschiedung eines Landgesetzes von 1897 (ein Gesetz von 1894 kam erst gar nicht zur Abstimmung) verursachte massive Unruhen in der Kolonie und führte zur Gründung der *Gold Coast Aborigines' Right and Protection Society*. Das Gesetz wurde nie umgesetzt.
[20] Hier ist sicherlich anzumerken, daß zu Beginn einer Kakaopflanzung sehr wohl im *'inter-cropping'* Verfahren auch Subsistenzprodukte zwischen die Kakaobäume gepflanzt werden.
[21] BENNEH (1988:48) unterscheidet neben den oben genannten Systemen auch noch zwischen *'fixed rental'* und *'leasehold'* Systemen. Diese spielen aber in bezug auf den Kakaoanbau nur eine untergeordnete Rolle und sind auch keine wirklichen Teilpachtsysteme, da die Pacht in Form von Geld (in der Regel ein fester Betrag pro Jahr) abgegolten wird und beim abunu- und abusa-System der Ernteertrag geteilt wird. Weiterhin wird bezüglich der Arbeitsverfassung auf den Kakaofarmen noch stärker differenziert, angefangen bei 'Tagelöhnern' bis zu 'Jahresarbeitern' (SCHAAF 1987:53-58).

kulturen wie Kakao und Ölpalmen Verwendung (ASENSO-OKYERE / ATSU / OBENG 1993:16).[22]

Land erhielt mit der Einführung von Kakao somit neben der religiösen Bedeutung einen ökonomischen Wert. Als die wichtigsten lokalen Akteure in diesem Wandlungsprozeß können die *chiefs* angesehen werden. In ihrer doppelten Funktion, einmal als traditionelle Wächter über den Landbesitz und zum anderen als Quasi-Experten über das *customary law* gegenüber der Kolonialregierung, konnten sie die indigenen Gesetze zu ihren Gunsten auslegen und schließlich durch den Verkauf von nun wertvollem Land kurzfristige Gewinne einstreichen. Zu Beginn der Ausbreitung von Kakao wurde Agrarland noch häufiger verkauft. Gegen Ende der kolonialen Periode gingen allerdings die meisten *chiefs* wesentlich vorsichtiger mit ihrem Land um und verpachteten es in der Regel zu den oben beschriebenen Konditionen. Besonders das 'huza-System' der Krobo, bei dem eine 'Farmergesellschaft' Land erwirbt, welches anschließend nach Höhe des jeweils eingebrachten Kapitals aufgeteilt wird, kann hier als frühes System des Landkaufes angeführt werden. Dieses System ist in der Literatur hinreichend dokumentiert worden (vgl. MANSHARD 1957:221-223, 1961:122-130; 1962:194-196; HILL 1970 [1962]:72-74). Dadurch entstand in der zweiten Hälfte des 19. Jahrhunderts eine völlig neue soziale Ordnung, die ihren Ursprung in den ländlichen Regionen und kleinen Städten hatte. Neben der Einführung von Kakao als *cash crop* war die Zerschlagung des Ashanti Reiches durch die Briten und damit die Auflösung eines zentralisierten Staates für diesen Wandel ausschlaggebend. Tributäre Staaten, wie zum Beispiel das Gyaman Reich im Nordwesten und der Dagomba Staat im Norden Ashantis, wurden quasi als Nebeneffekt dem britischen Kolonialstaat einverleibt,[23] der sich dadurch auch gegen die europäische - vor allem die französische - Konkurrenz im Landesinneren durchsetzte.[24] Durch diese politische Umwälzung erhielten die

---

[22] Mitunter werden diese Systeme auch gleichzeitig auf einem Landstück angewandt, wenn zum Beispiel zu Beginn einer Kakaopflanzung zwischen die Setzlinge noch andere Nahrungsmittelpflanzen gepflanzt werden.
[23] Gyaman wurde am 12.07.1893 zwischen England und Frankreich aufgeteilt (OWUSU-ANSAH / MCFARLAND (1995:XXXV).
[24] Während der Berlin-Konferenz von 1884/85 wurden die Grenzen in Westafrika nicht genau festgelegt, sondern lediglich bestimmt, daß der Grenzverlauf durch Besetzung der jeweiligen Landstriche kenntlich gemacht werden muß. Für die Briten besorgte dies vornehmlich der Kartograph G. E. FERGUSON, der das britische Mandatsgebiet durch Abkommen mit der lokalen Bevölkerung bis zum achten nördlichen Längengrad kartographisch ausdehnte (FAGE 1969:169). In seinem Reisebericht von 1898 nach Jaman (Gyaman) beschreibt der britische koloniale Abgesandte FREEMAN (1967[1898]:190-212), wie er bei seiner Ankunft in Bondoukou mit dem Symbol der französischen Expansion, einer

lokalen *chiefs* weitgehende Handlungsfreiheit und wurden durch die Kolonialregierung in ihrer Position weiter gestärkt, obwohl das Ansehen der *chiefs* bei der Bevölkerung mehr und mehr abnahm. Dies begründet sich vor allem auf zwei Faktoren. Zum einen spielte bei der Einsetzung eines *chiefs* die Abstammung (*lineage*) eine zunehmend unbedeutende Rolle, ökonomischer Wohlstand und Einfluß wurden immer wichtiger, womit allerdings die (oft familiäre) Verbundenheit zur Bevölkerung nachließ. Zum anderen wurden viele *chiefs* auch gegen den Willen der Bevölkerung von der Kolonialregierung eingesetzt. Diese *chiefs* standen aus zweierlei Gründen im Konflikt mit der Bevölkerung. Erstens handelte es sich dabei in der Regel um 'alphabetisierte' Männer,[25] die in den Augen der Bevölkerung dem lokalen Alltagskontext entrückt waren, und zweitens dienten sie in der Regel - wie bereits erläutert wurde - häufig den Interessen der Kolonialregierung. Nachdem 1896 das Ashanti Reich zum britischen Protektorat erklärt wurde, setzte die Kolonialregierung in ökonomisch besonders wichtigen Gebieten vor allem solche *chiefs* ein, die die Interessen Englands wahrten. Diese Interessen bestanden in erster Linie darin, die wirtschaftliche Entwicklung und damit den Kakaoanbau voranzutreiben. Die meisten so benannten *chiefs* arbeiteten entsprechend eng mit der kolonialen Administration zusammen, oftmals primär, um ihr eigenes Kakaoanbaugebiet zu vergrößern (MIKELL 1989:87/88). Die kolonialrechtliche Grundlage für die Ernennung lokaler Autoritäten wurde bereits durch die Gesetzgebung von 1883, dem *'Native Jurisdiction Ordinance Act'* geschaffen, durch den jeder *chief*, der etwa seine Macht mißbrauchte vom Gouverneur abgesetzt und ein neuer eingesetzt werden konnte. (BOAHEN 1975:59). MIKELL (1989:87) beschreibt die entsprechende Vorgehensweise der Kolonialregierung wie folgt:

> Their [die Kolonialregierung; A. d. V.] *interest in the selection of head-chiefs quickly became apparent. For example, in 1896 the administration selected the Omanhene of Berekum against local opposition, and in 1905 they selected the paramount chief of Gaman under similar conditions. These two areas were difficult to administer because part of them had formerly been under French control, and the local people still recognized some chief living in the Ivory Coast. In the case of the Gaman people,*

---

französischen Flagge, begrüßt wurde. Sein Aufenthalt in der Hauptstadt des Gyaman Reiches gestaltete sich entsprechend schwierig.

[25] Besonders MIKELL (1989:66) hat darauf verwiesen, daß die *chiefs* selbst zwar der europäischen Schulausbildung sehr skeptisch gegenüberstanden, sie aber dennoch geschickt für ihre Interessen nutzten: '*While still suspicious of missionaries, chiefs now used privately owned cash to pay for schooling of children. They also sought to ensure that their nephews who might succeed them* [Bei den Akan herrscht die matrilineale Erbfolge vor, daher sind die Neffen hier so bedeutsam; A. d. V.] *should also be literate. This was important because the increasingly influential district commissioners* [der Kolonialregierung; A. d. V.] *favoured literate stool candidates, believing that these were more amenable to the colonial approach.*'

they chose a candidate to replace the recently demised chief of Wirime. Unfortunately, this man was one whom District Comissioner Fell did not favor. Accordingly, the D.C. summoned all the important Gaman chiefs on a particular day so that he could select a successor to the Paramount. His choice, the chief of Drobo, was sustained despite resistance from several quarters in Gaman.

Somit wurde im ausgehenden 19. Jahrhundert die lokale politische und soziale Organisation in Teilen des heutigen Ghanas durch die Einführung von Kakao entscheidend verändert. Auf der politischen Ebene erhielten die lokalen und regionalen *chiefs* einen immensen Machtzuwachs, der von der kolonialen Administration gestützt wurde, solange deren Interessen gewahrt blieben. Die *chiefs* benutzten ihrerseits diesen Machtzuwachs, um sich durch Landverpachtung und Landverkauf ökonomisch besserzustellen. Gleichzeitig verloren indigene Überwachungsinstitutionen wie zum Beispiel der Ältestenrat oder die *'queen mother'* an Bedeutung.[26] Wie weiter unten noch eingehender beschrieben wird, ging der Kakaoanbau mit starken Migrationsströmen in die entsprechenden Anbaugebiete einher. Diese Migranten waren vor allem Männer, wodurch diese am stärksten vom Kakaoboom profitierten und sich die ursprünglich stark matrilinear ausgeprägt Gesellschaft zu einer auf Männer fokussierte und von Männern kontrollierte Gesellschaft entwickelte.[27] Abgesehen von den *chiefs* verloren alle anderen indigenen politischen und religiösen Institutionen an Bedeutung. Demgegenüber gewannen jene Personen an Ansehen, die einen gewissen ökonomischen Wohlstand erreichten - von NUGENT (1995) in einem anderen Kontext sehr treffend als *'big men'* bezeichnet - sowie (später) Personen mit europäischer Bildung. Hieran werden bereits Mechanismen der Entankerung deutlich. Soziale Beziehungen, etwa zwischen *chiefs* und Ältestenräten, wurden aus ihrem lokalspezifischen Kontext herausgelöst und umstrukturiert; und zwar in der Art, daß die *chiefs* im lokalen Bereich mehr Machtbefugnisse erhielten, als ihnen in der vorkolonialen Periode zukam.

Daß nicht die gesamte ghanaische Gesellschaftsordnung auf den Kopf gestellt - wenn auch stark durchgeschüttelt - wurde, wird anhand des Zusammenhanges deutlich, der auf den Stellenwert von lokaler Geschichte, deren Interpretation und der Macht des Wissens über die Geschichte

---

[26] Zur Bedeutung und Aufgaben der *queen mother* siehe Kapitel 3.2.
[27] An dieser Stelle muß angemerkt werden, daß die beschriebenen Transformationen nicht das gesamte ghanaische Staatsgebiet betreffen, sondern sich in erster Linie auf den Kakaogürtel beziehen. Diese Art der Transformationen haben in der Nordregion nicht stattgefunden, wenngleich die Menschen aus dem Norden Ghanas von den Auswirkungen des Kakaoanbaus ebenso betroffen waren und noch sind. Weitreichende soziale Veränderungen vollzogen sich zum Beispiel durch eine ausgeprägte Arbeitsmigration. Heute noch stellen Ghanaer aus dem Norden den Großteil der landlosen Arbeiter auf den Kakaofeldern.

hinweist. In ihrer Fallstudie über Kumawu, einer Stadt ca. 30 Kilometer nordöstlich von Kumasi, beschreibt BERRY (1997:1237) dies eindrücklich:

History in Kumawu serves not only to establish a person's claim on property and power, but also to constitute or reaffirm relationships with other people whose action or recollections may help in the defense or exercise of such claims. The value of historical production depends, in turn, on participation. Even for those who decide to withhold historical knowledge, temporarily or indefinitely, [...] the advantage of hoarding depends on the fact that people know it's happening - that the knowledge exists and may someday be reproduced.

Historisches Wissen wird heute vor allem dann bedeutsam, wenn es darum geht, Landbesitzansprüche geltend zu machen. Da die Inbesitznahme von Land entweder durch erste Rodung eines menschenleeren Gebietes, durch kriegerische Auseinandersetzungen oder Geschenke von den indigenen Führern herrühren kann, kommt es darauf an, das Wissen um diese geschichtlichen Hintergründe und die damit verknüpften indigenen Regeln zu seinen Gunsten zu interpretieren. Damit wurde (und wird) einerseits auch wieder die Position der *chiefs* manifestiert - da sie für die Kolonialverwaltung die Experten der lokalen kulturellen 'Traditionen' waren - andererseits wird auch die Position von alten Menschen als Überlieferer des vorwiegend oral vermittelten historischen Wissens gestärkt. Dabei gibt es keine Unterschiede zwischen den Geschlechtern.[28] Soll das historische Wissen, auch wenn es sich, wie BERRY (1997) sich ausdrückt, 'nur' um 'Hörensagen'[29] handelt, von Vorteil für einen selbst sein, so kommt es darauf an, dieses Wissen zu seinen Gunsten auszulegen und damit 'Traditionen' - die niemals statisch und unbeweglich waren - eventuell neu zu bestimmen.

'[T]he battle to define property rights was transformed into a battle to define tradition' argumentiert FIRMIN-SELLERS (1996:66). Sie geht sogar noch einen Schritt weiter, indem sie feststellt, daß die Traditionen, insbesondere während der europäischen Kolonisation, maßgeblich von den *chiefs* neu erfunden wurde. Sie führt dazu aus:

---

[28] In Gyankufa werden zum Beispiel bei äußerst komplexen Problemen die ältesten Frauen über ihr Wissen befragt, wenn eine aus der Vergangenheit bekannte entsprechende Maßnahme ergriffen werden soll, um zum Beispiel einen Landdisput beizulegen.

[29] BERRY (1997) beschreibt diesbezüglich eine Szene aus einer Verhandlung am Hohen Gericht von Kumasi. Die Verteidigung rief in diesem Fall einen Zeugen auf, dessen Aussage auf einer Erzählung aus dem 18. Jahrhundert basierte. Sie führt dazu aus (1997:1235): *'Attempting to discredit the testimony, counsel for the plaintiff objected that the witness's evidence was "nothing but hearsay". "Of course", the judge replied, leaning across the bench and speaking slowly for emphasis, "all traditional history is hearsay. But it is permissible hearsay". He then ordered the witness to proceed with his story'.*

Africa's traditional rulers used their position to pursue private economic and political goals. Chiefs and non-chiefs alike literally 'reinvented tradition', defending myriad inconsistent and often contradictory customary practices (FIRMIN-SELLERS 1996:34).

Es kann daher zusammenfassend festgehalten werden, daß in Ghana mit der Einführung von Marktfrüchten, der Politik des *indirect rule* und in diesem Zusammenhang mit dem Machtzuwachs der *chiefs* der Beginn einer Transformation der Landrechte vom Kommunaleigentum hin zum Individualeigentum einsetzte. Um Individualeigentum festzulegen, wurden von den *chiefs*, die auf ihren eigenen Vorteil bedacht waren, 'traditionelle' gesellschaftliche Aspekte neu interpretiert bzw. sogar neu erfunden. Dabei ist zu beachten, daß es zwar zu 'Verhandlungen' über die Geschichte kam, dies aber immer nur Interpretationen von Teilaspekten der Geschichte waren, die niemals die gesamte (historische) gesellschaftliche Ordnung in Frage stellten. Wie sich der Prozeß der Kommodifizierung von Land nach dem Ende der britischen Kontrolle über die Goldküste weiterentwickelte, wird Gegenstand des nächsten Kapitels sein.

3.1.3 Die Landrechtsfrage nach dem Ende der britischen Herrschaft

The state has in the past attempted to interfere in land administration in the country but it has not succeeded in taking over the authority of the traditional leaders who hold the land in trust for the people and they provide the access route for many land seekers (ASENSO-OKYERE / ASANTE / GYEKYE 1993:21).

Nachdem Ghana 1957 unabhängig und Kwame Nkrumah Präsident wurde, erhielt die Frage der Landrechte eine neue Dimension. Nkrumah und besonders die Mitarbeiter seiner *CPP* (*Convention People's Party*) Regierung, stammten zum Großteil aus gesellschaftlichen Gruppen, die eine negative Einstellung zum traditionellen *'chieftancy'* Konzept hatten und darin eine Konkurrenz zum 'modernen' Staat sahen.[30] Die Regierungsvorstellung der *CPP* sah daher auch im wesentlichen einen zentralisierten Staat vor, in dem möglichst alle Machtbefugnisse ruhen sollten. Besonders die Kontrolle über das Land war von zentraler Bedeutung. NINSIN (1989:167) zitiert diesbezüglich einen *CPP* Parlamentarier:

---

[30] NINSIN (1989:166/167) nennt vor allem folgende Gruppen: '*[T]he small property owners based in agriculture, commerce and the professions; namely, the small and medium scale cocoa farmers, timber merchants and traders, as well as teachers and white collar workers*'.

[C]hiefs had become the symbol of power and privilege; and they had 'stolen our lands. It is our duty therefore to see that these stool Lands are maintained in the interest of the common people'.

Durch verschiedenste Gesetzgebungen wurde zunächst gegen besonders mächtige *chiefs* vorgegangen,[31] indem sie ihrer wirtschaftlichen Machtbasis, dem Land, beraubt wurden. Anschließend wurde das gesamte Land vor allem durch den *'Stool Lands Act, 1960'*, den *'Lands Registration Act, 1962'*[32] und den *'Administration of Lands Act, 1962'* in die alleinige Herrschaftsgewalt des Präsidenten gelegt. Dies schien schon deshalb wichtig, um der auf Importsubstitution angelegten Wirtschaftsweise mit großen Staatsfarmen und Industrialisierungsprojekten das nötige Land zur Verfügung stellen zu können. Der Einfluß der *chiefs* und das bestehende Landbesitzsystem wurden durch diese Maßnahmen letztlich jedoch kaum verändert.

BENNEH (1988:57) kritisiert daher auch die wenig konsistente staatliche Politik zur Regelung des Landbesitzes:

The multiplicity of laws only emphasizes the fact that laws have been passed in each instance to deal with a particular problem on ad hoc basis and that they do not form part of a comprehensive policy of land acquisition or land use planning.

Nach dem *coup d'état* von 1966 wurden die Landgesetzgebungen, die unter Nkrumah verabschiedet wurden, dann auch teilweise wieder zurückgenommen und der Schutz des *stool* Landes in der Verfassung von 1969 festgeschrieben.

All stool lands in Ghana shall vest in the appropriate stool on behalf of, and in trust for, the subjects of the stool (zitiert nach NINSIN 1989:171).

Seit 1971 ist allerdings eine neu eingerichtete *'Lands Commission'* dafür verantwortlich, das Management des *stool land* zu kontrollieren. Die *chiefs* bleiben weiterhin verantwortlich für die Allokation des Landes, indessen bestimmt die Regierung, beziehungsweise die *Land Commission* die Bedingungen der Allokation, wie zum Beispiel die Größe des zu verkaufenden oder verpachtenden Landes, die Dauer von Pachtverträgen und die Pachthöhe. Diese Regelungen wurden jedoch nur dort wirklich bedeutsam, wo der Staat selbst Land nachfragte, wie etwa beim Aufbau von Staatsfarmen, Plantagen

---

[31] Die Auseinandersetzung zum Beispiel zwischen dem *chief* von Akim Abuakwa und der Zentralregierung ist besonders differenziert dokumentiert bei FIRMIN-SELLERS (1996).
[32] Durch die Registrierung eines Landtransfers, der nach dem Erlaß von 1962 ab dem 01.11.1964 verpflichtend wurde, sollte eine größere Rechtssicherheit geschaffen werden. Diese Hoffnung erfüllte sich allerdings nicht, da die meisten Transfers nach wie vor mündlich abgesprochen werden.

und bei Umsiedlungsaktionen.[33] Bei privaten Landkäufen wurden häufig, 'am Staat vorbei', individuelle Regelungen getroffen.

In den 70er Jahren wurde dann von staatlicher Seite aus nichts Wesentliches an der formalen Rechtslage geändert. Ein Defizit in der inländischen Nahrungsmittelproduktion führte aber dazu, daß das sogenannte *'Operation Feed Yourself'* Programm initiiert wurde. Dies wiederum bewirkte, daß, unterstützt durch groß angelegte staatliche Subventionen, eine Mechanisierung der Landwirtschaft erfolgte und über staatliche sowie kommerzielle Kreditangebote[34] in die Landwirtschaft - und zwar besonders in die Nahrungsmittelproduktion - investiert wurde. Insbesondere in den Nordregionen wurde versucht, die Reisproduktion massiv zu steigern (BENNEH 1988:80-88).[35] Hierbei bemühten sich vorwiegend Angehörige der städtischen Eliten sowie Mitglieder der neuen Militärregierung unter Acheampong, die entsprechenden Landstriche zu erwerben. Das Land diente allerdings de facto mehr als Spekulationsobjekt denn als Produktionsfaktor. Es ging dabei nicht nur um die Produktion von Nahrungsmitteln, sondern vielmehr um das Abschöpfen von Subventionen und billigen Krediten. (NINSIN 1989:174).

Nach dem zweiten Putsch von J. J. Rawlings 1981 wurde wiederum angestrebt, die Kontrolle und die administrative Funktion der *chiefs* bezüglich des Landes zu reduzieren, indem die *Lands Commission* im Interesse des Staates erneut die prinzipielle Autorität für Landangelegenheiten wurde. Die *chiefs* spielten zwar weiterhin die Rolle der Landverteiler, mußten aber bei jeder Allokation die *Lands Commission* konsultieren. Vor allem aber wurden die Einnahmen aus dem Handel, sei es der Verkauf oder die Verpachtung von Land, von der *Lands Commission* kontrolliert und in einem bestimmten Verhältnis aufgeteilt: So bekam die *Lands Commission* 10% der Einnahmen für die Verwaltung des *stool* Landes, während der *Traditional Council* und der

---

[33] Damit sind vor allem die Umsiedlungsmaßnahmen angesprochen, die für den Bau des Volta Stausees notwendig geworden waren (vgl. SCHMIDT-KALLERT 1994:63-87).
[34] Durch den Versuch, in Nordghana eine 'grüne Revolution' zu begründen, wurde auch internationales Kapital angezogen. NINSIN (1989:174) äußert sich folgendermaßen: *'The outcome of this policy [Operation Feed Yourself;* A. d. V.] *was the penetration of agricultural production by multinational capital. Among the agro-companies that emerged from this period are the [...] SCOA Farms, Nasia Rice Company, Ghana Livestock Limited, Glamour Farms, Ejura Farms and Ghana Industrial Farms'.*
[35] BENNEH (1988:80) stellt fest, daß Reis in Ghana bereits seit dem 19. Jahrhundert angebaut wird, aber erst seit den 70er Jahren zu einer bedeutenden *cash crop* im Norden des Landes geworden ist.

District Council jeweils 45% der Transfereinnahmen erhielten.[36] Dadurch blieb die Allokation des Landes weiterhin in den Machtbefugnissen der *chiefs*, aber sie erhielten nicht mehr alle Einnahmen aus dem Landgeschäft. Hierzu muß angemerkt werden, daß die meisten Verträge immer noch mündlich, sozusagen 'unter der Hand', abgesprochen und damit nie der *Lands Commission* bekannt wurden, oder die *chiefs* den Preis eines Verkaufs beziehungsweise die Pacht für ein Stück Land formal niedrig hielten,[37] aber inoffiziell die Höhe des üblichen Geschenkes (Geld oder Schnaps) zu Beginn und bei Abschluß von Transferverhandlungen heraufsetzten. In der Absicht, diese inoffiziellen Transfers zu stoppen, wurde schließlich 1986 das *'PNDC Law 152'* beschlossen. Dieses *'Land Title Registration Law'* sah vor, daß alle Landtitel bei der *Lands Commission* registriert werden müssen. Bis zum gegenwärtigen Zeitpunkt jedoch, so ASENSO-OKYERE / ATSU / OBENG (1993:12), sind die ländlichen Regionen von diesem Gesetz kaum betroffen:

> It is however noted that the legislation has not affected rural lands yet. Thus, despite attempts by the government to intervene by legislature, the bulk of statuary law relating to rural lands has remained nugatory. Most land matters are handled by lineage elders and local chiefs in accordance with their interpretation of indigenous laws.

Ein Hauptziel dieses Gesetzes war der Schutz der limitierten Besitzrechte von Kleinbauern, die unter Teilpachtsystemen arbeiteten. Allerdings bemerkt NINSIN (1989:179) zutreffend, daß die Mehrzahl der Kleinbauern Analphabeten sind und kaum Informationen über ihre Rechte haben. Außerdem seien sie zu arm, um sich teure Gerichtsverhandlungen und Anwälte leisten zu können. Mehr noch, der Vorgang der Landregistrierung ist in der Regel mit Geldzahlungen verbunden, die in keinem Gesetz niedergeschrieben sind und daher für die weniger Reichen keine Alternative zu mündlichen Abmachungen darstellt. Die Absicht des *PNDC* Gesetz 152, so scheint es, bildet lediglich den Rahmen für die dominierenden Schichten Ghanas, ihre Interessen bei der Festschreibung von Landbesitztiteln durchzusetzen.

Der Übergang zu der demokratisch gewählten Regierung von 1992, die Rawlings im Amt des Präsidenten lediglich bestätigte, brachte bezüglich der

---

[36] Die *District Councils* zu Beginn der *PNDC* Ära entsprechen in etwa den heutigen *district assemblies*. Sie waren allerdings mit wesentlich weniger Machtbefugnissen ausgestattet.

[37] Bei Teilpachtsystemen wurde das Land von einem Mitarbeiter der *lands commission* auf die zu erwartenden Erträge geschätzt und danach der Pachtzins festgesetzt, der dann im voraus gezahlt wurde. Bei eventuellem Liquiditätsmangel konnte in Ausnahmefällen, wie traditionell üblich, der Pachtanteil, der an die staatlichen Stellen ging, auch nach der Ernte bezahlt werden.

Landrechte wiederum einige Neuerungen. In der Verfassung von 1992 wird zunächst in Artikel 257 alles 'öffentliche' Land dem Präsidenten, in Vertrauen und stellvertretend für das ghanaische Volk, zugesprochen (ROG 1992a:156).[38] In Artikel 267 wird dann näher auf die Besitzverhältnisse beim *stool* oder *skin land* eingegangen. Dort heißt es in § 267, Absatz (1) des betreffenden Artikels:

> *All stool lands in Ghana shall vest in the appropriate stool on behalf of, and in trust for the subjects of the stool in accordance with customary law and usage* (ROG 1992a:161).

In den Absätzen (2) bis (9) des § 267 werden freilich gewisse Modifikationen zur bisherigen Praxis des Landverkaufes und der Verpachtung vorgenommen. So wird zunächst die Gründung eines Büros für die Verwaltung von Landangelegenheiten angekündigt. Dieses Büro ist dafür verantwortlich, daß jeder *stool* ein eigenes Bankkonto führt, auf dem alle Einnahmen bezüglich des *stool land* eingehen müssen. Weiterhin wird vorgeschrieben, daß keine Landverkäufe und Entwicklungsvorhaben durchgeführt werden dürfen, ohne vorher die regionale *Lands Commission* zu verständigen, die dann prüft, ob das Vorhaben im Einklang mit dem regionalen Entwicklungsplan steht. Bezüglich der Einnahmen aus dem Verkauf oder der Verpachtung von *stool land* ergibt sich die folgende Neuerung: 10 % der Einnahmen gehen an das Büro für die Verwaltung von Landangelegenheiten, der entsprechende *stool* erhält 25%, 20% gehen an die *'Traditional Authority'*[39] und 55% werden der *District Assembly*[40] zugesprochen. Damit ist der gegenwärtig geltende rechtliche Rahmen für den Verkauf und die Verpachtung von Land festgelegt (ROG 1992a:161/162).

Bezüglich der Ursachen von Landtransfers in der postkolonialen Periode ist hier herauszustellen, daß vor allem durch die Strukturanpassungsprogramme

---

[38] Absatz zwei des Artikel 257 der Verfassung klärt die Bezeichnung 'öffentliches Land': *'"[P]ublic lands" includes any land which, immediately before the coming into force of this Constitution, was vested in the Government of Ghana on behalf of, and in trust for, the people of Ghana for the public service of Ghana, and any other land acquired in the interest, for the purpose of the Government of Ghana before, on or after that date'* (ROG 1992a:156). Dies gilt neben öffentlichen Einrichtungen und Bauten vor allem für Forstreservate und für Landgebiete in denen Bodenschätze vorkommen.

[39] Aus der Verfassung ist leider nicht zu entnehmen, was in diesem Fall unter der *'Traditional Authority'* verstanden wird. An dieser Stelle wird davon ausgegangen, daß mit dieser Bezeichnung der jeweils regionale Zusammenschluß der *chiefs* in den entsprechenden regionalen *'House of Chiefs'* gemeint ist.

[40] Die *District Assemblies* wurden 1988 mit der Verabschiedung des *Local Government* Gesetz gegründet, um Dezentralisierungsmaßnahmen des Staates einzuleiten. Vgl. dazu vor allem HOLTKAMP (1993).

in den 80er und 90er Jahren neue makroökonomische Anreize geschaffen wurden, die zu einer verstärkten Investition im Agrarbereich führten. Gleichzeitig wurden, um das Haushaltsdefizit von Ghana zu verringern, im Zuge der Strukturanpassung zum einen viele Staatsbetriebe privatisiert, was eine hohe Entlassungsquote nach sich zog und zum anderen Stellen in den verbleibenden Staatsbetrieben sowie im gesamten öffentlichen Sektor massiv abgebaut. Beispielsweise wurden beim *Ghana Cocoa Marketing Board (GCMB)* zwischen 1984 und 1987 insgesamt 30.000 Mitarbeiter entlassen (SCHMIDT-KALLERT 1995:51-56). Die negativen Folgen für die Bevölkerung dieser Anpassungspolitik waren schließlich derart evident, daß die Weltbank 1987 *PAMSCAD (Program of Action to Mitigate the Social Cost of Adjustment)* durchführte (ROTHCHILD 1991). Durch dieses Programm wurden vor allem die entlassenen Staatsangestellten finanziell unterstützt. Diese wiederum investierten die erhaltenen Gelder hauptsächlich im Agrarsektor, wobei die getätigten Investitionen in der Regel mit dem Aufkaufen von Land verbunden waren, um langfristig abgesichert zu sein (PAMSCAD 1994).

Das momentane Ausmaß von Landtransfers in Ghana wird durch Tab. 3-1 wiedergegeben. In dem Bericht *'Rural Communities in Ghana'*, der vom *'Ghana Statistical Service'* 1993 mit der Unterstützung der Weltbank sowie von *USAID* und *ODA* durchgeführt wurde, wird die gegenwärtige Situation allerdings eher weniger dramatisch beurteilt.

Tab. 3-1: Landverkäufe in Ghana nach ökologischen Zonen[41]

Ökologische Zone	Landverkauf (%)	Kein Landverkauf (%)	Zahl der befragten *community leaders*
Küstensavanne	13	88	64
Regenwaldzone	16	84	128
Guinea Savanne	4	96	74
Alle	12	88	266

Quelle: GHANA STATISTICAL SERVICE 1993:43.

Die aus der Tab. 3-1 hervorgehenden relativ niedrige Prozentsätze der Landverkäufe können in zweierlei Hinsicht hinterfragt werden: Zum einen wurden von den Interviewern lediglich die *community leaders*, dies sind in der Regel

---

[41] Der mathematische Fehler in der ersten Zeile der Tabelle ist bereits im Original vorhanden.

die *chiefs*, befragt. Deren 'wahrheitsgetreue' Aussage soll an dieser Stelle nicht angezweifelt werden, aber die meisten haben sicherlich individuelle strategische Interessen mit ihrer Antwort verbunden.[42] Zum anderen zeigt diese Querschnittsbefragung keine historische Perspektive auf. Ob zum Beispiel überhaupt noch *stool land* in den entsprechenden Kommunen vorhanden ist, das verkauft werden könnte, wurde nicht gefragt. Ebensowenig wurde untersucht, ob es individuelle Landbesitzer gibt, bzw. wie viele der Befragten überhaupt das Recht haben, ihr Land zu verkaufen.

In einer Studie in drei ghanaischen Dörfern ermittelten MIGOT-ADHOLLA et al. (1991:162-164) unter anderem, daß in Wassa, einem der drei Dörfer, welches sich in der Regenwaldzone befindet, 55,6% der Befragten das Recht haben, mit Genehmigung des *chiefs* ihr Land zu verkaufen, 14,7% konnten dies ohne Genehmigung. In einem weiteren Dorf, Anloga,[43] welches in der Küstensavanne lokalisiert ist, konnten zum Zeitpunkt der Studie 14% der Befragten ihr Land mit Genehmigung des *chiefs* und sogar 62,7% ohne Genehmigung des *chiefs* verkaufen. Die Autoren sehen dies als eindeutigen Trend hin zur Individualisierung der Landrechte an. Im Falle Anlogas halten ASENSO-OKYERE / ATSU / OBENG (1993:14) weiterhin fest, daß Land als Kommunalland nicht mehr existiert. Dieser Trend zur Individualisierung und Privatisierung sei für das gesamte südliche Ghana festzustellen (ASENSO-OKYERE / ATSU / OBENG 1993:20/21).

An dieser Stelle kann zusammenfassend festgehalten werden, daß sich in den zurückliegenden 100 Jahren eine neue Klasse der Landbesitzer herausgebildet hat, denen es nun möglich ist, ihren Wohlstand in monetären Einheiten auszudrücken. Die Stratifikation der Gesellschaft wird daher zunehmend dadurch festgelegt, inwieweit die Subjekte in Austauschbeziehungen eingebunden sind. Die Kommodifizierung von Land ist dementsprechend mit einem Prozeß der Globalisierung gleichzusetzen. Die Auswirkungen dieses Prozesses sind, daß lokale Handlungskontexte umstrukturiert werden und etwa neue Zugänge zu Ressourcen, in diesem Fall zu Land, eröffnet werden, bzw. alte

---

[42] Dies wird durchaus auch von den Herausgebern des Berichtes so beobachtet. Unter Punkt drei ihrer einführenden technischen Anmerkungen führen sie folgendes aus (GHANA STATISTICAL SERVICE 1993:vi): '*Although the data are presented in terms of rural households, it should be noted that the data were actually collected from the chiefs, elders, and other opinion leaders of the community; this source of information will obviously influence the responses in the survey, particularly to attitude questions*'.

[43] Anloga ist durch eine relativ hohe Bevölkerungsdichte gekennzeichnet. Neben der vorherrschenden Subsistenzproduktion wird dort vor allem *cash crop* Anbau mit Schalotten betrieben, die in Accra und Kumasi verkauft werden. Vgl. diesbezüglich auch BENNEH (1988) und ASENSO-OKYERE / ATSU / OBENG (1993).

Zugänge, etwa Zugänge qua Geburt in eine bestimmte gesellschaftliche Gruppe hinein, sich zunehmend verschließen. Gewonnen haben durch diesen Prozeß sicherlich die, mit *PAMSCAD* Geldern ausgestatteten ehemaligen Staatsangestellten, die nur dadurch, daß Kommodifikation von Land möglich wurde, einen Anreiz hatten langfristig im Agrarsektor zu investierten. Die Verlierer dieses Prozesses sind zum einen die landlosen Kleinbauern,[44] zum anderen sind hier die traditionellen politischen Autoritäten, die *chiefs,* zu nennen. Durch den Verlust von kommunalem, also *stool land,* werden sie zunehmend ihrer indigenen Machtbasis und Einnahmen beraubt. Weiterhin sind die zukünftigen Generationen, die ehemals - in einer Art von 'Generationenvertrag' - über das Vorhandensein von kommunalem Land als landwirtschaftlicher Ressource ökonomisch abgesichert waren, als Verlierer in dem fortschreitenden Prozeß der Kommodifizierung - und damit der Globalisierung - anzusehen.

3.1.4 Exkurs: Landrechte in den Nordregionen Ghanas

Die nördlichen Regionen[45] Ghanas weisen bezüglich des Landbesitzes einige Unterschiede im Vergleich zum südlichen Teil von Ghana auf. Dies hat sowohl historische als auch soziokulturelle und ökonomische Ursachen. Da sich das zweite Fallbeispiel dieser Arbeit auf gegenwärtige gesellschaftliche Transformationsprozesse in der *Northern Region* von Ghana bezieht und der ethnische Konflikt von 1994/95 im Norden Ghanas ein Konflikt um Land war, der Auswirkungen auf die Überlebenssicherung der Menschen aus den Untersuchungsdörfern hatte, wird dieser Exkurs hier eingefügt.

Die vorkoloniale Periode der Nordregionen zeichnete sich vor allem durch politische Instabilitäten innerhalb der Regionen selbst aus. Die lokale Landnutzung war dort geprägt durch eine Vielzahl kleiner *clans* beziehungsweise Ethnien, von denen die Mehrzahl keine politische Führungsautorität anerkannten (HAILEY 1957:739). Es gab keinen privaten Landbesitz, sondern - wie auch in der vorkolonialen Periode im südlichen Teil Ghanas - lediglich individuelle Nutzungsrechte, die - im Gegensatz zu Südghana - nicht vom *chief*, sondern von dem/der Erdpriester/in (Tindana)[46] vergeben wurden,

---

[44] NINSIN (1989:181) drückt dies folgendermaßen aus: *'The peasantry [...] have been the main losers in this 'silent revolution' that has occurring on the land'.*
[45] Die 'Nordregionen' Ghanas umfassen die heutigen administrativ abgegrenzten Gebiete *Northern Region, Upper East Region* und *Upper West Region.* Alle drei Regionen befinden sich in der ökologischen Zone der Guinea Savanne.
[46] Die Schreibweise von 'Tindana' variiert beträchtlich, da die Institution der/des Tindana zwar in der gesamten Nordregion existiert, aber die jeweiligen *clans* die Namen anders aussprechen beziehungsweise schreiben. Somit variieren auch die Schreibweisen der

wobei der jeweilige Landstrich dann innerhalb der Abstammungslinie patrilinear weitervererbt werden konnte. Selbst die Ethnien mit politischer Autorität,[47] wie zum Beispiel die Dagombas oder die Mambrusi, hatten nach ihrer Einwanderung die religiöse Autorität der Tindanas, der von ihnen unterworfenen *clans* und Ethnien anerkannt, und deren Landverteilungssystem adaptiert.[48] So kam es beispielsweise dazu, daß der 'Ya-Na', die oberste politische Autorität der Dagombas, im 15. Jahrhundert zwar alles Land des Dagomba Staates prinzipiell unter seine Wächterschaft legte, sich aber eine komplementäre Beziehung zwischen den Tindanas und den *chiefs* bezüglich der Landverteilung entwickelte. Es kann hier also festgehalten werden, daß in der vorkolonialen Periode das Land Kommunaleigentum des *clans* war und die Allokation des Landes über den/die Tindana abgewickelt wurde.

Während der kolonialen Periode vollzogen sich in Nordghana schließlich einschneidende Veränderungen. Diese waren zunächst weniger ökonomischer Art, wie etwa im Süden der Kolonie, als vielmehr politisch-administrative Transformationen.[49] Durch Vereinbarungen mit den indigenen Gruppen und als Resultat der in Europa stattgefundenen Verhandlungen zwischen Deutschland und Frankreich kamen die Nordregionen 1897 unter britischen Einfluß und wurden 1901 zum britischen Protektorat erklärt (HAILEY[50] 1979:85). Alles Land im Protektorat wurde weiterhin zum 'öffentlichen Land' deklariert und direkt unter den Schutz der Krone gestellt. Was im

---

verschiedensten Autoren, je nachdem auf welchen *clan* sie sich beziehen. Üblich sind zum Beispiel auch die folgenden Schreibweisen: Tendana (HAILEY 1957), Tengdana (MANSHARD 1961), Tendaana (ASENSO-OKYERE / ATSU / OBENG (1993). Die hier verwendete Schreibweise Tindana wurde gewählt, da es sich hierbei um die gegenwärtig bei den Dagombas vorherrschende Schreibweise handelt.

[47] Bei diesen Ethnien, die in der Regel aus der Sudan-Savanne einwanderten, hat der Islam beim Aufbau von relativ zentralisierten Staatsformen erheblichen Einfluß gehabt. In bezug auf das Landbesitzsystem kann dies jedoch weitestgehend vernachlässigt werden.

[48] In diesem Zusammenhang wird in der Regel darauf hingewiesen, daß die politische Macht der akephalen Ethnien in der Nordregion sich nicht auf das Land, sondern auf die Kontrolle über die Menschen bezieht. Vgl. u.a. MANSHARD (1961:225); DRUCKER-BROWN (1988/89:97).

[49] Aufgrund der ökologischen und politischen Voraussetzungen gestaltete es sich für die Briten sehr schwierig, eine *cash crop* in den Nordregionen einzuführen. Schließlich wurden in den 30er Jahren dieses Jahrhunderts einige Bemühungen unternommen, den landwirtschaftlichen Output bei Nahrungsmittelpflanzen durch die Einführung neuer Techniken, zum Beispiel *mixed farming* und *crop rotation* zu erhöhen. Weitestgehend wurde die Nordregion aber als Arbeitskräftereservoir für die Kakaofarmen im Waldgürtel angesehen (DICKSON 1971:308-314).

[50] Der entsprechende Bericht von Lord HAILEY basiert auf Untersuchungen aus den Jahren 1940 bis 1942 und wurde vertraulich behandelt, weshalb erst 1979 die Veröffentlichung erfolgte.

Süden Ghanas noch mißlang, konnte im Norden durchgeführt werden, da zum einen eine ghanaische Bildungsschicht, die sich im europäischen Recht auskannte und die einen Protest hätte organisieren können, fast gänzlich fehlte und zum anderen keine wirklich 'starken Staaten' existierten. Im Gegenteil, die Ankunft der Europäer wurde bei einigen Ethnien durchaus in der Hoffnung begrüßt, daß die Europäer die lokale Bevölkerung vor den Sklavenjägern von Samori Toure und Babatu schützen würde.[51] Um die Nordregionen verwalten zu können, wurde, wie in Südghana, die Position der *chiefs* gestärkt, beziehungsweise diese Herrschaftsinstitution bei einigen Ethnien und *clans* sogar neu eingeführt. Dies war in den Augen der Briten unerläßlich, um die Prinzipien des *indirect rule* anwenden zu können. LADOUCEUR (1979:40) zitiert diesbezüglich den *Commissioner* der *Northern Territories* NORTHCOTT (1898):

> *[T]he agency employed will be that of the native chiefs, and their power will during good behaviour, be uniformly supported, except in matters of their relationship with neighbouring chiefs and of offences of a capital nature [...].*

De facto wurde allerdings bis in die 30er Jahre hinein eine direkte Kontrolle über die Nordregionen ausgeübt, da die politischen Verhältnisse zunächst instabil blieben. Erst 1932 wurde das *indirect rule* auch formell im Norden angewandt. Dies war in erster Linie darin begründet, daß es keine *'really big chiefs'* gab, wie es LADOUCEUR (1979:40) ausdrückt. Zum Beispiel war der Dagomba Staat zweigeteilt, da die Hauptstadt Yendi mit dem Sitz des Ya-Na im damaligen deutschem Einflußbereich lag. Als Reaktion darauf ernannten die Briten zum einen neue *chiefs*, insbesondere *paramount chiefs* für größere *clans*, und zum anderen bestimmten sie für mehrere in ihren Augen kleinere *clans* zusammen einen *paramount chief* als deren gemeinsamen Vertreter gegenüber der Kolonialregierung.[52] Bereits Lord HAILEY (1979:85) weist auf die Schwächen der neu eingeführten politischen Autoritäten hin:

> *Under this [native authority; A. d. V.] system there was a general weakening of the influence exercised by the traditional authorities, and the more so since [...] a number of persons were recognised as chiefs who had no such position by native custom.*

Weiterhin wurde die Institution der Tindanas und deren Landverteilungsfunktion in der britischen Politik nicht berücksichtigt (HAILEY 1957:793). Zusammenfassend kann daher für die koloniale Periode festgestellt werden,

---

[51] Der Sklavenhandel wurde 1833 zunächst einseitig durch die Briten verboten (CATCHPOLE / AKINJOGBIN 1989/90:72/73).
[52] Für eine umfassende und differenziertere Darstellung der britischen Politik in der Nordregion und deren Konstruktion neuer politisch-administrativer Einheiten siehe u.a. LADOUCEUR (1979:39-63) und BENING (1975).

daß in der Nordregion Ghanas, selbst bei Gruppen, denen eine solche Institution fremd war, *chiefs* neu eingesetzt wurden.[53] Dabei wurden auch mehrere *clans* trotz erheblicher soziokultureller Unterschiede unter einen einzigen verantwortlichen *paramount chief* gestellt, oder kleinere Gruppen zu größeren *clans* hinzugerechnet. Diese *chiefs* fungierten auch unter der direkten Kontrolle bis 1932 als der verlängerte Arm der Kolonialregierung. Zum anderen wurde das Land direkt der Krone unterstellt und bei Landanfragen von Seiten der Kolonialregierung oder anderer Europäer wurde nicht mit den Tindanas, sondern mit den neu eingesetzten *chiefs* darüber verhandelt. Diese Situation perpetuierte und konsolidierte sich in der postkolonialen Periode.[54]

Nach 1957 wurde auf staatlicher Ebene die Politik der Kolonialregierung bis 1992 weitestgehend fortgesetzt. Alles Land der Nordregionen wurde direkt dem Präsidenten unterstellt. Erst durch die neue Verfassung von 1992 wurde dies geändert und herausgestellt, daß das Land in der Nordregion kein 'öffentliches Land' sei und somit nicht dem Präsidenten unterstehe. In Absatz (3) des § 257 der neuen Verfassung heißt es daher:

> For the avoidance of doubt, it is hereby declared that all lands in the Northern Region, Upper East and Upper West Regions of Ghana which immediately before the coming into force of this Constitution were vested in the Government of Ghana are not public lands [...].

Dieser legislative Rahmen war (und ist) aber lediglich dann von Bedeutung, wenn von staatlicher oder privater Seite Land nachgefragt wird. Die Transformation von Kommunalland zu Privatland vollzog sich auch in Nordghana de facto außerhalb der Kontrolle des staatlichen Rechtsrahmens, was besonders Angehörige der jeweiligen Regierungen für ihre Interessen zu nutzen wußten. Wie bereits oben angesprochen, erwarben insbesondere Regierungsangehörige Land in der Nordregion, um dort in den 70er Jahren großmaß-

---

[53] Eine hervorragende Studie über die Einführung des *chieftaincy* Konzeptes bei den Dagara und die dadurch bedingte Transformation der Gesellschaftsstruktur der Dagara findet sich bei LENZ (1993).

[54] Sicherlich ist hier anzumerken, daß die Bedeutung der Tindanas zwar während der europäischen Kolonialzeit abnahm, aber noch immer sehr groß ist. Der Respekt vor den Tindanas ist bis heute immens und ihre Zauberkraft wird durchaus gefürchtet, weshalb sie bei Landverkäufen, die in der Nordregion bis zum gegenwärtigen Zeitpunkt wesentlich seltener sind als im Süden, sehr häufig konsultiert werden. Ohne der Zustimmung der Tindana von Kumbuyili wäre es zum Beispiel für das *UNESCO-CIPSEG* Projekt unmöglich gewesen, auf dem unter ihrer Wächterschaft liegenden Land ein Forschungszentrum zu errichten. Weiterhin wird sie bei der Auswahl der Anbaugebiete um Rat gefragt und der Beginn sowie das Ende der jährlichen Anbauperiode wird erst durch eine rituelle Handlung von ihr ermöglicht.

stäblich Reisanbau zu betreiben. Die Aussagen, wer die Mittler dieser Landverkäufe waren und gegenwärtig sind, bleiben in der Literatur jedoch widersprüchlich. ABATANIA (1990:21) und BENNEH (1988:81-88) stellen heraus, daß die *chiefs* für die Landverkäufe in ihren Gebieten verantwortlich wären. In bezug auf die Dagombas stellt BENNEH (1988:85) jedoch fest, daß 1972 vom *'Dagomba Traditional Council'* festgelegt wurde, daß jeder Fremde ein Anbaugebiet von höchstens 10 ha zum damaligen Preis von 100 *cedis* erwerben konnte. Dagomba Reisfarmer allerdings für ihre Farm 1/10 des Verkaufsertrages an den Ya-Na abführen müssen. Damit wurde das Allokationsrecht des Ya-Na quasi festgeschrieben. Ähnlich wie beim Kakaoanbau vollzog sich also mit der Einführung einer ökonomisch bedeutsamen Anbaufrucht (Reis) auch eine Transformation der Landbesitzverhältnisse. ASENSO-OKERE / ATSU / OBENG (1993:18) halten jedoch fest, daß momentan für die Nordregion zwei Arten des Landerwerbs vorherrschen: Die erste Methode betrifft Personen, die Land innerhalb ihres traditionellen Siedlungs- und Anbaugebiets nachfragen. Diese wenden sich an den/die zuständige Tindana.[55] Das Land, welches dieser Person zur Verfügung gestellt wurde, kann von ihr unbefristet genutzt werden. Sie verpflichtet sich aber dem/der Tindana nach jeder Anbauperiode ein Geschenk (in der Regel ein kleiner Teil der Ernte) zu überreichen. Die zweite Art des Landerwerbs bezieht sich auf Personen, die einen formellen Rechtsanspruch auf das Land erhalten wollen. Diese müssen über die *Lands Commission* das Land erwerben. Sie sind allerdings zusätzlich aufgefordert, die/den betreffende/n Tindana aufzusuchen, um den Kauf oder die Verpachtung des jeweiligen Landes bestätigt zu bekommen.

Zusammenfassend kann festgehalten werden, daß die in der Kolonialzeit angelegte Transformation von Landbesitz bis heute anhält, wobei herausgestellt werden muß, daß das Ausmaß der Kommodifikation von Land wesentlich geringer ist als in Südghana. Dies liegt zum einen an der größeren Verfügbarkeit von Land in den Nordregionen[56] und zum anderen an dem Mangel an wirklich bedeutsamen *cash crop* Produkten für die hohe Exporterlöse erzielt werden könnten, wie etwa für Kakao. In bezug auf die in der Literatur zum Teil widersprüchlich festgestellte Praxis der Landallokation ist zu vermuten, daß in der Realität ein 'Potpourri' der Verteilungsmechanismen existiert, welches durchaus sehr konfliktträchtig ist. Für die Untersuchungsdörfer Kumbuyili und Yiwogu gilt, daß im ersteren die Tindana und der *chief* für

---

[55] Wird der/die Tindana mit einem Anliegen aufgesucht ist es immer obligatorisch ihm/ihr, nach traditionellen Brauch, Kolanüsse und Schnaps oder Geld (in der Regel über einen Vermittler) zu überreichen.
[56] Dies bezieht sich jedoch nicht auf die Region um die Gabanga Schwelle im Nordosten. Dort erreicht die Bevölkerungsdichte mit ca. 80-100 Einwohnern pro qkm Ausmaße wie in der *Ashanti*, *Eastern* und *Central Region*.

Landfragen zuständig sind und im letzteren der Tindana alleine entscheidet. Ein zusammenfassender Überblick der verschiedenen Formen von Landrechten in Ghana wird in Tab. 3-2 dargestellt.[57]

An dieser Stelle ist es notwendig, die Implikationen der in der Kolonialzeit angelegten und später perpetuierten Transfomationen im Landrecht herauszustellen. Neben den bereits oben angesprochenen Verlierern des Kommodifikationsprozesses ist vor allem auf die Konfliktsituation zwischen den *clans* mit traditioneller politischer Autorität und den akephalen Gruppen in Nordghana hinzuweisen. Seit der Unabhängigkeit von Ghana und besonders in den 80er Jahren ist es immer wieder zu kriegerischen Konflikten zwischen einzelnen *clans* der Nordregion gekommen.[58] Der letzte Ausbruch der Gewalt fand 1994 statt,[59] als ein Konflikt zwischen den Konkombas auf der einen und den Nanumbas, Dagombas und Gonjas auf der anderen Seite ausbrach, der wohl in die Geschichte Ghanas als der *guinea-fowl* Krieg eingehen wird (ANONYMUS 1994:1). Während der Auseinandersetzungen starben mehr als 2.000 Menschen und 250.000 wurden zumindest kurzfristig vertrieben (EHLING 1994:75). Anstoß des Konfliktes war ein Streit in Bimbilla zwischen einem Nanumbaischen Händler und einem Konkomba über den Preis eines *guinea-fowls*. Die Ursache des Konfliktes reicht aber bis in die Kolonialzeit zurück, da es sich beim Gegenstand des Konfliktes um Land handelte. Bei der Einführung der *paramount chiefs* in der Nordregion durch die Briten erhielten die Konkombas als akephale Gruppe keinen *paramount chief*. Diejenigen Konkombas, die in den Gebieten der Nanumbas, Dagombas und Gonjas lebten, wurden mit unter deren politische Autorität gefaßt. Durch die zunehmende Bedeutung der Yam Produktion in Nordghana, die einerseits zur nationalen Nahrungsmittelversorgung beiträgt, andererseits aber geeignetes Agrarland verknappt,[60] wird die Landfrage seit den 80er Jahren in Nordghana zunehmend brisant. Im März 1995 flammte der Konflikt erneut auf. Er konnte aber relativ schnell mit dem Versprechen beigelegt werden, daß den Konkombas zukünftig *paramount chiefs* und damit eine Vertretung im

---

[57] In dieser Abbildung werden alle drei Untersuchungsdörfer einzeln aufgeführt, jedoch lediglich Gyankufa hinsichtlich der Landrechtsfrage eingehender analysiert.
[58] Der Artikel von DRUCKER-BROWN (1988/89) stellt eine gute Aufarbeitung der Konflikte in Nordghana bis 1988 dar.
[59] Siehe hierzu die verschiedensten Ausgabe von ghanaischen Tageszeitungen. Interessant sind vor allem die Ausgaben von *Daily Graphic* 11.02.1994, *Ghanaian Times* 14.02.94 und *The Statesman* 20.02.94. Gut recherchierte Artikel erschienen weiterhin in der *Neue Zürcher Zeitung* vom 21.02.94 und in *Le Monde* vom 05.03.94.
[60] In diesem Zusammenhang erscheint es erwähnenswert, daß durch den Volta-Stausee traditionelle Siedlungsgebiete von Konkombas überflutet wurden und damit zu einer künstlichen Landverknappung beigetragen wurde.

Tab. 3-2: Formen der Landrechte in Ghana im Überblick

	VORKOLONIALES LANDRECHT	KOLONIALZEITLICHE TRANSFORMATION	NACHKOLONIALES LANDRECHT
GHANA (gesamt)	• Das Land ist Eigentum des herrschenden *clans*. Es gehört der Gemeinschaft, wobei die Ahnen und zukünftigen Generationen mit eingeschlossen sind. • Vergabe zeitlich begrenzter, aber vererbbare Nutzungsrechte	• Durch die Einführung von *cash crop* Produkten entstehen zum einen Pachtsysteme und zum anderen privater Landbesitz in den südlichen Anbauregionen der Gold Küste. Die Nordregion bleibt davon weitgehend unberührt.	• Gemeineigentum und Vergabe von Nutzungsrechten existieren weiter. Privater Landbesitz und Pachtland nehmen jedoch stetig zu.
Northern Region	• Es werden Nutzungsrechte durch die religiösen Autoritäten, der / die (Tindana) vergeben.	• Die bestehende Form des Nutzungsrechtes bleibt erhalten. Der Einfluß der politischen Autoritäten wird gestärkt. Alles öffentliche Land wird der Krone unterstellt.	• Wie zur Kolonialzeit aber erste Tendenzen der Privatisierung. • Alles öffentliche Land ist bis 1992 dem Präsidenten unterstellt. Seit 1992 den jeweiligen *skins*.
Kumbuyili	• Die Tindana vergibt Nutzungsrechte	• Der *chief* und die Ältesten vergeben in Absprache mit der Tindana Nutzungsrechte	• Individualrechte entstehen, da durch die Nähe Tamales Bauland nachgefragt wird.
Yiwogu	• Der Tindana vergibt Nutzungsrechte	• wie vorkolonial	• wie vorkolonial
Brong Ahafo Region	• Es werden Nutzungsrechte durch die politischen Autoritäten (*chief, elders*) vergeben.	• wie vorkolonial • neue Formen der Pacht • Entstehung von Privatbesitz	• wie Ghana gesamt
Gyankufa	• wie Brong-Ahafo Region	• wie vorkolonial	• Seit 1993 ist *cash crop* Anbau möglich, gegenwärtig erste Tendenzen der Kommodifizierung.

Entwurf & Zeichnung: H. GERTEL 1998

National House of Chiefs zugestanden werden (BERGSTRESSER 1996:109). Damit ist die Hoffnung verknüpft, daß blutige Auseinandersetzungen um Land zukünftig nicht mehr stattfinden.

Bezüglich der Verknüpfung zwischen der Kommodifizierung von Land und Globalisierungsprozessen kann hier festgehalten werden, daß durch die kolonialzeitlich angelegte Penetrierung des kapitalistischen Weltsystems und dem Anbau von *cash crops* innerhalb der ghanaischen Gesellschaft Land zunehmend zu einer privaten Ware wurde. Dadurch wurde gleichzeitig die Stratifikation der Gesellschaft transformiert. Soziale Beziehungen (zum Beispiel zwischen *chief* und Volk, oder zwischen Tindana und Volk) wurden aus ihrem ursprünglichen sozialen lokalen Kontext herausgehoben und in neue Interaktionszusammenhänge eingebunden. Dabei handelt es sich keineswegs um einen abgeschlossenen Prozeß, sondern um gesellschaftliche Transformationen, deren Brisanz wohl erst zukünftig abzusehen sein wird.

Bevor im folgenden Kapitel die Kommodifizierung von Land im Untersuchungsdorf Gyankufa näher analysiert und weitere Prozesse der Globalisierung aufgezeigt werden, soll dieser Abschnitt mit einem Zitat von LUGART (1965[1922]:284) enden:

> *It is clear from this description that African land tenure is not 'communal' in the sense of tenure in common. Its fundamental characteristic seems rather to be an individual tenure of land derived from the common stock at the disposal of the tribe or family. Such a tenure would tend to develop very rapidly into individual ownership, and evidence that this was the case was given by several witnesses - and much more is available.*

Bemerkenswert ist hierbei, daß er bereits in den 20er Jahren die Entwicklungsgeschichte der Landrechte in Ghana teilweise hat erahnen können.

3.2 Fallbeispiel: Transformationen der Sozialstruktur in Gyankufa[61]

Gyankufa liegt im nordöstlichen Bereich des *Jaman* Distrikts in der ökologischen Übergangszone zwischen der Guinea Savanne im Norden und dem wechselfeuchten Regenwald im Süden Ghanas. Das Dorf setzt sich aus etwa 150 *compounds* (Gehöfte) zusammen. Bei durchschnittlich 10 bis 15 Personen pro *compound* kann die Einwohnerzahl des Dorfes auf derzeit etwa 1.500 bis 2.000 Bewohner geschätzt werden.[62]

Von der Regionalhauptstadt Sunyani aus ist es möglich, mit einem landesüblichen Kleinbus (*trotro*) über eine gut ausgebaute asphaltierte Straße nach Berekum zu fahren. Von dort aus sind es noch ca. 60 Kilometer über unbefestigte Straßen (*rough roads*), also ca. zwei bis drei Stunden, bis nach Gyankufa (vgl. Karte 3-1). Das Dorf selbst liegt auf einem Sattel 300 m über NN. Nach Osten und Westen fällt das Gelände bis auf 250 m über NN zu den beiden Bachverläufen des '*Werewere*' hin ab. In diesen Talbereichen liegen die fruchtbarsten Böden, die sich innerhalb der Gemarkung von Gyankufa befinden. Mit dem *trotro* in Gyankufa ankommend, ist der erste Eindruck, den das Dorf bei einem unkritischen europäischen Betrachter erwecken könnte, wohl der eines 'verschlafenen Nestes'. Außer der Post fallen zunächst keinerlei 'äußere' Anzeichen einer 'modernen' Infrastruktur in Gyankufa auf. In der Tat sind die Nachbarorte *Asiri* und *Goka* infrastrukturell wesentlich vielseitiger ausgestattet. Auf den zweiten Blick wird aber deutlich, daß in bezug auf das Versorgungssystem zumindest Güter des täglichen und kurzfristigen Bedarfs zum Großteil in Gyankufa vorhanden sind. Die täglichen Bedarfsgüter werden in erster Linie von den Bewohnern in Subsistenzproduktion hergestellt. Darüber hinaus lassen sich unverderbliche Güter des kurz- und mittelfristigen Bedarfs in einem der sieben Kioske, die es seit 1990 gibt, käuflich erwerben. Die typische Produktpalette eines Kiosk

---

[61] An dieser Stelle möchte ich mich noch einmal bei Silke Haack und Gabriele Kruk dafür bedanken, daß ich beim Anfertigen dieser Arbeit auf unsere gemeinsamen Forschungsergebnisse zurückgreifen konnte. Für die Interpretation dieser Ergebnisse hinsichtlich der Prozesse der Globalisierung und für eventuell auftretende Fehler trägt der Autor selbstverständlich die alleinige Verantwortung. Für eine detaillierte Beschreibung der Lebenswelt der Bewohner von Gyankufa siehe unseren gemeinsamen ASA-Auswertungsbericht 'Gyankufa: Ein Dorf in Westghana' und die Diplomarbeit von KRUK (Geographisches Institut der Universität Mainz) zu 'Frauen in Ghana' mit einem Fokus auf alltägliche Handlungsspielräume von Frauen am Beispiel von Gyankufa. Die Arbeit erscheint im Frühjahr 2000 unter dem Titel: Frauen in Ghana: Alltägliche Handlungsspielräume zwischen Modernisierung und Marginalisierung.

[62] Diese Zahlen stützen sich auf die Aussagen der Bewohner in den geführten Interviews und auf eigene Schätzungen.

Karte 3-1: Der Jaman District & die Lage von Gyankufa

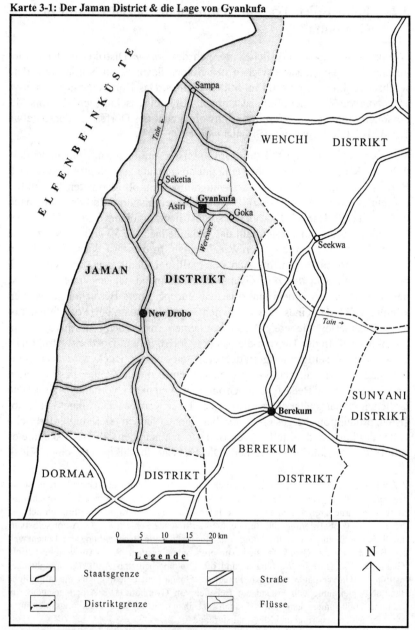

Quelle: SURVEY DEPARTEMENT, REGIONAL OFFICE SUNYANI 1996; verändert H. GERTEL 2000

reicht von Nähbedarf über Salz bis hin zu Lockenwicklern. Güter des langfristigen Bedarfs hingegen müssen in Berekum, das die Funktion eines Mittelzentrums erfüllt, besorgt werden. So müssen zum Beispiel landwirtschaftliche Inputs (i.d.R. beschränken sich diese auf Werkzeuge wie etwa Buschmesser *(cutlass)* und Hacken; aber auch Materialien für den Hausbau *(iron sheets)* oder Dünger) in einem Ort höherer Zentralität besorgt werden. Ferner ist es möglich, einen der rotierenden Wochenmärkte in den größeren Ortschaften der Umgebung aufzusuchen, um verderbliche Güter sowie mittelfristige Bedarfsgüter, die nicht in Gyankufa selbst erworben werden können, dort zu besorgen (vgl. Tab. 3-3).

Tab. 3-3: Rotierende Wochenmärkte im Einzugsgebiet von Gyankufa

Montag	Sampa (größter Marktort, nahe Côte d'Ivoire)
Dienstag	New Drobo
Mittwoch	Goka
Donnerstag	Asiri
Freitag	Seikwa

Quelle: H. GERTEL, S. HAACK, G. KRUK; Feldaufenthalt 1996.

In Gyankufa selbst gibt es keinen offiziell institutionalisierten Markttag im Sinne eines Wochenmarktes. Jedoch existiert ein Marktplatz, wo die Bewohner ihre überschüssigen Farmprodukte anbieten können. Außerdem kommen in unregelmäßigen Abständen Händler, zum Beispiel für Stoffe, in das Dorf. Bestimmte Produkte, wie zum Beispiel Brot (dessen Konsum ein gewisser Luxus ist und das in der näheren Umgebung nicht gebacken wird) werden von manchen Dorfbewohnern, die öfter in ein Mittelzentrum, wie etwa Berekum reisen, mit ins Dorf gebracht und dort verkauft. Wer welche Produkte veräußert, ist den Dorfbewohnern bekannt und bei Bedarf wird darauf zurückgegriffen.

Die Infrastruktur von Gyankufa wird weiterhin durch folgende Einrichtungen gestützt: Es zwei Grundschulen (ca. 150 Schüler pro Schule), eine Sekundarstufe (114 Schüler), einen Kindergarten, einen Sportplatz, eine Erste-Hilfe-Station, eine Geburtsstation, ein Behindertenzentrum, fünf Kirchen und einen Friedhof. Außerdem sind ein *community* Haus, eine Post (die einmal die Woche geöffnet hat), eine *trotro* Station, zwei Wasserpumpen, eine Schmiede, vier Schreiner, sieben Kioske, zwei Schönheitssalons und drei Bars vorhanden. Zusätzlich gibt es zwei Mühlen im Dorf, von denen die erste

1993 angeschafft wurde. Beide werden mit einem Dieselmotor angetrieben, da es im Dorf noch keine Elektrizität gibt.

Die Dorf- und Sozialstruktur von Gyankufa

> *The social environments in which we exist do not just consist of random assortments of event or actions - they are structured. There are underlying regularities in how people behave and in the relationship in which they stand with one another* (GIDDENS 1995: 18).

Im folgenden soll es darum gehen, gesellschaftliche Transformationsprozesse in Gyankufa aufzuzeigen, deren räumlichen Niederschlag zu skizzieren und mit Prozessen der Globalisierung zu verknüpfen. Der Fokus liegt dabei im wesentlichen auf Migrationsprozessen und auf der Transformation der Landrechte. Diese beiden Prozesse unterliegen *disembedding* Mechanismen im Sinne GIDDENS, da sie die lokalen Handlungskontexte in Gyankufa entscheidend verändern, konditionieren und zu raum-zeitlichen Abstandsvergrößerungen beitragen. Alltagshandlungen wurden und werden dadurch neu strukturiert. Da die aktuelle Sozialstruktur nicht losgelöst von der Historie und den politischen Rahmenbedingungen betrachtet werden kann, werden zunächst die geschichtliche Entwicklung von Gyankufa sowie die traditionellen und politischen Institutionen neueren Datums kurz dargestellt.[63]

Die Bewohner von Gyankufa stammen nach eigener Überlieferung ursprünglich aus dem Akwamu-Reich, das vom 16. bis zum 18. Jahrhundert im heutigen Südosten von Ghana existierte.[64] Nach der Emigration aus Akwamu im 17. Jahrhundert gründete ein Teil der Emigranten, der kulturell eigenständige *clan* der Sumaa, nordöstlich des damaligen Herrschaftsgebiet der Ashantis das Jaman Reich.[65] Gyankufa war eine der ersten Dorfgründungen dieser Zeit. Die Legende überliefert die Dorfgründung wie folgt: "Twene Gyan', der Sohn des damaligen *chiefs* 'Bafour Asi Kwagyan' war ein sehr guter Jäger, der die königliche Familie regelmäßig mit frischem Fleisch ver-

---

[63] Es wird hier darauf verzichtet, die Sozialstruktur hinsichtlich der demographischen Grundgliederung der Bevölkerung zu analysieren, vielmehr steht im Sinne von ZAPF (1993:187) eine historische Sichtweise bezüglich der gesellschaftlichen Grundinstitutionen im Vordergrund.
[64] Die Ausführungen zur Geschichte von Gyankufa stützen sich hauptsächlich auf die Angaben von NANA SAANA BEDIATUO, dem *chief* (Gyankufahene) von Gyankufa und auf zusätzliche Hinweise der Mitglieder des Ältestenrates.
[65] Vgl. dazu auch TERRAY (1982).

sorgen sollte. In Tweredua[66] verließ Twene Gyan wie üblich das Lager, um Wild zu jagen und dabei auch nach einem geeigneten Stück Siedlungsland zu suchen. Dabei entdeckte er einen Teich, aus dem alle ihm bekannten Wildtiere tranken. Die Tiere schienen bis dahin noch nie einen Menschen gesehen zu haben, da sie vor dem Jäger nicht wegrannten und ihn wohl für einen von ihnen ansahen'. NANA SAANA BEDIATUO führt dazu weiter aus:

> Gyan therefore took this opportunity to walk closer to his target to discharge his musket at it. The noise made by the musket fired at a close range sounded like 'KUUFAA' and the hunter would draw his hunting sword when 'HYEAW' slaughtering it if not completely dead. Gyan came to inform his father of the pond and the suitability of the land around it for settlement. The chief then moved finally with his people from Tweredua to settle near the pond. And from that period, people who travelled to the settlement village simply said 'Yere ko neax Gyan - Kufa mmoa no' literally meaning, we are proceeding to the place where Gyan easily kills animals. The name was not changed and remained as a memory for hunter Twere Gyan' (Interview 1996).

Da sich der *chief* damals mit einem Großteil seiner Gefolgsleute in diesem Siedlungsgebiet niederließ, hatte Gyankufa zu diesem Zeitpunkt eine wichtige politische Funktion im Jaman Reich inne. Mitte des 19. Jahrhunderts zog der damalige *chief* der Sumaas allerdings nach Sumaa-Ahenkro um. Gyankufa dadurch zwar die Funktion als Regierungssitz, hat aber bis heute eine Schlüsselfunktion bei der Ein- bzw. Absetzung des *paramount chiefs* der Sumaa inne, der das Oberhaupt aller *chiefs* des *clan* der Sumaa ist und diese auch im *Regional Traditional Council of Chiefs* in Sunyani und im *National Council of Chiefs* in Kumasi vertritt. Diese Schlüsselposition begründet sich dadurch, daß sowohl die Familie der *queen mother* als auch die des *gyasehene*[67] in Gyankufa geblieben sind (Interview mit NANA SANA BEDIATUO 1996).

Herauszustellen bei der sozialstrukturellen Gliederung der ghanaischen Ethnien, und so auch beim *clan* der Sumaa, ist die Rolle der (Bluts-) Verwandtschaft. PELLOW / CHAZAN (1986:92) stellen fest:

> Traditional societal organisation in Ghana is focused on kinship. The family - an economically productive unit - reinforces natal group solidarity and even operates as a microcosm of the larger society. Although not itself perpetual, the family feeds into the larger unilineal descent group, a corporate body that does live on in perpetuity and is reckoned according to one line of descent [...].

---

[66] Die persönlichen Aufzeichnungen von NANA SAANA BEDIATUO indizieren, daß die Sumas während der Amtszeit von Kwadwo Konadu Yiadom I (1730-1738) in Tweredua (Twedua) siedelten.
[67] Mit *gyasehene* wird bei den Akan Völkern traditionell der Vorsteher des Hofstaates bezeichnet, er ist gleichzeitig der Stellvertreter des *chiefs*.

Diese Form der *kinship* Beziehungen spiegelt sich auch in der Organisation des traditionellen politischen Systems wider. ASSIMENG (1996:22) führt dazu aus:

> Among societies with centralized, and complex, political arrangements, a state was made up of the chief, the elders, the citizens, the strangers and the slaves.

Diese Stratifizierung der Gesellschaft ist auch in der Moderne noch teilweise vorhanden und läßt sich zumindest noch auf der Mikroebene von Dorfgesellschaften beobachten. Allerdings sind die Machtbefugnisse der traditionellen Entscheidungsträger, wie oben bereits angeführt, heute stark eingeschränkt.

Dem *chief* als traditionellem Oberhaupt sitzt bei den Akan Völkern die *queen mother*, nicht nur symbolisch, zur Rechten. Ihre Aufgabe ist es, zum einen die Interessen der Frauen zu vertreten, zum anderen kommt ihr eine zentrale Rolle bei der Benennung bzw. Absetzung eines *chief* zu, da die Vererbungslinie bei den Akans matrilinear verläuft. *Queen mother* wird jeweils die Schwester des herrschenden *chief*, allerdings erst wenn die amtierende *queen mother* stirbt oder abgesetzt wird. Daher kommt es oft zu der Konstellation, daß die amtierende *queen mother* einer anderen Familie angehört als der herrschende *chief*. Dies ist auch in Gyankufa der Fall.

Aus ethnographischer Sicht würden die Dorfbewohner zum *clan* der Sumaa gerechnet werden, der zur Ethnie[68] der Brong gezählt wird. Auf einer weiteren übergeordneten Ebene gehören die Brong zur Sprachgruppe der Akan-Völker. Da die Abstammungslinie bei den Akan-Völkern matrilinear verläuft, wird bei einer weiteren Untergliederung der Ethnien von *matriclans*[69] und *matrilineages* gesprochen. Ein *matriclan* beschreibt eine matrilinear organisierte Untergruppe einer Ethnie, deren Zugehörigkeit häufig durch eine gemeinsame Sprache oder ein gemeinsamer Dialekt geregelt ist. Dem *matriclan* steht jeweils ein *paramount chief* vor, der traditionell der Verwalter des *stool land* ist und den jeweiligen *matriclan* auf übergeordneter Ebene, im *Regional Traditional Council of Chiefs* und im *National Council of Chiefs* vertritt. Die *matrilineage* hingegen bezeichnet eine Verwandtschaftsgruppe (Großfamilie). Im Dorf gibt es gegenwärtig vier

---

[68] Zur problematischen Verwendung des Begriffs 'Ethnie' vgl. DITTRICH / RADKE (1990).

[69] Im bisherigen und im weiteren Verlauf dieser Arbeit werden die verschiedenen Gruppen zur Vereinfachung mit *clan* bezeichnet. Ob sie ethnographisch als *matrical* oder *patriclan* (die Dagombas sind zum Beispiel patrilinear organisiert) bezeichnet werden könnten ist für die hier vorgenommene Analyse irrelevant. An Stellen wo eine ethnographisch genauere Bezeichnung sinnvoll sein könnte wird darauf verwiesen.

matrilineages des Sumaa *matriclan*. Abb. 3-1 verdeutlicht die Einordnung der *matrilineages* aus Gyankufa innerhalb der Sumaa *matriclan* Beziehung.[70]

Das Land von Gyankufa gehört traditionell zur Familie (bzw. *matrilineage*) **Awotwe** (Nachfahren des Jägers Twene Gyan und der ersten Siedler in Gyankufa). Diese hat, wie auch die Familie Nkokotoa, den Status einer *royal family*, d.h. ein prinzipielles Anrecht auf die Position des *gyankufahene*, weshalb sich die beiden Familien mit einer weiteren dritten Familie aus Sumaa-Ahenkro bei der Benennung eines neuen *chiefs* abwechseln.[71]

Nkokotoa ist der Name der wichtigsten Großfamilie in Gyankufa. Diese ließ sich nach den Awotwe in Gyankufa nieder, was auch aus der Übersetzung des Familiennamens hervorgeht: 'we came and stayed with them'. Die Nkokotoa stellen den gegenwärtigen *chief,* 'Nana Saana Bediatuo', der den Titel *Gyankufahene* trägt. Nana Saana Bediatuo ist momentan 74 Jahre alt und seit 20 Jahren im Amt. Der *chief* ist das Dorfoberhaupt, traditionell repräsentiert er die Bevölkerung des Dorfes nach außen und kontrolliert die *subchiefs*, welche untergeordnete Entscheidungsfunktionen ausüben und bestimmte Aufgaben für den *chief* wahrnehmen. Bei Belangen, die das gesamte Dorf betreffen, muß immer der *chief* konsultiert werden. Bei wichtigen Entscheidungen versammelt dieser die *subchiefs* und den Ältestenrat im *chiefpalast*, um die anstehenden Probleme zu lösen. Dabei wird zuerst jeder einzelne angehört, bevor letztlich der *chief* seine endgültige Entscheidung fällt. Er ist außerdem Vorsitzender in allen Komitees, die es im Dorf gibt (siehe unten). Da die Dorfkomitees erst 1974 entstanden sind (AFORO, 1995:7), bilden sie eine neue politische Macht, die nicht mit der traditionellen Machtaufteilung konform gehen muß.[72] Weiterhin ist der *chief* für die Organisation und die Kontrolle aller Festivitäten verantwortlich, wobei besonders das jährliche Yam Fest, 'Nunnfie', zu nennen ist. Gibt es sehr große Probleme im Dorf, muß der *chief* auch immer erst alle 'alten Frauen' in seiner Familie danach befragen, wie zu früheren Zeiten ähnliche Probleme, zum Beispiel Landkonflikte mit benachbarten Gruppen, bewältigt wurden.

Die beiden anderen Großfamilien in Gyankufa, **Patakro** und **Kokro**, haben auf die Dorfpolitik einen geringeren Einfluß. Sie zählen aber ihrerseits zu den *royal families* in bezug auf die Besetzung des Sumaa *stools,* der dem *paramount chief* der Sumaas zugeordnet ist. In diesem Zusammenhang hat

---

[70] Für eine weitere detailliertere Beschreibung der ethnographischen Grundlagen siehe KRUK (2000).
[71] Worauf sich die Rechte auf den Posten des *chiefs* bei dieser Familie aus Sumaa-Ahenkro stützen, konnte trotz umfangreicher Bemühungen nicht ermittelt werden.
[72] Dies ist zwar in Gyankufa der Fall, aber nicht überall in Ghana (siehe unten).

Abb. 3-1: Die *matriclans* des Jaman Distrikts und die vier *matrilineages* von Gyankufa

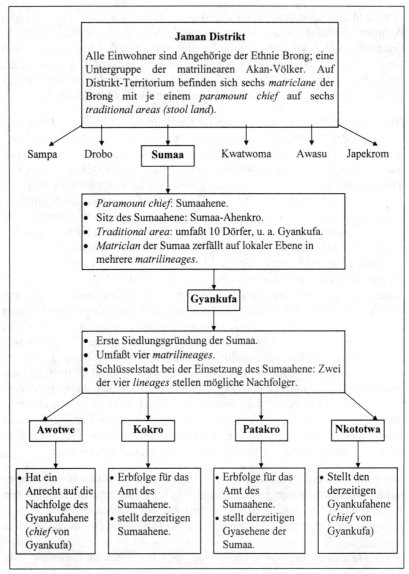

Quelle: H. GERTEL, S. HAACK, G. KRUK; Feldaufenthalt 1996
Entwurf & Zeichnung: KRUK 1998; Ergänzt: H. GERTEL 1999

Gyankufa, wie bereits oben angedeutet wurde, momentan immer noch eine Schlüsselfunktion inne, da hier dasselbe Prinzip wie bei der *stool* Besetzung in Gyankufa selbst angewandt wird. Die Nachfolge des Sumaahene (*chief* der Summa) rotiert unter den beiden Familien aus Gyankufa und einer weiteren aus Sumaa-Ahenkro. Dies wird momentan zum Beispiel dadurch deutlich, daß sowohl die *queen mother*, als auch der Gyasehene des Sumaahene aus der Patakro Familie aus Gyankufa stammt. Aus dieser Situation resultiert, daß es neben dem *chief* noch fünf weitere *subchiefs* in Gyankufa gibt: Die jeweiligen Familienoberhäupter und der Gyasehene.

Neben dem *chief*, den *subchiefs* und dem Ältestenrat gibt es noch einen weiteren wichtigen Entscheidungsträger, den Asafoakye, der für die Jugend zuständig und verantwortlich ist. Der Asafoakye wird unabhängig von seiner Zugehörigkeit zu einem *matriclan* von den traditionellen Entscheidungsträgern auf unbestimmte Zeit ernannt. Seine Hauptaufgabe ist es, die Jugend bei Gemeinschaftsarbeiten zu mobilisieren und die Arbeiten einzuteilen. Da er hauptverantwortlich ist für alle Arten von *community work*, ist er somit nach dem *chief* der Ansprechpartner für jegliche Art von Entwicklungszusammenarbeit. Er kann außerdem als Schlichter bei kleineren Problemen fungieren, besonders wenn sie die Jugend betreffen. In Anbetracht dessen, daß in Gyankufa alle Einwohner zwischen 18 und 40 Jahren zur Jugend gezählt werden, kann davon ausgegangen werden, daß er bei den meisten kleineren täglichen Problemen aufgesucht wird.

> *Most of the Community applies to the Youth Leader, only sometimes the chief is taking some decisions. Because he is very close to the youth, and the youth has to develop the town and if the youth is able to convince him for an idea, than the Youth Leader has to send the Gong-Gong-Beater to go and inform all the inhabitants that they go towards the work* (NANA SAANA BEDIATUO, Interview vom 25.09.96).

Die Abstammungs- und Familienzugehörigkeit schlägt sich in der Dorfstruktur auch eindeutig räumlich nieder (vgl. Karte 3-2). Der zentrale Ort von Gyankufa ist der in der Legende beschriebene, nun eingefaßte und gegenwärtig ausgetrocknete Teich, wo Twene Gyan Wildtiere erlegt hat. Direkt südöstlich angrenzend befindet sich die zweitwichtigste Institution, der *chief*-Palast, in dem alle offiziellen Ereignisse stattfinden. In einem Nebenraum des Palastes ist, als Symbol des modernen Staates, ein Postamt untergebracht, das einmal pro Woche geöffnet hat. Südlich an den Palast anschließend kann von Ost nach West eine gedachte Achse gezogen werden, sowie auch westlich des Palastes von Nord nach Süd. Im südwestlichen Viertel befindet sich das Wohngebiet der Patakros (Pa), im nordwestlichen Viertel, das der Kokros (Ko), im Nordosten wohnen die Nkokotoa (Nkt) und im Südwesten die

Awotwe (Aw) (vgl. Karte 3-2).[73] Die Nord-Süd Achse der Viertelsbildung verläuft parallel zur Durchgangsstraße. Durch diese Straßenführung wurde verhindert, daß der heilige Teich der Straße weichen muß.

Hinsichtlich der Bausubstanz kann innerhalb von Gyankufa zwischen drei Zonen unterschieden werden: In der Kernzone um den *chief* Palast herum wohnen die alteingesessenen Familien, die Gründer von Gyankufa. Die Bausubstanz ist gut, in der Regel sind die Häuser aus Lehmziegeln gebaut und mit Wellblech gedeckt. Dies deutet auf relativen Wohlstand der Bewohner hin. Allerdings lassen sich in dieser Zone bereits erste Ansätze eines Verfalls beobachten. Bei einigen Häusern sind zum Beispiel Außenwände eingestürzt, die nicht wieder aufgebaut wurden. In der zweiten Zone, die sich ringförmig um die Kernzone legt, ist der Verfallsprozeß zum einen stärker ausgeprägt, zum anderen ist die Bausubstanz selbst schlechter, je weiter die Häuser von der Kernzone entfernt sind. Diese Häuser sind teilweise aus Lehmziegeln und mit Blechdach gebaut, in der Regel aber sind die Dächer nur mit Stroh bedeckt. Die periphere Lage hat (vor allem im Westen und Südosten von Gyankufa) noch einen weiteren Nachteil: An diesen Stellen fällt das Gelände zum Bachlauf des 'Werewere' ab und ist von starker Erosion betroffen. Besonders im westlichen Teil gibt es einige Gebiete, die durch *gully* Erosion, die zum Teil bereits die Wände der Lehmhäuser angreift, gekennzeichnet sind. In der dritten (nicht ringförmigen) Zone vollzieht sich seit einigen Jahren ein Prozeß, der mit den gesamtgesellschaftlichen Veränderungen einhergeht. Im nördlichen und südlichen Randbereich entstehen neue, mit sehr guten Baumaterialien errichtete Häuser, die in der Regel nicht auf erosionsgefährdetem Gebiet gebaut werden, sondern entlang der Durchgangsstraße oder etwas abseits davon, aber noch auf erhöhtem Gelände. Auffällig ist dabei, daß die traditionelle Viertelsbildung bei den Neubauten keine Rolle mehr spielt. Die soziokulturelle Strukturierung der Dorfgesellschaft wird zugunsten einer soziökonomischen aufgegeben. Dies geht einher mit einer Überlagerung der traditionellen Machtausübung der *chieftancy* durch die im letzten Jahrzehnt eingeführten Dorfkomitees.

---

[73] In Gyankufa befindet sich kein 'Fremdenviertel' (Zongo) wie es SCHAAF / MANSHARD (1989) beschreiben. Dies liegt wahrscheinlich daran, daß Gyankufa eine der älteren Siedlungen im Jaman Distrikt ist und die ökologischen Voraussetzungen für den Kakaoanbau dort nicht optimal waren. In den Fremdenviertel wohnen i.d.R. Einwanderer aus Nordghana, die als Arbeitsmigranten hauptsächlich in den 30er bis 60er nach Südghana kamen, um dort auf den Kakaofarmen zu arbeiten.

GLOBALISIERUNGSPROZESSE IN DER BRONG-AHAFO REGION 57

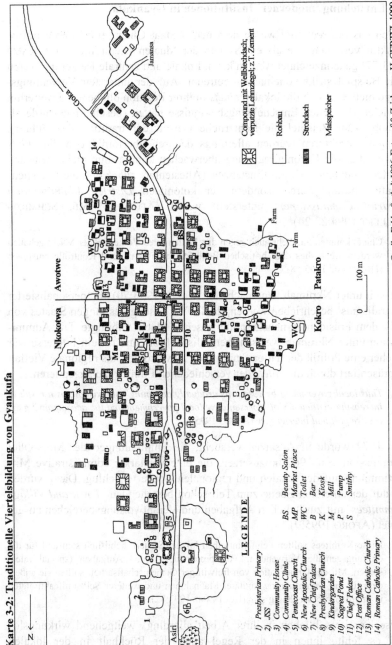

Die Entstehung 'moderner' Institutionen in Gyankufa

Durch das *indirect rule* wurde dem neuen Staat Ghana eine administrative Struktur verliehen, die als ein System der 'dualen Hierarchie' (HOLTKAMP 1993:77) gekennzeichnet werden kann. Lokale und zentrale Regierung waren zum Beispiel strikt voneinander getrennt. Auf der untersten Verwaltungsebene hieß dies, daß die lokalen *chiefs* in ihrer Position blieben und weiterhin in vielen Bereichen Entscheidungsbefugnisse hatten (beschnitten wurde allerdings zum Beispiel die richterliche Gewalt der traditionellen Führer). Indigene Strukturen wurden allerdings dadurch überformt, daß die *chiefs* (soweit dies die Kolonialregierung überwachen konnte) nun nicht mehr den lokalen, indigenen Kontrollinstanzen (Ältestenrat, *subchiefs*, etc.) Rechenschaft schuldig waren, sondern der kolonialen *District Administration* (*District Commissioner*) unterstellt waren (AFORO 1995:6; SCHMIDT-KALLERT 1994:23/24).

> Chiefs konnten nunmehr auch gegen den Willen ihres Volkes an der Macht gehalten werden, wenn dies dem britischen Bedürfnis nach 'Pax' und Kontrolle entsprach (HOLTKAMP 1993:58).

Die Zeit unter Nkrumah kann nach HOLTKAMP (1993:70) als 'personalisierter Zentralismus' beschrieben werden, da die Verfassung des jungen Staates von 1957 dem Präsidenten nahezu allumfassende Macht zubilligte. Die Administration unter Nkrumah war sehr zentralistisch orientiert. Sein Interesse war es, eher eine Politik der nationalen Einheit zu verfolgen, als regionale Vielfalt (repräsentiert durch die *chiefs* der verschiedenen Ethnien) zu akzeptieren.

> *Thus local government by 1966 was gradually becoming non-existent, as a result of increasing inefficiency of representative local government and the accompanying excessive political interference* (AFORO 1995:6).

Erst 1974 wurde in Ansätzen versucht, die Empfehlungen der Mills-Odoi Kommission von 1967 umzusetzen, die eine verstärkte administrative Mitbestimmung auf der lokalen und regionalen Ebene vorschlug. Dazu wurden die auf der untersten Ebene zum Teil schon bestehenden '*Town and Village Committees*' mit zusätzlichen Aufgaben und Verantwortungsbereichen ausgestattet (AFORO 1995:9).

> Diese Komitees sollten beim Eintreiben lokaler Steuern behilflich sein und für die ordnungsgemäße Verwendung von projektspezifischen Aufgaben (special rates) sorgen. Mit der Organisation von freiwilliger Gemeinschaftsarbeit sollten sie außerdem für die Durchführung sanitärer Maßnahmen und weiterer Selbsthilfeaktivitäten in ihrem Gebiet zuständig sein (HOLTKAMP 1993:82).

Diese Komitees blieben in ihrer Arbeit allerdings weitgehend wirkungslos und es fehlte ihnen in der Regel auch der Rückhalt in der lokalen

Bevölkerung bzw. die Unterstützung der traditionellen Entscheidungsträger. Weiterhin war die Zentralregierung nicht gewillt, Macht nach 'unten' weiterzugeben (HOLTKAMP 1993:83).

Nach dem Putsch von Rawlings 1982 wurden dann die *Town Developments Committees (TDC)* durch die neu geschaffenen *Committees for the Defence of the Revolution (CDR)* überformt (SHILLINGTON 1992:79-106). Die *TDC's* blieben zwar bestehen, unterlagen aber der Kontrolle der *CDR's*. 1988 wurden dann neue landesweite politische Dezentralisierungsmaßnahmen eingeleitet. Auf der untersten Verwaltungsebene wurden die *CDR's* quasi aufgelöst bzw. ihre Machtposition beschnitten. Bis dahin übten sie oftmals von der Militärregierung gebilligte und auch gewollte Polizeifunktion in den Dörfern und Städten aus, um vor allem der Korruption und dem Schmuggel vorzubeugen. Es dauerte allerdings nochmals vier Jahre, bis auf lokaler Ebene neue Komitees, die *Unit Committees (UC)*, gegründet wurden (HOLTKAMP 1993:114).[74]

In Gyankufa ersetzte 1993 ebenfalls das *Unit Committee (UC)* das *Town Development Committee*. Weiterhin hat das *CDR* seit den demokratischen Wahlen von 1992 offiziell keinen Einfluß mehr auf die Dorfpolitik. Das *UC* hat laut dem Chairman des *UC* aus Gyankufa als Verbindungsglied zwischen Dorfbevölkerung und Regierung zu fungieren und für 'Gesetz und Ordnung' zu sorgen. Damit übernimmt es in etwa die Aufgabe, die vorher das *CDR* ausübte. In Gyankufa befinden sich indigene und moderne Herrschaftsmechanismen in einer Personalunion, da der *chief* automatisch Vorsitzender aller Komitees ist. Dies ist nicht in jeder Gemeinde der Fall, oft stehen die Komitees und die traditionellen Führer in Konkurrenz zueinander (NUGENT 1995:72-78). Diese Konkurrenz wird besonders evident, wenn es um Landrechte geht.

Die Mitglieder des *UC* werden durch die Dorfversammlung gewählt und bleiben in der Regel bis zu ihrem Tod im Amt. Nur bei grober Pflichtverletzung kann ein Mitglied abgewählt werden. Die Zukunftspläne des *UC* bestehen darin, eine *Senior Secondary School* in Gyankufa zu errichten und das *Community Centre* und das *Health Care Centre* zu erweitern. Alle anderen Komitees von Gyankufa, zum Beispiel das *Health Committee* oder das *Parents and Teachers Committee*, sind dem *UC* untergeordnet.

Ein weiteres wichtiges Gremium des Dorfes ist das *Planning Committee*. Es ist für den Ausbau des Dorfes und vor allem für die Landzuteilung innerhalb

---

[74] '*A unit is normally a settlement or a group of settlements with a population of between 500 - 1000 in the rural areas, [...]*' (AFORO 1995:14).

der Dorfgrenzen zuständig. Das Komitee verkauft Land an Personen, die an einer bestimmten Stelle ein neues Haus bauen wollen. Das eingenommene Geld wird verwendet, um gemeinnützige Projekte zu finanzieren. Dadurch kommt es unter anderem zur Vermischung der traditionellen Viertelsgrenzen in Gyankufa. Für die Mitglieder des *Planning Committees* ist es nicht von besonderer Bedeutung, aus welcher Familie der Bauherr eines neues Hauses stammt. Wichtiger sind die persönlichen Wünsche des Bauherren, und diese entsprechen eher bestimmten Standortbedingungen, wie guter Baugrund, Nähe zur Wasserstelle oder auch ruhige Lage.

3.2.1 Subsistenzproduktion versus Kakao-Exportproduktion

In Gyankufa wird in erster Linie Subsistenzproduktion betrieben, eventuelle Überschüsse werden auf dem lokalen Markt verkauft. Die Betriebsgröße der Farmen richtet sich dabei in der Regel nach der Familiengröße. Die Mehrzahl der Bauern bestellen ein bis zwei Hektar, obgleich auch Betriebsgrößen von acht bis zehn Hektar durchaus vorkommen. Die Farmen liegen innerhalb eines Radius von ca. 10 Kilometern um das Dorf herum verteilt (vgl. Skizze im Anhang). Vorherrschend ist der Anbau von Yam, gefolgt von Cocoyam (Taro), Mais, Cassava (Maniok) und Plantain (Kochbananen), sowie diversen Gemüsesorten. Angebaut wird vorwiegend im *mixed-cropping* Verfahren (zum Beispiel wird Yam mit Okra, Cassava und *pepper* kombiniert), wobei Mais hauptsächlich im *intercropping* Verfahren mit Cassava kombiniert wird. Weiterhin wird auf den einzelnen Feldern Fruchtfolge praktiziert. Durch die in den letzten Jahrzehnten zunehmende Diversifizierung der Agrarprodukte (bis in die zweite Hälfte dieses Jahrhunderts wurde fast ausschließlich Yam angebaut und verzehrt) wurde hinsichtlich auftretender Nahrungskrisen (zum Beispiel durch den Ausfall einer Feldfrucht aufgrund einer Dürre oder zu hoher Niederschläge) eine gewisse Risikostreuung erreicht und die *'Baseline Vulnerability'* (BOHLE / WATTS 1993; BOHLE 1992) (vgl. Kap. 4.2.4) verringert. Dies wird bei Betrachtung des saisonalen Anbaukalenders von Gyankufa deutlich (vgl. Abb. 3-2). Sollte eine Feldfrucht ausfallen, kann dies häufig durch eine andere abgepuffert werden.

Die Überlebenssicherung in Gyankufa erfolgt jedoch nicht alleine durch die Subsistenzproduktion, sondern es wird wie bei ca. 2/3 aller ghanaischen Haushalte (SARRIS / SHAMS 1991:51) zusätzlich für den (Welt)Markt produziert. Diese Produktion findet allerdings nicht in Gyankufa statt, sondern in Form von Kakaoanbau in der *Western Region*. Etwa 70 bis 80 Prozent aller

Abb. 3-2: Der Anbaukalender von Gyankufa

	Jan.	Feb.	Mar.	April	May	June	July	Aug	Sept	Oct	Nov	Dec
Rainy Season 200 mm / 100 mm / 0 mm												
Clearing/Burning												
White Yam	-------											-------
Water Yam	-------											-------
Maize	-------											-------
Cassava	-------											-------
Plantain	-------											-------
Cocoyam	-------											-------
Mounding												
White Yam	-------	-------	-------									
Water Yam			-------	-------	----							
Cocoyam		-------	-------									
Planting												
White Yam	-------	-------	-------									
Water Yam			-------	-------	----							
Maize			---	-------					--	---		
Cassava			---	-------	-------	-------	------					
Plantain			-------	-------					-------	-------		
Cocoyam		-------	-------	-------								
Weeding												
White Yam					-------	-------						
Water Yam					-------	-------	-------		-------	-------	-------	-------
Maize					-------	-------	-------			----	----	
Cassava				-------	-------	-------		-------	-------			
Plantain						-------	-------	-------	-------	-------		
Cocoyam				-------	-------	-------	-------	-------	-------	-------		
Harvesting												
White Yam	----	--						-------	-------		-------	-------
Water Yam	-------	-------									-------	-------
Maize							-------	-------			----	----
Cassava		-------	-------						-------			
Plantain		-------	-------									
Cocoyam	-------	-------	-------	-------	-------	----						
Storing												
White Yam												-------
Water Yam	-------	-------	-------	-------	---							
Maize									-------	-------		
High/Low Price*												
White Yam	-------	===	===	====	====	-------	====	====	====	-------	-------	-------
Water Yam	-------	-------	===	====	====	====	====	-------	-------	-------	-------	-------
Maize	===	===	====	====	====	====	====	===	-------	-------	-------	-------
Cassava	-------	-------	-------	-------	-------	-------	-------	-------	-------	-------	-------	-------
Plantain	====	====	====	====	====	====	====	-------	-------	-------	-------	-------
Cocoyam	-------	-------	-------	-------	-------	-------	====	====	====	===	===	===
Labour demand	-------			-------	-------	-------	-------					-------

*Prices (Drobo):   ------- low   ==== high   ==== very high

Quelle: H. GERTEL, S. HAACK, G. KRUK: Feldaufenthalt 1996. Zeichnung: H. Gertel 1999

Haushalte in Gyankufa bestellen eine Kakaofarm in der *Western Region*.[75] Die Lebenswelt der Bewohner von Gyankufa ist daher durch saisonale Migration, und zwar vorwiegend durch die Männer des Dorfes, gekennzeichnet.[76] Das Alltagsleben entspricht somit nicht mehr allein den lokalen Bedürfnissen, sondern richtet sich auch nach den Erfordernissen des Kakaoanbaus in der *Western Region* aus. Der Anbau von Kakao in der *Western Region* durch Farmer aus Gyankufa setzte etwa in den 50er Jahren ein. Bereits in den 40er und 50er Jahren wurde zwar Kakao auch in Gyankufa angepflanzt, doch geschah dies von Beginn an äußerst limitiert, um die Gewährleistung einer ausreichenden Subsistenzproduktion nicht zu gefährden. Während der großen Dürre von 1983, die sich über den gesamten westafrikanischen Bereich erstreckte, sind jedoch, bis auf eine Ausnahme nördlich des Dorfes, alle Kakaopflanzungen durch Brände vernichtet worden.[77] Laut den Aussagen einiger Farmer führten die negativen ökologischen und ökonomischen Bedingungen von 1983 zu einer Hungerkrise, deren Auswirkungen in Gyankufa bis in die 90er Jahre hinein zu spüren waren. Trotz eines niedrigeren Anfälligkeitsniveaus durch die Diversifizierung der Produktionspalette konnte somit die Verwundbarkeit gegenüber solch einem Ereignis nicht hinreichend abgepuffert werden. Im Anschluß daran wurde jegliche *cash crop* Produktion mit mehrjährigen Anbaufrüchten in Gyankufa verboten. Die ersten Farmer aus Gyankufa bauten im Nordosten der *Western Region* bei Kaase, Yamatwa, Oseekadwokrom, Adwufia und Asemponaye Kakao an. Die neueren Kakaofarmen, vor allem die jener Farmer, die nach der Katastrophe

---

[75] Auf die Geschichte des Kakaoanbaus in Ghana und die ökologischen Bedingungen des Kakaobaumes wird hier nicht eingegangen, da dies in der Literatur bereits hinreichend dokumentiert ist. Eine gute Zusammenfassung liefert u.a. SCHMIDT-KALLERT (1995); SCHMIDT-KALLERT (1994:89-96); GNIELINSKI (1986:158-163) und THOMI (1986). Von Bedeutung ist hier allerdings, daß der Kakaoanbau in der Western Region die momentane Kakaofront bildet. Diese relativ unzugängliche Region wurde erst nach dem Zweiten Weltkrieg, meist den Einschlagschneisen der Holzindustrie folgend, zunehmend erschlossen (OKALI 1983). Die alten Baumbestände und die Ausbreitung von Krankheiten wie *'swollen shoot'* in den Pionieranbaugebieten der *Eastern Region* verursachten diese Verlagerung des Produktionszentrums nach Westen (THOMI 1986:72; BENNEH / DICKSON 1990:91-96).

[76] Kakaoanbau und die Migration in die entsprechenden Anbaugebiete, sind in Ghana von Beginn der Kakaoproduktion an eng miteinander verknüpft. Die wohl ausführlichste und hervorragend recherchierte Arbeit diesbezüglich stammt von POLLY HILL (1970). HILL analysiert allerdings nicht die Auswirkungen der Migration auf die Sozialstruktur der Heimatdörfer.

[77] Aufgrund klimatischer Veränderungen während der letzten 20 Jahre haben sich die ökologischen Voraussetzungen für den Anbau von Kakao in der Übergangszone zwischen Regenwald und Guinea Savanne sehr verschlechtert. Zurückgehende Niederschlagsmengen und ausgedehntere Trockenzeiten haben die Anbaugrenze für Kakao nach Süden, bis etwa auf die Höhe von Sunyani, verlagert (AMANOR 1993:13).

von 1983 in die *Western Region* migrierten, liegen sehr viel weiter südlich, im Gebiet von Sefwi Wiawso, Akwantonbra und Enchi (vgl. Karte 3-3). Dies lag vor allem in der dort noch vorhandenen Verfügbarkeit von Land begründet. Die überwiegende Mehrheit der Farmer aus Gyankufa hat das Land für die Kakaofarmen damals von den entsprechenden *chiefs* aus der *Western Region* gekauft, was jedoch gegenwärtig kaum mehr möglich ist.[78]

Es kann an dieser Stelle daher festgehalten werden, daß die Bewohner von Gyankufa durch 'Verflechtung verschiedener sozioökonomischer Sektoren' (ELWERT 1980:365) in unterschiedlichen Räumen ihr 'Überleben' sichern. In Gyankufa selbst wird für die unmittelbare Überlebenssicherung Subsistenzproduktion betrieben, während andererseits ein Großteil der Bewohner über ihre Tätigkeit im Kakaosektor in dem 'oberen Wirtschaftskreislauf' im Sinne von SANTOS (1977) integriert sind, und für den Weltmarkt produzieren.[79] Dies hat Spuren in der Sozialstruktur von Gyankufa hinterlassen: Durch die saisonale Abwesenheit der Männer steigt erstens die Arbeitsbelastung der Frauen in Gyankufa beträchtlich an. Zu der Arbeitsbelastung durch die Haushaltsführung kommt noch die Bestellung und Pflege der Subsistenzfarm in Gyankufa. So kommen die Männer zwar in der Regel rechtzeitig nach Gyankufa zurück, um Yam, Cassava, Plantain und Mais anzupflanzen, in der Zeit hoher Arbeitsbelastung, im Dezember und Januar, wenn das *clearing* der Felder und *mounding* der Yamhügel ansteht - Arbeiten die traditionell von Männern durchgeführt werden - sind diese jedoch noch in der *Western Region,* um dort die Kakaoernte zu überwachen (vgl. Abb. 3-3). Da die Frauen diese Arbeiten traditionell nicht durchführen dürfen, muß entweder jemand aus der Verwandtschaft helfen, oder müssen tageweise Arbeiter angestellt werden, die die notwendigen Feldarbeiten übernehmen. In einigen

---

[78] Hier ist anzumerken, daß es zwischen den Kakaofarmern aus Gyankufa und den lokalen *clans* der *Western Region* auch immer wieder zu Landkonflikten gekommen ist. Dies ist u.a. in einem Schreiben an die *Regional Administration* von Sunyani dokumentiert, welches sich allerdings auf einen Landkonflikt im Gebiet von Gyankufa selbst bezieht, der in Kapitel 3.2.2 behandelt wird (vgl. Zeitungsartikel bezüglich dem Dwenem Kaffee Projekt im Anhang. Die Briefwechsel mit den entsprechenden staatlichen Stellen werden aus Gründen des Datenschutzes nicht publiziert). Die Landkonflikte in der *Western Region* sollen hier nicht weiter analysiert werden.
[79] SANTOS (1977) entwickelte sein Modell der zwei Wirtschaftskreisläufe zwar im städtischen Kontext und mit dem Verweis, daß der obere Wirtschaftskreislauf durch Monopolisierung gekennzeichnet ist. Die Übertragung dieses Modells auf den ländlichen Raum scheint hier dennoch sinnvoll, da die ghanaischen Kakaobauer ihre Erträge über das Monopol des *GCMB* vermarkten müssen und darüberhinaus die weiterverarbeitende Industrie, die sich größtenteils in den Industrieländern befindet, starken monopolistischen Tendenzen unterworfen ist. Der Marktführer Großbritannien (Cadbury) verbucht zum Beispiel den Großteil der Schokoladeproduktion auf sein Konto (SCHMIDT-KALLERT 1995).

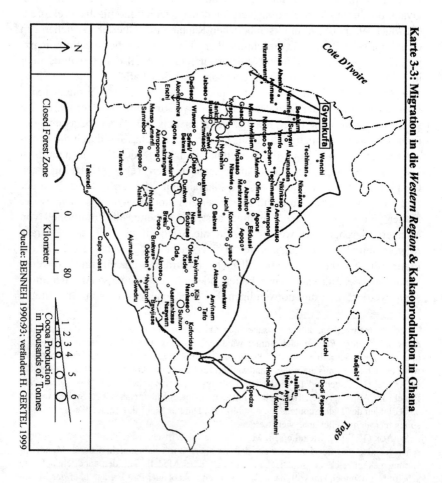

Karte 3-3: Migration in die *Western Region* & Kakaoproduktion in Ghana

Quelle: BENNEH 1990:93; verändert H. GERTEL 1999

Abb. 3-3: Wirtschaftszyklus von Gyankufa

Monate	Ökologische Bedingungen	Landwirtschaftliche Aktivitäten in Gyankufa		Auswirkungen auf die lokale Arbeitsbelastung	Preisentwicklung (Drobo)	Kakaoanbau / Migration
		Anbau	Ernte			
Dezember/ Januar	Trockenzeit	Vorbereitung der Anbauflächen. Flächen roden (*clearing*)	Ernte von Yam und ab Januar Cocoyam (vom Vorjahr)	Hoher Arbeitsaufwand (Männer) => Anwerben von Fremdarbeitskräften	Niedrige Marktpreise für Cocoyam und Yam	Fortsetzung der Kakaoernte in der *Western Region*
Februar/ März	Beginn der Regenzeit Anfang März	Anlegen der Erdhügel für Yam. Anpflanzung von Yam, Mais, Cassava und Plantain	Ernte von 'spätem' Yam, Cocoyam und Cassava	Arbeit der Männer, z.T. Arbeitskräfte Pflanzen i.d.R. Arbeit der Frauen	Preise für Cocoyam niedrig, für Yam steigend und für Mais und Plantain hoch. Preise für Cassava sind konstant (im Boden 'gelagert')	Männer kehren aus der *Western Region* zurück
April/Mai/ Juni/Juli	Hauptregenzeit	Jäten	Ernte von Cocoyam (bis Juni)	Arbeit der Frauen, z.T mit Fremdarbeitskräften	Preise für Cocoyam weiter niedrig, ab Juli hoch	Kleine Kakaoernte in der *Western Region* (April/Mai)
August	Übergangszeit	Anpflanzen von Plantain	Beginn der Haupterntezei, v.a. von Mais	Arbeit der ganzen Familie.	Preise für Mais niedrig (nur Preise für Cocoyam hoch)	Einige Männer wandern in die *Western Region*
September /Oktober/ November	Zweite Regenzeit	Zweite Jätezeit	Mais, Cassava, ab November Yam	Arbeit der ganzen Familie.	Preise für Mais und Yam niedrig. Preis für Cocoyam fällt	Männer (und z.T. Kinder) sind zur Kakaoernte in der *Western Region*

Quelle: H. GERTEL/ HAACK / KRUK, Feldaufenthalt 1996; verändert H. GERTEL 2000

Fällen stehen jedoch weder Verwandte zur Verfügung, noch ist das nötige Kapital vorhanden, um sich Tagelöhner leisten zu können. Dadurch wird ein Prozeß ausgelöst, der die traditionelle Arbeitsteilung unterläuft, nämlich dann, wenn Frauen selbst das *clearing* vornehmen müssen. Die tägliche Arbeitsbelastung der Frauen steigt in dieser Periode stark an und belastet deren Zeitbudget so sehr, daß es kaum noch Ruhephasen in ihren täglichen Handlungen gibt.

Während der Schulferien begleiten auch häufig die jüngeren Kindern die Männer in die *Western Region* und fehlen somit den Frauen, die in der Mehrzahl im Dorf verbleiben, als Arbeitskräfte auf den Subsistenzfarmen. Rund 95% der Frauen bewirtschaften eine Subsistenzfarm in Gyankufa, aber nur noch ca. 75% der Männer. Eine Kakaofarm in der *Western Region* wird allerdings nur von knapp 50% der Frauen betrieben. Dabei handelt es sich vorwiegend um einen kleineren Teil der Farm des Mannes. Daß überhaupt Frauen Kakaoanbau betreiben, liegt in der Regel daran, daß sie zu Beginn der Pflanzung mit dem Mann in die *Western Region* migrieren und dort die ersten Jahre auch ganz verbleiben, um mit dem Mann gemeinsam die aufwendigen Rodungs- und Anpflanzungsarbeiten vorzunehmen. Erst wenn die Kakaofarm etabliert ist, kehren die Männer und Frauen nach Gyankufa zurück und in der Folgezeit wandern dann fast ausschließlich die Männer zu den Erntezeiten in die *Western Region*. In deren Abwesenheit von der Kakaofarm wird diese von mehrjährig angestellten Arbeitern, die in der Regel aus Nordghana stammen, gepflegt. Während der Abwesenheit aus Gyankufa, die häufig auch sechs Monate im Jahr überschreitet, brauchen die Männer jedoch eigenen Aussagen zufolge, '*a woman in the Western Region to care for the house there*' (wortgetreue Aussage mehrerer interviewter Farmer aus Gyankufa). Da aber gleichzeitig der Nahrungsmittelanbau in Gyankufa stattfinden muß, heiratet ein Großteil der Migranten eine zweite Frau, die entweder aus der *Western Region* selbst stammt oder auch aus einem benachbarten Dorf von Gyankufa, selten jedoch aus Gyankufa selbst. Es kommt hier also zu einer neuen Dimension von Polygynie. Die zweite Frau ist keine zusätzliche Arbeitskraft und Unterstützung im Haushalt in Gyankufa, sondern es bilden sich zwei völlig getrennte Haushalte heraus. Die von dieser Situation betroffenen Frauen sehen sich daher häufig in die Rolle des Haushaltsvorstandes gesetzt. Im gesamten ländlichen Gebiet von Ghana sind gegenwärtig bereits ca. 30% der Haushalte '*Women Headed Households*' (GHANA STATISTICAL SERVICE 1995:7), wobei zu beachten ist, daß nicht die Migration der Männer alleine die Ursache dafür ist, daß es '*Women Headed Households*' gibt. In Gyankufa jedoch stellt die Migration der Männer die Hauptursache dar, die dazu führt, daß Frauen zwangsläufig zu Haushaltsvorständen werden. Diese neue Rolle für die Frauen impliziert allerdings keinen Zuwachs an Autonomie, sondern lediglich einen Anstieg der täglichen Arbeitsbelastung.[80] Bereits von SARRIS / SHAMS (1991:93) ist dies beobachtet worden:

> With the introduction of cocoa farming and the cash economy, when cash cropping replaced food production as the main activity, men began to migrate to other areas to set up their own cocoa farms or to work as labourers. [...] Women took over many of the roles and responsibilities that previously had been male-dominated. They found, however, that their work burden increased while their access to resources didn't.

Die Frauen sehen sich weiterhin gezwungen, einen gewissen Überschuß, vor allem bei Gemüse, zu produzieren, um diesen zu vermarkten und damit ein gewisses Geldeinkommen zu erzielen. Dies wird benötigt, da ein Geldtransfer aus der *Western Region* nicht immer gewährleistet,[81] gleichzeitig aber Geldeinkommen notwendig ist, um etwa Salz, Pflegemittel oder Medikamente zu kaufen sowie die Schulgebühren der Kinder zu bezahlen, wenn der Mann dafür nicht aufkommt.

Die zweite Auswirkung der Migration betrifft - neben der Mehrbelastung der Frauen - die räumliche soziokulturelle Strukturierung des Dorfes. Die oben beschriebene traditionelle Viertelsbildung im Dorf wird dadurch aufgehoben, daß die mit einen relativen Wohlstand ausgestatteten Kakaofarmer - welche als 'Modernisierungsgewinner' bezeichnet werden können - nunmehr neue Häuser in Gyankufa bauen. Diese Häuser, die als Symbole relativen Reichtums anzusehen sind, werden außerhalb der traditionellen Wohnviertel errichtet. Der Standort eines neuen Hauses wird nicht mehr nach Familienzugehörigkeit gewählt, sondern nach gutem Baugrund (vgl. Karte 3-4). Damit weicht die soziokulturelle Strukturierung einer sozioökonomischen Differenzierung. Bei den Modernisierungsgewinnern ist weiterhin zu beobachten, daß die *extended family* zunehmend an Bedeutung verliert und eine Tendenz zur Kernfamilie besteht.

Durch den Kakaoanbau und die Migration in die entsprechenden Anbaugebiete wird das Alltagsleben im Dorf - vor allem die sozialen Beziehungen -

---

[80] Die Implikationen dieser neuen Rollenzuweisung und die Auswirkungen auf die Situation der Frauen bezüglich ihrer alltäglichen Handlungsspielräume sollen hier nicht im einzelnen weiter erörtert werden, da dies bereits durch KRUK (2000) erfolgte.

[81] Dies kann die verschiedensten Gründe haben, zum Beispiel die Notwendigkeit, die erzielten Einkünfte aus dem Verkauf des Kakaos erneut in die Kakaofarm zu investieren, eventuelle Schulden zu tilgen oder einen kostspieligen Hausbau zu finanzieren. Die Gründung einer zweiten Familie in der *Western Region*, die auch versorgt werden muß, ist hier ebenso zu nennen wie die Schwierigkeiten bei den innerghanaischen Kommunikationswegen.

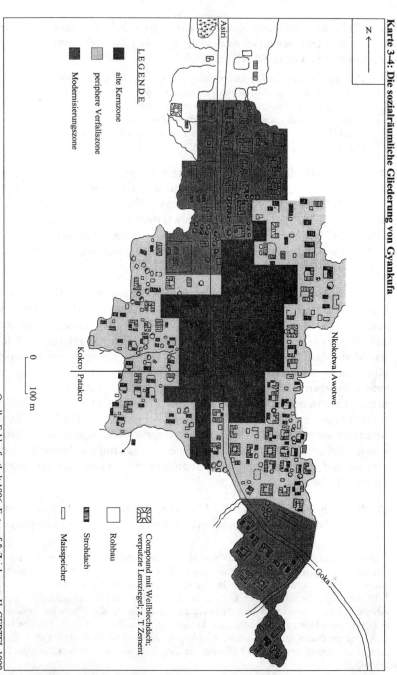

Karte 3-4: Die sozialräumliche Gliederung von Gyankufa

transformiert und umstrukturiert. Angesichts der Situationen von 'physischer Anwesenheit und Abwesenheit', vermittelt durch Prozesse der 'räumlichen Mobilität', ist die Bevölkerung Gyankufas in Prozesse der Globalisierung eingebunden. Die Einheit der vier *matrilineages* von Gyankufa wird aufgebrochen. Während der Migration aus Akwamu nach Jaman war die jeweilige *matrilineage* der Bezugspunkt eines jeden Individuums und die Stratifizierung der Gesellschaft richtete sich danach aus. In Gyankufa etablierte sich bis in die 50er Jahre dieses Jahrhunderts eine Form des Zusammenlebens der vier *matrilineages*, die fast ausschließlich von lokalen und regionalen Ereignissen geprägt wurde. Der Bezugspunkt eines Individuums stellte auch hier die jeweilige *matrilineage* und die Dorfgesellschaft dar. Fast alle Ereignisse fanden im Kontext eines 'Moments der Anwesenheit', in Kopräsenz, statt. Erst durch den Kakaoanbau in der *Western Region* kam es zu 'Momenten der Abwesenheit' von Dorfbewohnern, die das Alltagsleben des Dorfes determinierten und transformierten. Dabei kann von einer 'doppelten Abwesenheit' gesprochen werden. Die Kakaobauer sind, da sie nicht anwesend sind, zum einen zeitweilig von den lokalen Gegebenheiten des Dorfes ausgeschlossen, zum anderen befinden sie sich gleichzeitig in der *Western Region* in einer Lebenssituation, die von physisch Abwesenden geprägt wird. Der Abnehmerpreis von Kakao zum Beispiel wird von den Mitgliedern der Regierung in Accra festgesetzt, die wiederum in ihren Entscheidungen nur bedingt autonom sind und die Konditionen der Weltbank und des Weltmarktes stets berücksichtigen müssen. Die Migrationsprozesse in die *Western Region* und damit die saisonale Abwesenheit der Kakaobauern aus dem Dorf haben schließlich zu einer raum-zeitlichen Abstandsvergrößerung (*time space distanciation*) im Sinne GIDDENS (1990) geführt. Durch die über den Kakaoanbau bewirkte Integration in den Weltmarkt und den angesprochenen *disembedding* Prozeß der Migration wurde in Gyankufa eine Dimension der räumlichen Differenzierung ausgelöst und eine Abhängigkeit in das abstrakte System des Weltmarktes eingeleitet. Dies wird dadurch zusätzlich gestützt, daß die Frauen verstärkt in der Subsistenzproduktion tätig werden, womit die Überlebenssicherung und somit auch der Kakaoanbau erst möglich werden. Im folgenden wird der Fokus der Untersuchung auf der Transformation der Landrechte in Gyankufa - als ein zweiter Prozeß der Globalisierung - liegen.

3.2.2 Indigene Landrechte unter dem Einfluß von *'World Vision International'*

Einleitend wurde die Transformation der Landrechte, die in der Kolonialzeit angelegt und von den jeweiligen ghanaischen Regierungen weitergetragen wurde, bereits aufgezeigt. Die Kommodifikation von Land wurde schließlich als ein Prozeß der Globalisierung identifiziert. Im folgenden wird die Transformation der Landrechte in Gyankufa, die durch die Tätigkeit einer internationalen NRO in Gyankufa ausgelöst wurde, analysiert.

Dispute bezüglich der Landrechte in Gyankufa sind kein neues Phänomen. Durch die Arbeit von *World Vision International (WVI)*, einer internationalen Entwicklungs- und Hilfsorganisation mit christlichem Hintergrund, wurde in Gyankufa allerdings seit 1986 eine neue Dimension der Transformation eingeleitet. Bis zu diesem Zeitpunkt waren Konflikte über Landrechte in der Regel Dispute über die Grenzverläufe von Land. Diese Dispute richteten sich dabei in erster Linie gegen die umliegenden Gemeinden sowie gegen den ghanaischen Staat und erst in zweiter Linie gegen Dorfmitglieder. Im überregionalen Kontext gibt es darüberhinaus bis heute Konflikte über die Landesgrenzen zwischen einzelnen *clans*. Hier ist besonders der Konflikt zwischen den Sumaas und den Drobos anzusprechen. Dieser Konflikt entstand um 1900, als der *District Commissioner* der Kolonialregierung den *chief* von Drobo und nicht den Sumaahene (*chief* von Sumaa) zum *Paramount chief* erklärte, wie es nach der traditionellen Gesetzesauslegung (zumindest der Auslegung des Großteils der beteiligten Gruppen zufolge) richtig gewesen wäre. In den Aufzeichnungen über die Geschichte von Sumaa heißt es daher:

> *All these several chiefs were unanimous in their statements that the Sumaahene Kwasi Kwadoo was the Paramount chief among them, but the then Government not being thoroughly conversant with the intricacies of Native Customary Laws, erroneously concluded from the fact of the Sumaahene being a son to the then Drobohene, and accorded the Drobohene as the Paramount chief of the Division irrespective of the popular vote and the custom of the land. This proclamation on this eventful Palaver* [Das große Palaver von Puliano (1902); A. d. V.] *gave a serious jolt to the starting wheel of the administration in the Division ever since* (NATIONALARCHIV SUNYANI o.Z.:8).

In der Tat flammte dieser Konflikt, der bis heute ungelöst ist, in der Folgezeit immer wieder auf, wie zum Beispiel aus einer Depesche des *District Commissioners* von Sunyani an den *Chief Commissioner* von Ashanti, datiert vom 20.04.1951, deutlich wird:

> *These two Divisions* [Sumaa und Drobo, A. d. V.] *were part of the old Jaman Empire at one time and only received a separate existence on the demarcation of the Anglo French frontier. The real answer to this dispute lies in the amalgamation of these two Divisions, but I realise this is now practically impossible* (NATIONALARCHIV SUNYANI 1951:2).

Konflikte mit dem Staat gibt es in Gyankufa spätestens seit 1978, als das *Ghana Cocoa Marketing Board (GCMB)* entschied, auf einem Landstrich, der zu Gyankufa gehört, eine Kaffeeplantage als Versuchsprojekt zu errichten. Der Konflikt entzündete sich daran, daß die Mitarbeiter des *GCMB* lediglich den *chief* von Dwenem (Nwenem), einer Siedlung ca. 15 Kilometer südwestlich von Gyankufa, um das entsprechende Land baten. Dieser gewährte freigebig gegen die entsprechende Kompensationszahlung den Anbau von Kaffee auf dem nachgefragten Land. Das betreffende Land gehört aber nach Aussage des *chiefs* von Gyankufa nur zu einem kleinen Teil zu Dwenem, der größte Teil gehöre zu Gyankufa. Der Konflikt über diesen Landstrich dauert bis heute an und hat sich zusätzlich verschärft, da neben der Kaffeeplantage zusätzlich noch eine Hühnerfarm eines Geschäftsmannes aus Kumasi und ein Projekt der NRO *'Friends of the Earth'* dort etabliert wurden (vgl. den Schriftwechsel zu diesem Fall im Anhang). Selbst im Falle, daß die Farmer aus Gyankufa für die Landnahme entschädigt werden sollten, sind die Auswirkungen des Landverkaufes für Gyankufa äußerst ungünstig, da das Land für die Subsistenzproduktion benötigt und Land in Gyankufa zunehmend - wie im folgenden gezeigt wird - zu einer knappen Ressource wird. Der Konflikt wird besonders deutlich in einem Brief der betroffenen Farmer und der *chiefs* aus Gyankufa an den verantwortlichen *Regional Commissioner* von Sunyani vom 14.07.1978:

> That this particular area is where the farmers farm and grow foodstuffs and if this area is taken from us, we have no where to farm and grow foodstuffs for our need and in the near future we shall die of hunger.

Zusätzlich zu dem oben beschriebenen Landnutzungskonflikt kommt es nun seit 1986 vermehrt zu Landstreitigkeiten innerhalb des Dorfes. Diese Landkonflikte stehen in engen Zusammenhang mit der zunehmenden Kommodifizierung von Land, ein Prozeß, der durch die Arbeit von *World Vision International* eingeleitet wurde.

Der Kontakt zu *WVI* wurde durch *Chief Commander* Manu von der Polizeistation Zongu in Kumasi hergestellt. *Chief Commander* Manu stammt selbst aus Gyankufa und ist der erste und wichtigste Ansprechpartner für alle Entwicklungsvorhaben im Dorf. Er vertritt die Dorfbevölkerung bei allen wichtigen Angelegenheiten (zum Beispiel bei Konflikten mit dem modernen Staatsapparat) aufgrund seiner sozialen Stellung nach außen. Dies zeigt wiederum beispielhaft, wie das indigene Herrschaftssystem durch moderne sozioökonomische Transformationsprozesse aufgebrochen worden ist. Der *chief* ist zwar der offizielle Repräsentant des Dorfes und ohne seine Zustimmung können keine offiziellen Handlungen durchgeführt werden, aber aufgrund seiner Ausbildung und seiner sozialen Stellung innerhalb des modernen Systems ist *Chief Commander* Manu der inoffizielle Repräsentant der Dorfbevölkerung.

Gyankufa war zu Beginn der Zusammenarbeit mit *World Vision International* 1986 die vierte Gemeinde in der Brong Ahafo Region, in der *WVI* tätig wurde. Die Zusammenarbeit mit Gyankufa war auf 10 Jahre angelegt und ist 1997 ausgelaufen. Die bis 1996 durchgeführten wichtigsten infrastrukturellen Baumaßnahmen sind in Tab. 3-4 aufgeführt. Neben den rein baulichen Maßnahmen wurde *WVI* auch in den Bereichen Gesundheit und Ernährung, Landwirtschaft und Bildung tätig. So wurde unter anderem eine Kreditvereinigung gegründet, Workshops zu neuen Farmtechniken und Seminare zur Familienplanung durchgeführt. Um die Bewohner von Gyankufa in die Lage zu versetzen, zukünftig Projekte in eigener Regie durchzuführen, wurden fünf Dorfbewohnern Management- und Buchhaltungskenntnisse vermittelt, um unter anderem auch die notwendigen Bücher der Kreditvereinigung zu führen.

Tab 3-4: Infrastrukturelle Baumaßnahmen von *WVI*

1987	Drei Klassenräume für einen Kindergarten
1988	Drei Klassenräume für eine *Junior Secondary School (JSS)*
1989	Zwei *KVIP* Toiletten für je 10 Personen
1990/91	Sechs Klassenräume für die Röm. / Kath. Grundschule
1992	Eine *Community Clinic* und ein *JSS Workshop*
1993	Sechs Klassenräume für die *presbytarian* Grundschule
1994	Drei *rain catchement tanks*
1995/96	Sechs Räume für eine Lehrerunterkunft

Quelle: H. GERTEL / S. HAACK / G. KRUK, FELDAUFENTHALT 1996

Bei den Entwicklungsmaßnahmen mußten sich die Bewohner an ca. 1/3 der Kosten beteiligen und ihre Arbeitskraft zur Verfügung stellen. Daher hatte jedes aktive Mitglied der Gemeinde einen finanziellen Beitrag zu jedem Vorhaben zu leisten. Immer wenn ein Projekt durchgeführt werden sollte, wurde eine Dorfversammlung einberufen und diskutiert, wieviel der jeweilige finanzielle Beitrag pro aktives Gemeindemitglied betragen sollte. In der Regel belief sich dieser Betrag auf ca. 5000-6000 *cedis*.[82] Nicht jedes Gemeindemitglied besitzt aber ein relativ gesichertes Geldeinkommen, zum Beispiel aus einer Kakao Farm. Um dies auszugleichen, genehmigte der *chief* in Ab-

---

[82] 1000 *Cedis* entsprachen 1996 ca. 1,- DM.

sprache mit dem Ältestenrat den *cash crop* Anbau in Gyankufa für die Farmer, die keine Kakao Farm in der *Western Region* haben. Dies war bis 1993 verboten. Dieses Verbot wurde auch von der Mehrzahl der Befragten befürwortet, da durch einen gesteigerten *cash crop* Anbau langfristig die zur Verfügung stehende Anbaufläche für Subsistenzprodukte zu klein werden würde. Gegenwärtig wird allerdings verstärkt *cashew* (Anarcardum occidentale) und *teak* (Tectona grandis) in Gyankufa angebaut. Dies führt zu dem Prozeß, daß diese mehrjährigen Pflanzen für einige Jahre ein bestimmtes Landareal okkupieren. Mittelfristig kann auf diesem Areal nichts anderes angebaut werden, daher wird quasi inoffiziell ein Landtitel für das betreffende Gebiet festgeschrieben. Außerdem wird bereits von einigen Farmern aus Gyankufa angestrebt, Besitzrechte für solches Land staatsrechtlich registrieren zu lassen. Dies kann nach der Implementierung der Dezentralisierungsmaßnahmen des Staates bei der *District Assembly* beantragt werden. Die staatlichen Landvermesser sollten zwar auch die traditionellen Führer konsultieren, aber die Handlungsweise der Personen aus der Stadt, die das Land vermessen und den Titel eintragen, sind in der Praxis häufig strategisch bestimmte Handlungen (in dem Sinne, daß der individuelle Vorteil einer Handlung durchaus bedacht wird), und eine Einigung über die Landtitelvergabe läßt sich gewiß auf die eine oder andere Weise erzielen.

Ausgelöst durch die Tätigkeit einer internationalen Entwicklungsorganisation, unterliegt also die Ressource Land einem Transformationsprozeß vom *communal property* hin zum *private property*. Es werden immer weniger Nutzungsrechte vergeben; Land wird zunehmend kommodifiziert, wird zum privaten Besitz, zu einer marktwirtschaftlichen Ware und damit zum Gegenstand von Austauschbeziehungen. Neben der räumlichen Mobilität ist hiermit ein zweiter lokaler Prozeß der Globalisierung identifiziert. Die Bedeutung von Land wird aus dem lokalen Kontext herausgehoben und durch den entstandenen Warencharakter in neue, übergeordnete Interaktionszusammenhänge eingebunden. Es entrückt damit dem 'traditionellen' Zugriff der lokalen Gruppen und wird erst über die Warenökonomie, allerdings unter völlig anderen Vorzeichen, nämlich individuellen Marktchancen und Marktvoraussetzungen *reembedded*. Beispielhaft kann hier die Position des Gyasehene skizziert werden.[83] Als *subchief* obliegt ihm die Allokation des Landes, welches zu seiner *lineage* gehört. Er plant, seine ca. 70 *acres* beim *Survey Department* eintragen zu lassen. Damit hofft er, in Zukunft Landstreitigkeiten mit Bewohnern aus umliegenden Gemeinden (vor allem mit einer Familie aus Goka, dem Nachbardorf, kam es in der Vergangenheit

---

[83] Über die verschiedenen Sichtweisen der Dorfbewohner zum Landbesitz in Gyankufa siehe auch die Biographien von vier Männern aus Gyankufa im Anhang.

immer wieder zu Konflikten) vermeiden zu können. Zum anderen kann er dann tatsächlich frei über die Allokation und die Nutzung 'seines' Landes entscheiden, ohne den Angehörigen seiner *lineage* oder dem Gyankufahene und dem Ältestenrat Rechenschaft ablegen zu müssen. Als Kakaobauer in der *Western Region* hat er nämlich eigentlich nicht die Erlaubnis, *cash crops* in Gyankufa anzubauen. Dies ist denjenigen vorbehalten, die sonst kein Geldeinkommen erzielen können - nach einer Eintragung beim *Survey Department* ist er in seinen Entscheidungen diesbezüglich jedoch freier (wenngleich hier anzumerken ist, daß die soziale Kontrolle durchaus noch sehr hoch ist).[84]

3.2.3 Exkurs: Die Macht von Karten und die Transformation von Landrechten

> *One decisive aspect of the modernizing process was [...] the protracted war waged in the name of the reorganization of space. The stake of the major battle in that war was the right to control the cartographic office* (BAUMAN 1998:30/31).

Die europäische Kolonialisierung Afrikas ging Hand in Hand mit der kartographischen Erfassung des Kontinents (FINSTERWALDER / HUEBER 1943). In der Tat lieferten sich die Kartographen der jeweiligen Kolonialmächte einen regelrechten Wettkampf bei der Erschließung der Kolonien, da im Zuge der kartographische Erschließung die Gebietsgrenzen festgelegt wurden.[85] FERGUSON (vgl. Kapitel 3.1.2; Fußnote 24) gelang es schließlich, das Gebiet der Goldküste beim achten nördlichen Längengrad zu manifestieren. Außer für städtische Bereiche wurden allerdings kaum Katasterkarten angefertigt. Dies wird häufig als Entwicklungshemmnis gesehen, besonders von Vertretern der neoklassisch geführten *property rights* Debatte, die eine Katasteraufnahme und die Privatisierung des Landes fordern, denn nur eine über den Markt erzielte Allokation des Landes führe zu seiner bestmöglichen Verwendung (FEDER / FEENY 1991). Gleiches wird unter anderem auch von ghanaischen Geographen wie zum Beispiel BENNEH (1989:90) gefordert. MANSHARD (1961:123) hingegen erkannte schon in den 50er Jahren die Gefahr einer solchen Katasteraufnahme, die zum einen sehr kostspielig und

---

[84] Hinsichtlich des hier angeführten zweiten Arguments, das für einen Eintrag des Landtitels beim *Survey Department* spricht, ist anzumerken, daß dies so vom Gyasehene beim offiziellen Interviewtermin nicht geäußert wurde, sondern eine Interpretation des Autors ist, die sich vor allem auf Beobachtungen und informelle Gespräche stützt. Eine diesbezügliche Frage wäre sicherlich auch nicht beantwortet worden.
[85] Bezüglich des Zusammenhanges zwischen der kartographischen Erschließung der Kontinente innerhalb der Moderne und Globalisierungsprozessen siehe auch BAUMAN (1998:27-54).

zum anderen sehr konfliktträchtig ist. Bezüglich der Landkonflikte und der damit verbundenen Rechtsunsicherheit in Südghana bei den Ga-Adangme führt er dennoch folgendes aus (MANSHARD 1961:43):

> Nur eine allgemein verbindliche Registrierung, verbunden mit einer gründlichen Katasteraufnahme, könnte diese Rechtsunsicherheit beenden. Für das gesamte wirtschaftliche Leben des Landes wäre eine Regelung der Rechtsverbindlichkeit des Landbesitzes und die Abgrenzung zwischen Individual- und Kommunalbesitz äußerst wichtig. Ohne kostspielige und weitläufige Nachforschungen wird zum Beispiel keine Bank eine Hypothek auf Landbesitz gewähren, da in zuvielen Fällen die benannten Sicherheiten von anderen Familien- und Stammesangehörigen angefochten werden.

Die von neoklassischen Ökonomen bestimmten Geberinstitutionen wie die Weltbank und der IWF sprechen sich ihrerseits bis heute für eine Registrierung von Landtiteln und das Anlegen von Katastern in Afrika südlich der Sahara aus, mit dem Ziel, die landwirtschaftliche Produktion zu steigern, einen Markt für Land zu kreieren und ein Kreditsystem, welches auf Besitzrechten basiert, einzuführen.

> *[T]he World Bank and the U.S. Agency for International Development have recently emphasised the need to promote freehold tenure with title registration, and the more general establishment of individual rights by land demarcation through survey* (BARROWS / ROTH 1990:265).

Die These der ineffizienten und unproduktiven indigenen Landrechte in Afrika wurde allerdings unter anderem von MIGOT-ADHOLLA et al. (1991) widerlegt. Dennoch werden immer wieder Projekte der Weltbank durchgeführt, die gerade die Festlegung von Landgrenzen und Landbesitz vorsehen. Die Auswirkungen solcher Projekte auf lokale Gruppen wird besonders deutlich von BASSET (1993) dokumentiert.

BASSET (1993) beschreibt das *Ivory Coast Rural Landholdings Projekt* im Nordwesten der Elfenbeinküste. Das Ziel des Projektes ist nach Aussage des Projektpersonals nicht die Landregistrierung und die Transformation des indigenen Landrechtes, sondern nur eine Art Zensus und Kartierung der vorhandenen Landrechte der momentanen Landnutzer. Dies wird als eine 'objektive' und 'neutrale' Bestandsaufnahme eines Feldforschungsteams angesehen, welches lediglich Grenzverläufe von Landparzellen identifizieren, die auf Luftbildern irgendwie zu erkennen sind. Die Projektmitarbeiter versuchen dabei, anhand von Luft- und Satellitenbildern bestimmte Parzellen mit Individuen - den Landbesitzern - zu verknüpfen. Diesbezüglich wird zwischen Landeigentümern und Landnutzern, die das gegenwärtig kultivierte Land nicht kontrollieren, unterschieden. Anhand der Feldaufzeichnungen werden schließlich sogenannte *'photocartes'* oder *'photoplans'* angefertigt.

Diese Karten werden dann den in jedem Projektdorf vom Projekt gegründeten 'Landkomitees' für zukünftige Landnutzungsplanungen übergeben. Weiterhin werden die Karten zusammen mit einem Register der Landnutzer und Landbesitzer, die den einzelnen Parzellen zugewiesen wurden, an das regionale Verwaltungsamt der Regierung überreicht. BASSET (1993:9) kritisiert vor allem die Festlegung von Landtiteln durch die Karten. Diese spiegele lediglich die Ideologie der Geberorganisation wider und diene der Restrukturierung des Agrarsektors innerhalb eines kapitalistischen Rahmens. Er führt dazu folgendes aus (BASSET 1993:9):

> [R]ather than reflecting the indigenous land rights system, the photocartes present an incomplete view of these tenure systems by their exclusive focus on the rights of agriculturalists and lineage heads. [...] The end result, however, is congruent with the interests of the project sponsors. The maps will serve as technocratic tools for transforming indigenous tenure systems characterized by multiple and open-ended land rights to more restricted and exclusive arrangements. With maps in hand, government officials can now get on with the business of issuing land titles to selected individuals in the project area. The project thus constitutes the first step in the establishment of private landholdings as a structural condition of agrarian change.

Die Festlegung der Farmgrenzen durch die Kartographen lasse aber die Rechte von pastoralen Gruppen, Holzsammlern, Jägern und Sammlern und anderen Landnutzern derselben Parzelle außen vor. BASSET (1993:9) argumentiert daher folgerichtig:

> Once the map is made and stamped as official, then it has a power of its own to affect a variety of outcomes. The map's authoritative power is derived from the scientific aura and officials status that accompanies its construction. As authoritative documents, these maps have a momentum of their own in changing indigenous land rights systems.

Er kommt schließlich zu dem Schluß, daß durch das Anfertigen der Karten das kommunale Landrecht in ein individuelles Landrecht transformiert wurde. Diesbezüglich führt er drei Belege an: Erstens teilen die Karten Land, welches von einer ganzen *lineage* genutzt wird, in Parzellen ein und schreiben diesen Parzellen einem Individuum zu, das zur Zeit der (ahistorischen) Untersuchung gerade diese Parzelle nutzte. Zweitens werden durch einen Selektionsprozeß, verursacht durch die kartographische Brille der Simplifizierung und durch pures Weglassen von Informationen, bestimmte Gruppen (Jäger, Sammler, pastorale Gruppen) ausgegrenzt. Lediglich die Landrechte der Farmer und der Familienoberhäupter werden dokumentiert. Über die Rechte anderer Individuen und Gruppen schweigt die Karte. Durch die Verwendung einfacher, konventioneller kartographischer Zeichen wie Grenzlinien, numerischer Systeme und freier Räume werden Landrechte neu (von außen) definiert. Drittens wird die Macht desjenigen, der die Karte anfertigt, auf diese übertragen. Durch ihren offiziellen Status und der wissenschaftlichen Rhetorik steigt die Aussagekraft der Karte in den Augen der betroffenen Bevölkerung. Die Karte repräsentiert somit lediglich scheinbar die realen Gegebenheiten; de facto fixiert sie jedoch die Landbesitzverhältnisse. Dadurch, daß die Weltbank in dieses Projekt involviert ist, erhält die Karte ein immenses autoritatives Gewicht.

> *The technical production of maps based on aerial photographs and satellite measurements reinforce the idea of cartographic truth - that the objects being represented (bounded land parcels) are real and exist independently of the mapmaker. The name given to the maps, photocarte or photoplan, suggests that the maps are like photographs, snapshots of reality that have been superimposed onto maps* (BASSET 1993:8).[86]

Durch das Anfertigen von Karten, vor allem von Katasterkarten, werden demzufolge, wenn nicht alle in diesem Kontext bedeutsamen Informationen in der Karte erhalten sind, neue Realitäten geschaffen und unter Umständen Landrechte transformiert. Dabei können die unterschiedlichsten Gruppen und Individuen die jeweiligen Gewinner oder Verlierer sein. Anzunehmen ist jedoch, daß diejenigen, die prinzipiell eine größere Machtbasis besitzen, ihren Vorsprung bei dieser Art der Etablierung von individuellen Landrechten auch nutzen können.

3.2.4 Dimensionen der Globalisierung in Gyankufa

Die Alltagshandlungen in Gyankufa sind besonders in den letzten Jahrzehnten von Prozessen der Globalisierung beeinflußt und verändert worden. Am deutlichsten tritt dies bei der Betrachtung zweier Prozesse, der Transformation der Landrechte und der Migration in die *Western Region*, zu Tage. Durch neu definierte Landrechte - und dies gilt für alle Regionen Ghanas - wird die

---

[86] Ein Zitat von BOURDIEU (1992:42) scheint an dieser Stelle angebracht, da es den Wahrheitsanspruch und die Objektivität der Wissenschaft in bezug auf vorkonstruierte Wahrheiten und Tatsachen treffend kritisiert. Der Autor ist sich an dieser Stelle sicherlich bewußt, daß er sich damit selbst ins Scheinwerferlicht der Kritik begibt, außer Selbsterkenntnis und Reflexivität scheint hier aber kein anderer 'Fluchtweg' möglich: '*Reaserchers in the social science have, within arms` reach, just at their fingertips, preconstructed facts which are wholly fabricated: so many terms, so many subjects. At conferences, you can listen to these preconstructed concepts being exchanged, dressed up in theoretical tinsel, and having the air of scientific facts. This is currently how subjects and their limits are defined; the preconstructed appears to be everywhere*'. BOURDIEU (1992:44) stellt weiterhin fest, daß durch die Konstruktion von wissenschaftlichen Tatsachen Wirklichkeit erst konstruiert wird: '*When you are within the preconstructed, reality offers itself to you. The given gives itself, in the form of the notorious data*'.

Sozialstruktur von Grund auf neu gestaltet. Die indigene Stratifikation der Gesellschaft wird aufgebrochen und weicht einer sozioökonomischen Differenzierung, etwa in Landbesitzer, Landnutzer und Arbeiter. War das Land in der vorkolonialen Phase eng mit den einzelnen lokalen Gruppen verbunden, so weicht diese Konstellation zunehmend einer Verknüpfung zwischen Individuen und ihrem Land. Damit wird Land verstärkt zum Gegenstand individueller ökonomischer Überlegungen. Durch die saisonale Migration der Männer aus Gyankufa in die *Western Region* transformiert sich weiterhin der Lebensalltag der Bevölkerung dahingehend, daß ein Großteil der Farmarbeit nun allein durch die Frauen geleistet werden muß.

Aufgrund der Komplexität und des hohen Verflechtungsgrades von Prozessen der Globalisierung wurden die zwei grundlegendsten Prozesse, Migration und Kommodifikation von Land, beispielhaft näher untersucht. Im folgenden werden weitere Prozesse der Globalisierung, die in Gyankufa wirksam sind, skizzenhaft beschrieben.

Die ökologische Dimension von Globalisierungsprozessen

Neben der durch die britische Kolonialregierung historisch angelegten Produktion von *cash crops* in Ghana sind gegenwärtig Veränderungsprozesse in Gyankufa wirksam, die im Zusammenhang mit der Politik internationaler Organisationen, nämlich der Weltbank und dem IWF, zu sehen sind. Zum einen wird im Agrarbereich die Produktion von *cash crops* forciert und auf Druck der Weltbank durch den ghanaischen Staat eine umfangreiche Anreizpolitik betrieben.[87] Dies unterstützt das Bestreben derjenigen Bewohner Gyankufas, die keine Kakaofarm haben, ebenfalls in die *Western Region* zu migrieren. Die bereits etablierten Kakaofarmer überlegen sich darüberhinaus, ihre Farm

---

[87] Diese besteht in erster Linie in einer sukzessiven Erhöhung der Erzeugerpreise. 1996 wurde zum Beispiel der Erzeugerpreis von 50.000 auf 75.000 Cedis pro 33-Kilo-Sack Kakaobohnen erhöht. Gleichzeitig wurde die Verkehrsinfrastruktur verbessert und das *GCMB* reformiert. Dies spiegelt sich durchaus im Exportvolumen wider. 1996 wurde, auch bedingt durch gute ökologische Voraussetzungen, 338.000 Tonnen Kakao produziert (1995 waren es ca. 237.000 Tonnen) (BERGSTRESSER 1997:119; ISSER 1996:56). Hier ist sicherlich festzuhalten, daß die Erhöhung der Erzeugerpreise eine notwendige Maßnahme war, um die zunehmende Inflation, besonders bei Nahrungsmitteln, zu kompensieren. Vor allem die Kakaobauern mit vielen Familienmitgliedern müssen häufig Grundnahrungsmittel dazukaufen. Höhere Erzeugerpreise für Kakao haben schließlich einen nicht zu vernachlässigen Effekt auf die Steuereinnahmen des ghanaischen Staates, denn der zum Teil recht einträglich gewordene Schmuggel von Kakaoschoten nach Togo und in die Cote D'Ivoire wurde minimiert, da sich die Erzeugerpreise in diesen Staaten durch die Preiserhöhung in Ghana nun etwas angeglichen haben. Dazu ist anzumerken, daß einige Farmer aus Gyankufa auch Kakaofarmen in der Cote D'Ivoire besitzen.

auszudehnen oder eine zusätzliche anzulegen. Zum anderen sind die Bewohner Gyankufas durch die von der Weltbank geprägte Wirtschaftspolitik der ghanaischen Regierung mit der Liberalisierung der Wirtschaft und dem Diktat der Devisenbeschaffung durch steigende Exporte betroffen.[88] Neben Kakao und Gold ist der Export von Tropenholz die wichtigste Deviseneinnahmequelle für den ghanaischen Staat. Das Ausmaß des Holzexports und der Anteil am gesamten Exportvolumen spiegeln Tab. 3-5 und Tab. 3-6 sowie Abb. 3-4 wider. Die jährliche Entwaldungrate ist so groß, daß beim gegenwärtigen Trend bereits um das Jahr 2005 die Primärwaldbestände in Ghana völlig aufgebraucht sein werden (SCHMIDT-KALLERT 1994:118). Kumasi, die größte Stadt in der Ashanti Region, lag noch vor 100 Jahren im Herzen des Regenwaldes, heute beginnt einige Kilometer nördlich bereits das Savannenklima mit einer anstatt zwei Regenzeiten pro Jahr. Weitere Ursachen für die Entwaldung sind neben dem kommerziellen Holzeinschlag das Farmsystem des *shifting cultivation*[89] sowie Busch- und Waldbrände, die häufig durch Brandrodung entstehen. Gleichzeitig nimmt der Bedarf an Brennholz und Holzkohle durch den Bevölkerungsanstieg zu. Wie aus Tabelle 3-5 ersichtlich wird, sank der absolute Umfang der Holzexporte 1995 - nach den hohen Explorationswerten von 1993 und 1994 - beträchtlich ab. Dies ist unter anderem ein Indikator für die zunehmend schwindenden Waldreserven. Ein weiterer ist die Ausdehnung der Holzeinschlagregionen in marginale Gebiete. In Gyankufa, welches sich, wie bereits oben beschrieben, in der ökologischen Übergangszone zwischen der Guinea Savanne und dem Regenwaldgebiet befindet, ist der Bestand an Nutzhölzern relativ gering. Dennoch wird seit 1995 in der Region, staatlich unterstützt, durch ein privates Unternehmen *(Mim Timber Company)*, Holz eingeschlagen. Dies hat bereits Auswirkungen auf das Mikroklima der Region. Die Ernteergebnisse in den Jahren 1995 und 1996 lagen beträchtlich unter den Erwartungen und fielen besonders 1996 gegenüber den relativ guten nationalen Erträgen niedrig aus. Dies wird von den Bewohnern Gyankufas auf die Holzexploration zurückgeführt, da dadurch die lokalen Niederschläge niedriger ausfielen als üblich. Aus diesem Grund kann hier von einer zunehmenden Marginalisierung der Subsistenzfarmer von Gyankufa im Sinne von BLAIKIE / BROOKFIELD (1987:19-23) gesprochen werden. Auf der (sozio)ökonomischen Seite wird Land kommodifiziert und der Zugang zu gutem Farmland für Nicht-Landbesitzer weiter erschwert. Ökologisch gesehen werden Subsistenzfarmen zunehmend auf

---

[88] Bereits nach dem ersten Abkommen mit dem IWF wurden vermehrt Holzeinschlagslizenzen für die Exportproduktion vergeben.
[89] *Shifting cultivation* wird in seiner ursprünglichen Form in Ghana wegen der zunehmenden Landknappheit kaum noch praktiziert. Vielmehr wird das *bush fallow* System angewandt.

weniger, bzw. zum Teil schon stark degradierten Flächen angelegt und Brachezeiten extrem verkürzt oder nicht mehr eingehalten. In Gyankufa hat sich die durchschnittliche Bracheperiode von 10-15 Jahren auf 3-6 Jahre verkürzt. Zusätzlich wurden Anbaugebiete nordwestlich und nordöstlich des Dorfes, auf Grassavannen ähnlichem Land, erschlossen.

Tab. 3-5: Holzexporte 1991-1995	
Jahr	Volumen m³
1991	393.598
1992	406.662
1993	727.813
1994	780.000
1995	590.000

Quelle: ISSER 1996:60

Tab. 3-6: Holzanteil am Gesamtexport	
Jahr	%
1991	12,4
1992	11,0
1993	13,8
1994	13,3
1995	13,4

Quelle: ISSER 1996:77

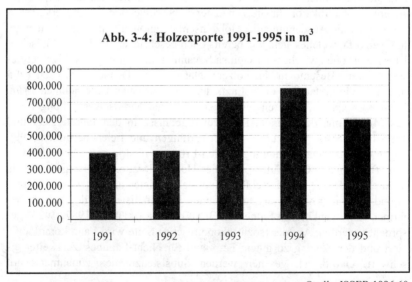

Quelle: ISSER 1996:60

Der ghanaische Staat trägt somit auf der politisch ökonomischen Ebene mit seiner Förderung des Holzeinschlages zur weiteren Degradierung und Marginalisierung des Landes bei, und die Politik des IWF und der Weltbank führt mittels der Zerstörung des Regenwaldes zu ökologischen Schäden, die häufig irreversibel sind: Sie 'verlieren ihre raum-zeitliche Beschränkung - sie sind global und nachhaltig' (BECK 1997:79) und demonstrieren die lokalglobale Dialektik.

Die raumpolitische Dimension von Globalisierungsprozessen

Die Holzexploration in Gyankufa verursachte neben ökologischen Schäden zusätzlich eine Transformation der symbolischen Raumstruktur des Dorfes. Die bisherig ranghöchste Örtlichkeit der politischen Entscheidungsfindung, der *chief palast*, wurde 1996 an den nordwestlichen Rand des Dorfes verlegt (vgl. Karte 3-2).[90] Um einen Konflikt mit dem Unternehmen, welches den Holzeinschlag vornahm, zu vermeiden, akzeptierte der *chief* das Angebot des Unternehmens, als Kompensationszahlung für die Exploration einen neuen *chief palast* zu bauen. Im Nachbarort Goka hingegen gab es gewalttätige Konflikte mit dem Unternehmen. *chief* NANA SAANA BEDIATUO (Interview vom 25.09.1996) führt dazu folgendes aus:

> *Since my reign of 18 years there haven't been serious problems but one problem that I faced was the time when the timber company was about to make the lumbering. They had confrontation with Goka people and they extended the conflict and even fights to Gyankufa. But because I'm so patient I didn't say anything against it, so there wasn't a real conflict here. I'm settled it all.*

Der *chief* erklärte weiterhin, daß nach dem Ausbruch der Konflikte in Goka eine Polizeistation errichtet wurde und die Bevölkerung keinerlei Kompensationszahlungen für den Holzeinschlag auf ihrem Land erhielt. In Gyankufa hingegen wurde, um mit den Worten des *chief* zu sprechen: 'Dank des besonnenen und überlegten Auftreten' des *chiefs* ein neuer Palast errichtet. Die Verlegung des Standortes an den Rand des Dorfes ist aber gleichzeitig ein Indikator für den schwindenden Einfluß und die Reduktion der Bedeutung der traditionellen Entscheidungsstrukturen. Der alte *chief* Palast stellte als permanenter Bau im Zentrum des Dorfes, in unmittelbarer Nähe zum heiligen Teich, ein manifestes Symbol der Macht dar. Das Dorf wurde um diesen zentralen Ort, im Sinne einer zentralen Bedeutungszuweisung, herum gebaut. So wie der alte Palast Ausdruck der politischen Macht des jeweiligen *chiefs*

---

[90] Weitere wichtigen Orte der dorfpolitischen Machtstruktur sind das Wohnhaus des *chiefs* und des Asafoakye. Darüberhinaus gibt es in jedem Dorfviertel informelle Orte der politischen Diskussion. Damit sind vor allem bestimmte schattenspendende Bäume, unter denen sich die älteren Männer regelmäßig treffen, sowie die verschiedenen Bars in jedem Viertel angesprochen.

war, so spiegelt der Neubau, in einer Randlage des Dorfes, das Schwinden dieser Macht räumlich wider.

Die religiöse Dimension von Globalisierungsprozessen

Erste Kontakte zu einer internationalen Organisation wurden in Gyankufa bereits 1936 hergestellt, als die katholische Kirche einen Missionar, Vater John Biawuo, in das Dorf entsandte. 1941 etablierte sich eine weitere geistliche Gemeinde, die presbyterianische Kirche, in Gyankufa. Die Gründung dieser Kirchen löste erste Transformationen innerhalb der Dorfgemeinschaft aus, da durch die Christianisierung westliche Normen und Images vermittelt wurden. Die Zirkulation dieser Images weckte Bedürfnisse, deren Ursprünge nicht unbedingt aus der lokalen Bevölkerung selbst kamen. Die 'traditionelle' Religion begann an Bedeutung und Einfluß zu verlieren. Durch die Gründung der römisch-katholischen Grundschule 1947 konnten diese fremden Images schon in der frühen Sozialisationsphase an die Kinder weitergegeben und multipliziert werden.

Fünfzig Jahre nach der ersten christlichen Niederlassung in Gyankufa wurde schließlich *World Vision International* in Gyankufa tätig. Die Arbeit von *WVI* wird von den Bewohnern Gyankufas durchaus als sehr 'erfolgreich' beurteilt. Insbesondere wird die verbesserte Infrastruktur im Bildungsbereich als positiv bewertet. Durch die Zusammenarbeit mit *WVI* haben sich aber soziokulturelle Veränderungen ergeben, die von Seiten der Verantwortlichen von *World Vision International* aus dem Regionalbüro in Sunyani als 'gute' Veränderungen angesehen werden. Der Anteil der Christen im Dorf hat sich nämlich sehr stark erhöht, so sind zur Zeit ca. 95% der Bewohner Christen. Vor der Zusammenarbeit mit *WVI* lag der Anteil der Christen bei ca. 20%. Vor 1984 gab es nur zwei Kirchen mit wenigen Mitgliedern in Gyankufa, heute gibt es bereits fünf Kirchengemeinden (vgl. Tab 3-7).

Laut *WVI* stand die traditionelle Religion mit ihren vielfältigen Tabus einer 'modernen Entwicklung' entgegen. Darüberhinaus hätten die Menschen einen Großteil ihrer Ersparnisse an die Fetisch Priesterin gegeben. An dieser Stelle ist allerdings anzumerken, daß der soziale Druck einer Gabe in den Kirchengemeinden wesentlich offensichtlicher zu Tage tritt, da die Kollekten quasi öffentlich durchgeführt werden und es teilweise zu einem Wettkampf zwischen verschiedenen Parteien (zum Beispiel Männer und Frauen) über die Höhe der Kollekte kommt. Die regionalen Vertreter von *World Vision International* betonen weiterhin, daß es nun keine Hexen- oder Hexerverfolgungen mehr gebe und der traditionelle Glaube nicht mehr dominiere.

Tab. 3-7: Die Kirchengemeinden in Gyankufa und deren Mitgliederzahl

Kirchengemeinde	Erwachsene Mitglieder
Catholic Church	300-400
Presbyterian	250
Pentecost	100
New Apostolic	75
Assemblies of God	6

Quelle: H. GERTEL / S. HAACK / G. KRUK, Feldaufenthalt 1996

Die Aussagen der interviewten Personen sind allerdings zum Teil ambivalent. Viele betonen, daß sich in den Traditionen wenig geändert hat, so zum Beispiel eine der zwei Fetisch Priesterinnen aus Gyankufa; andere wiederum, meist Christen, sehen die Traditionen mittlerweile als 'Teufelswerkzeuge' an. Aussagen wie *'I hate traditionalists'* stehen *'Nothing has changed in the traditions'* gegenüber. Veränderungen in den Traditionen werden vor allem von den älteren Einwohnern wahrgenommen. Was sich jedoch geändert hat, ist die Einschränkung der Tabu-Tage in der Farmarbeit, deren Anzahl allerdings erst durch die verschiedenen Kirchengemeinden und deren jeweilige Amalgamation mit der indigenen Religion überhand nahm. So kam es dazu, daß mitunter eine ganze Woche lang gar nicht auf der Farm gearbeitet werden durfte. Um Konflikte in der Gemeinde zu vermeiden, führte der *chief* zusammen mit dem Ältestenrat ein, daß es neben dem christlichen Sonntag nur noch einen weiteren Tabu-Tag in der Woche geben solle, an dem es verboten ist, auf der Farm zu arbeiten. Dieser Tag rotiert wöchentlich, um allen gerecht zu werden. Ist beispielsweise Montag in einer imaginären Woche der Tabu-Tag, so ist es in der darauf folgenden Woche der Dienstag, etc. Der Sonntag ist immer christlicher Feiertag.

Chief Nana Saana Bediatuo führt zu den Veränderungen in den Traditionen der letzten 20 Jahre aus:

> *During the past 20 Years they used to praise to small ghosts and have seen the priest of these small ghosts for consultation and maybe for protection and all these things, but now, because of coming of Christianity they do not adhered to those things again. And because of the coming of Christianity there have been so many taboo-days, so that on different parts of the farmland one could not worked on different days, but now they made it as one - as a result of chiefs activity* (NANA SAANA BEDIATUO 25.09.96).

In Bezug auf die Rolle der Fetisch-Priesterin erläutert er (25.09.96):

> *When he was becoming chief, at first he was not a Christian but now he is a Christian, but he does not sustain the fetish priest, but the fetish priest does sometimes something to help the town.*

In ihrer Studie zur Beziehung zwischen Religion und Konsum in Südostghana im Kontext von Prozessen der Globalisierung beschreibt MEYER (1998), wie über den Weltmarkt importierte Waren von Priestern der *Pentecost* Kirche als 'verzaubert' bezeichnet werden. Gleichzeitig stellen sie sich aber selbst als 'Agenten der Entzauberung' (MEYER 1998:44) dar. Diese Entzauberung findet durch das Gebet statt. Sie kommt zu folgendem Schluß, der prinzipiell auch für Gyankufa Gültigkeit hat (MEYER 1998:67/68):

> Der pfingstlerische [*Pentecostal*; A. d. V.] Diskurs betont die Gefahren in Waren und präsentiert sich selbst zugleich als einzige Instanz, die den Menschen helfen kann, mit Globalisierung *umzugehen*. Pfingstlerische Prediger behaupten, Menschen mit einer globalen Gemeinschaft von *Born again* Christen zu verbinden und wahre Offenbarung über den Zustand der Welt zu liefern. Lokale Umstände werden in diesem Licht gesehen. Pfingstkirchen bieten also auch eine Identifikation an, die weit über die eigene Kultur hinausführt. Zugleich wird die Inkorporation des Lokalen in das Globale problematisiert [Hervorhebung im Original; A. d. V.].

Am Beispiel der Religion kann hier zumindest angedeutet werden, wie bestimmte Ideen, die an völlig anderen Orten der Welt ihren Ursprung haben, auf lokale soziale Beziehungen einwirken. Diese werden dadurch aus ihrem spezifisch lokalen Kontext herausgehoben und transformiert. Die neue Situation schafft jedoch zunächst keine Sicherheit und kein Vertrauen. Erst durch eine erneute Anbindung an den lokalen Kontext, durch *reembedding* Mechanismen, wird Vertrauen und Sicherheit unter veränderten Bedingungen neu gewonnen. Im Zusammenhang des Fallbeispiels kann dies - sehr stark vereinfacht - folgendermaßen exemplarisch erläutert werden: '*WVI* möchte 'erfolgreiche' Projekte in Ghana durchführen. Dazu werden in den Schaltzentralen der Organisation in den USA und Europa bestimmte Ziele formuliert. Ein Mann aus Gyankufa, *Commander* Manu, der quasi als Außenposten des Dorfes in Kumasi residiert, möchte 'sein' Dorf 'entwickeln'. Die Bewohner des Dorfes möchten dies ebenfalls. Nachdem der Kontakt mit dem Dorf und der Außenstelle von *WVI* in Sunyani hergestellt ist, werden die verschiedenen Vorstellungen der Entwicklungsmaßnahmen ausgetauscht und gemeinsam ein Zehnjahresprogramm erstellt. Die Dorfbewohner müssen bestimmte Auflagen erfüllen, die formal zu einem Strukturwandel, zum Beispiel bei den politischen Institutionen, führen sollen, bevor *WVI* einen Beitrag zur Finanzierung der Projekte leistet. Beispielhaft ist hier die Erhöhung der Frauenquote in den einzelnen Dorfkomitees zu nennen.[91] *WVI* hat zwar keinen offiziell formulierten missionarischen Anspruch, aber in den Augen der Dorfbewohner kann es nicht 'schaden', zum Christentum zu konvertieren'.

Durch das Christentum entstehen jedoch neue Strukturen im Dorf. Die Institution des christlichen Priesters gewinnt an Bedeutung, je mehr Menschen auf ihn hören. Er vermittelt neue Werte und Möglichkeiten der Identifikation und verbindet die lokale Kirchengemeinschaft mit gleichgesinnten Kirchengemeinden an anderen Orten.[92]

Images als kulturelle Dimension von Globalisierungsprozessen

Mit den oben vorgenommenen Ausführungen zur religiösen Dimension von Globalisierungsprozessen ist bereits ein wichtiger Mechanismus für die kulturelle Dimension von Globalisierungsprozessen und die Produktion von Images angesprochen worden. Weitere Prozesse der Image Produktion sind in Gyankufa durch die *workcamps* von *VOLU* (*Voluntary Workcamps Association of Ghana*) ausgelöst worden. *VOLU* hat 1995 ein *Workcamp* in Gyankufa organisiert, um auf einer *community farm* Wiederaufforstung zu betreiben.[93] In Gyankufa arbeiteten drei Wochen lang zeitweise bis zu 50 Personen. Davon waren ca. 35 Personen Europäer und Nordamerikaner und ca. 15 Teilnehmer Ghanaer, die nicht aus Gyankufa stammten (LATEIN 1997). Damit fand in Gyankufa 1995 drei Wochen lang ein interkultureller Austausch statt, der auf drei Seiten zur Vermittlung neuer Images beitrug, und zwar zum einen auf der Seite der Ausländer, zum anderen auf der Seite der nicht aus Gyankufa stammenden Ghanaer und drittens auf Seiten der Dorfbewohner. Wenn diese Images auch nur Bruchstücke der individuellen reflexiven Realität darstellen, so kreierten sie doch mitunter auf allen Seiten neue Bedürfnisse. Auf Seiten der Ausländer entstand zum Beispiel das Bedürfnis nach Privatheit, auf Seiten der dorffremden Ghanaer, die bis auf eine Ausnahme junge Männer waren, das Bedürfnis, Ghana zu verlassen und nach Europa oder Nordamerika auszureisen. Bei den Dorfbewohnern bildeten sich

---

[91] Ob die Frauen allerdings tatsächlich die Möglichkeit haben, auf die Dorfpolitik entscheidenden Einfluß auszuüben, bzw. ob sie dies tatsächlich wollen, soll hier nicht erörtert werden (vgl. diesbezüglich KRUK 2000).
[92] Dies wiederum ist ein rekursiver Prozeß. Welcher Kirchgänger erinnert sich nicht an die Worte des Pfarrers oder Priesters am Sonntagmorgen: 'Die heutige Kollekte ist für die Menschen in einer Gemeine in Burkina Faso, um dort neue Brunnen zu bauen'?
[93] Aufgeforstet wird mit Teak-Setzlingen. Diese sind nach 10-15 Jahren soweit, daß sie entweder verkauft werden können oder, wie im Fall von Gyankufa, zum Eigenbedarf, nämlich für infrastrukturelle Maßnahmen wie zur Elektrifizierung des Dorfes genutzt werden. Die Pfosten für die Stromleitungen, die aus Teakholz hergestellt werden, sind die teuerste Investition bei der Elektrifizierung.

hingegen eher Bedürfnisse nach Konsumgütern aus und Sätze wie *'if you go, you don't need your camera anymore, please give it to me then'* sind durchaus an der Tagesordnung - allerdings in der Regel nur von Personen, die einem eigentlich nicht bekannt sind. Durch das *workcamp* kamen zum ersten Mal 'Weiße' für einen längeren Zeitraum in das Dorf. Es wurden Kontakte geknüpft und soziale Beziehungen aufgebaut, die durch Briefwechsel auch über große Entfernungen aufrecht erhalten werden, womit sich die Vermittlung von Images reproduziert[94] und die Komplexität der raum-zeitlichen Abstandsvergrößerung zunimmt. Erweitert wurde die raum-zeitliche Abstandsvergrößerung schließlich durch den ASA-Aufenthalt des Autors und seiner zwei Kolleginnen. Während der zweieinhalb Monate Anwesenheit im Dorf wurden auf beiden Seiten Images aufgebaut, reproduziert und/oder revidiert.[95] Durch modernste Kommunikationsmittel kann zumindest zeitweilig der Kontakt zum Dorf sehr schnell hergestellt werden, dann nämlich, wenn sich neue ASA-Teilnehmer/innen in einem GTZ Projekt in Sunyani aufhalten, wie zum Beispiel zum Zeitpunkt des Schreibens dieser Arbeit. Per *e-mail* können Nachrichten nach Sunyani geschickt werden, diese gelangen mit dem nächsten Trotro nach Berekum und von dort aus nach Gyankufa und umgekehrt. Wenn auch mangels Elektrizität außer Radios gegenwärtig noch keine weiteren modernen Medien der Imagevermittlung (Zum Beispiel Fernseher) in Gyankufa vorhanden sind, so trägt doch die Vermittlung der verschiedensten Images durch Alltags-Fremde stark zur raum-zeitlichen Abstandsvergrößerung bei.

---

[94] Erste Nachrichten aus Europa aus 'erster Hand' gelangten in das Dorf durch einen Sohn des *chiefs*, der Anfang der 90er Jahre nach Deutschland auswanderte und zumindest zu Beginn den Kontakt zum Dorf über einen regen Briefverkehr aufrecht erhielt.
[95] Bezüglich revidierter Images sei hier als Beispiel die Erläuterung von Geburtstechniken angeführt. Als abschließende Frage wurde jeder Interviewpartner gefragt, ob er denn Fragen an den/die Interviewer/in habe. Die Frauen fragten sehr häufig, ob denn bei Geburtsvorgängen in Deutschland immer schwere Maschinen zum Einsatz kämen. Dieses Image konnte zumindest teilweise - mit dem Hinweis, daß der Geburtsvorgang an sich (immer noch) ein natürlicher Vorgang sei, revidiert werden.

3.3 Kommodifizierung und räumliche Mobilität als Ursachen der Entankerung lokaler Beziehungen

Gegenstand diese Kapitels war es, aufzuzeigen, welche Prozesse der Globalisierung in Ghana und insbesondere in Gyankufa in der Vergangenheit wirksam wurden, wie sie sich perpetuierten, welche Prozesse gegenwärtig ablaufen und welche Auswirkungen dies auf die Sozial- und Raumstruktur des Dorfes hatte, bzw. welche Transformationen momentan stattfinden. Dazu wurde zunächst in einer historischen Längsschnittanalyse die Frage der Landrechte in Ghana analysiert. Durch die Kommodifizierung von Land in den letzten 100 Jahren, welche durch die Einführung von *cash crops* durch die britische Kolonialregierung ausgelöst wurde, wurden soziale Interaktionen vom lokalen Kontext gelöst und über vergrößerte Raum-Zeit Abstände umorganisiert. Dadurch entstanden neue Formen der gesellschaftlichen Stratifikation. Im Fall von Gyankufa erfolgte dies durch die Arbeit von *World Vision International*. In einem Exkurs wurde bezüglich der Landrechte analysiert, welche Transformationen durch eventuelle Katasteraufnahmen entstehen können. Weiterhin wurden Prozesse der räumlichen Mobilität, in diesem Fall die saisonale Arbeitsmigration eines Großteils der Dorfbewohner, als Prozesse der Globalisierung identifiziert, da durch die Migration und die damit einhergehende physische Anwesenheit und Abwesenheit von Personen lokale Handlungskontexte umstrukturiert wurden. Es kann hier daher die These vertreten werden, das Ghana seit der europäischen Kolonisation in Prozesse der Globalisierung eingebunden ist.

Eine Auswahl der historisch angelegten Transformationsprozesse in Gyankufa wird durch Abb. 3-5 wiedergegeben. Durch die Britische Kolonialregierung wurde in weiten Teilen Ghanas, so etwa auch in der *Western Region*, der Prozeß der Kommodifizierung von Land ausgelöst. In Gyankufa geschah dies durch die Aktivitäten der NRO *World Vision International*. Dadurch veränderten sich die Zugänge zur Ressource Land und es kam auf der lokalen Ebene zu Formen des polarisierten Landbesitzes. *Stool land*, Familienland und privater Landbesitz existieren heute gleichzeitig nebeneinander. Weiterhin trug und trägt der Prozeß der räumlichen Mobilität, in diesem Fall die saisonale Arbeitsmigration der Männer, zur Ausbildung veränderter Alltagsräume und -zeiten bei. Die Alltagshandlungen sind für die Männer nicht mehr allein auf den räumlichen Kontext des Dorfes beschränkt, sondern vollziehen sich in zumindest zwei unterschiedlichen Räumen, einmal in Gyankufa und zum anderen in den Kakaoanbaugebieten. Dabei ist zu beachten, daß die Männer ihre Kakaofarmen nicht gemeinsam als Gesellschaft an einem Ort der *Western Region* gekauft oder gepachtet haben,

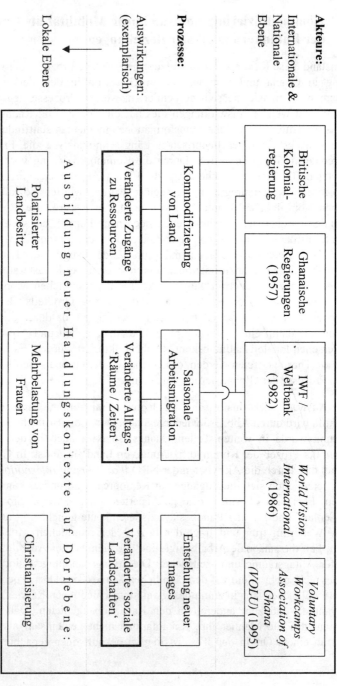

Abb. 3-5: Eine Auswahl historisch angelegter Transformationsprozesse in Gyankufa

Entwurf & Zeichnung: H. GERTEL 1999

Die Abbildung dient lediglich der exemplarischen Illustration von in der Realität verflochtenen Wirkungszusammenhängen, die weder unilinear noch monokausal zu interpretieren sind.

sondern individuell in den verschiedensten Orten der *Western Region* ihre Kakaofarm unterhalten. Für die Frauen aus Gyankufa bedeutet dies, daß sie auf den jeweiligen Subsistenzfarmen in Gyankufa zusätzliche Arbeit leisten müssen, wodurch ihre Arbeitsbelastung insgesamt steigt und ihr Arbeitszeitbudget anwächst. Schließlich verändert sich in Gyankufa, ausgelöst durch die Tätigkeit von *World Vision* und von *VOLU*, die soziale Landschaft des Dorfes. Die kognitive Positionierung der jeweiligen Individuen wird vermehrt durch Images beeinflußt, die nicht dem lokalen Kontext entspringen. Eine Auswirkung davon ist die Christianisierung der Dorfbevölkerung. Eine andere Auswirkung betrifft vor allem die Jugend des Dorfes. Vermehrt werden Bedürfnisse geweckt, die im Alltagsleben des Dorfes nicht befriedigt werden können, wodurch bei den meisten Jugendlichen der Wunsch entsteht, das Dorf zu verlassen. Die Situation der männlichen und weiblichen Jugendlichen in Gyankufa kann somit als prekär bezeichnet werden. Das Farmland wird knapp, sowohl in der *Western Region* als auch in Gyankufa selbst, und der Zugang zu Land wird durch Kommodifizierung desselben erschwert während es im Dorf kaum andere Einkommensmöglichkeiten als die Farmarbeit gibt. Die Gefahr, daß die Jugendlichen verstärkt in die Städte abwandern, um dort Arbeit oder Arbeitslosigkeit zu finden, wird auch vom *chief* gesehen. Er führt dazu aus:

> *If there is a development project, like factories or small-scale factories or something of that nature, the youth will stay and develop the town, but if there won't be such a project, I fear that the youth would leave to the towns to search for money and they would leave the old men and women* (NANA SAANA BEDIATUO 25.09.96).

Durch die lokalen Prozesse der Kommodifizierung, der saisonalen Arbeitsmigration und der Entstehung neuer Images wurden irreversible Transformationen in der Sozialstruktur Gyankufas ausgelöst, deren vorläufige Auswirkungen oben skizziert wurden, die jedoch keineswegs abgeschlossen sind. Die Analyse der gesellschaftlichen Transformationen in Gyankufa durch Prozesse der Globalisierung steht somit erst am Anfang und bedarf sicherlich noch weiterer Forschungen.

Foto 3-1: Der 'heilige Teich' von Gyankufa

Foto 3-2: Eine der beiden von *World Vision* installierten Pumpen

4 GLOBALISIERUNGSPROZESSE IN DER *NORTHERN REGION*

Die lokal-globale Dialektik von Prozessen der Globalisierung impliziert zwei Analyseperspektiven. Zum einen ist es notwendig, aus einer Makroperspektive heraus Prozesse zu untersuchen, die auf der internationalen Ebene gebildet werden und Auswirkungen auf lokale Interaktionszusammenhänge haben (*top-down* Perspektive). Zum anderen ist die Analyse von Prozessen der Globalisierung auf der lokalen Ebene, also aus einer Mikroperspektive heraus, unerläßlich, um die Auswirkungen von Globalisierungsprozessen auf lokale Interaktionszusammenhänge und deren Transformationen aus der Sichtweise der lokalen Akteure zu interpretieren sowie deren Handlungsspielräume in bezug auf die Bewältigung dieser Transformationsprozesse zu untersuchen (*bottom-up* Perspektive). Erst durch eine Kombination von makro- und mikroperspektivischer Analyse – beziehungsweise von *top-down* und *bottom-up* Perspektive - können umfassende Aussagen über gegenwärtige Problemzusammenhänge getroffen werden. Das folgende Fallbeispiel wird aus diesem zweifachen analytischen Blickwinkel heraus betrachtet. Der Gegenstand des Fallbeispiels ist Geld. Geld stellt nach GIDDENS (1990) ein *'symbolic token'*, ein von bestimmten Interaktionszusammenhängen weitgehend unabhängiges Medium des Austauschs dar und wird von ihm als ein Mechanismus des *disembedding* bezeichnet, wodurch soziale Beziehungen aus ihrem lokalen Kontext herausgehoben und über große Raum-Zeit Abstände umorganisiert und neu *reembedded* werden. Es wird im folgenden darum gehen, die gegenwärtige Notwendigkeit des Geldeinkommens in Ghana am Beispiel der beiden Untersuchungsdörfer Kumbuyili und Yiwogu aufzuzeigen und die Auswirkungen der Monetarisierung auf die Überlebenssicherung zu analysieren. Ein weiterer Fokus der Untersuchung wird dabei auf der Verbindung zwischen einer zunehmenden Monetarisierung der lokalen Gesellschaft und der wachsenden Anfälligkeit gegenüber Hungerkrisen in Nordghana liegen.

4.1 Monetarisierung der Austauschbeziehungen in Ghana

> *[M]oney is probably the single most important "thing/good" in ordinary people's ordinary lives. Thinking about it, planning, consulting about and paying bills, not to mention worrying [...], takes more time and imagination, than much else. And professional thinking about money is probably among the most obsessively concentrated activities that human mind has every invented* (GUYER 1995:6).

Im vorangegangenen Abschnitt stand vor allem das landwirtschaftliche Produktionssystem der Farmer im Vordergrund der Analyse. Im folgenden wird der Fokus der Untersuchung auf der Entwicklung des Austauschsystems und der Einführung der Geldwirtschaft in Ghana liegen. Es wird hier unter Bezugnahme auf historische Quellen argumentiert, daß die reine Subsistenzökonomie in Ghana auch in der vorkolonialen Periode nicht existierte, sondern daß Austausch, soweit dies historische Quellen belegen, ein weit verbreitetes Phänomen war, das mit einer komplexen Organisation des Handels und von Märkten einherging. Allerdings - und dies ist die zentrale These des vorliegenden Abschnittes - hat eine sich stärker durchsetzende Marktökonomie eine Monetarisierung der lokalen Gesellschaften zur Folge und bedeutet, daß soziale Beziehungen in lokalen Kontexten 'entankert' und transformiert werden – was wiederum eine größere Exposition einzelner Gruppen gegenüber lokalen Hungerkrisen impliziert. Weiterhin wird argumentiert, daß diese Vorgänge sinnvollerweise als Globalisierung zu erfassen sind, da hierdurch im Gegensatz zum Begriff des Strukturwandels bereits implizit Vorgänge der Verschränkung von ehemals getrennten Handlungskontexten unterschiedlicher räumlicher Reichweite konnotiert werden, und zwar zwischen lokalen Gesellschaften und einer globalen Einflußsphäre.

Unter Monetarisierung wird hier die prozeßhafte Durchdringung des gesamten Alltagslebens durch die Geldwirtschaft verstanden. Damit sollen nicht nur ökonomische Austauschbeziehungen, sondern auch soziale, politische und kulturelle Elemente angesprochen werden. Die Monetarisierung in Ghana ist kein Prozeß, der abgeschlossen ist - besonders durch die zunehmende Bedeutung und Ausbreitung von globalen Institutionen wird sie weiter vorangetrieben. Im Folgenden soll aufgezeigt werden, wie sich die Monetarisierung in Ghana historisch entwickelt hat und welche Faktoren gegenwärtig deren Perpetuierung garantieren.

4.1.1 Von der 'Gabe' zum 'Geld'

Bevor die Monetarisierung im ghanaischen Kontext im einzelnen näher erläutert wird, sollen hier zunächst einführende Anmerkungen zum Austausch und zu Geld getroffen werden.

MAUSS (1990[1966]) stellt fest, daß Austausch, vor allem in archaischen Gesellschaften, häufig in Form von Geschenken stattfindet, die theoretisch freiwillig geleistet werden, in der Realität jedoch erwidert werden müssen, und somit einen zwanghaften, eigennützigen Charakter besitzen. Somit ergebe sich ein dreifaches Moment des Austauschs: Die Verpflichtung zu schenken, das Geschenkte anzunehmen und schließlich nach einer gewissen Zeit die Gabe zu erwidern. Damit sei unter anderem eine erste Form des

Kredits entstanden. Die Gegengabe kann nicht in derselben Leistung erfolgen wie die Gabe, sondern muß in einem höherwertigen Zustand, quasi mit Zinsen, abgeliefert werden.[96] Dies drückt sich nach MAUSS unter anderem im System der Adoption aus, welches zum Beispiel auch bei den Dagombas weit verbreitet ist. Ein Kind wird zur Erziehung der Schwester oder dem Schwager als dauerhaft verpflichtende Gabe überlassen. Dies bedarf nicht unbedingt einer Gegenleistung, da sich der Rechtszustand der Gabe, im Sinne neuer Vererbungslinien, geändert hat.[97] In bezug auf den Austausch mittels Geld können die Ausführungen von MAUSS mit denen von POLANYI (1979:317-345) ergänzt werden. POLANYI unterscheidet zwischen Allzweckgeld und Sonderzweckgeld, wohingegen MAUSS lediglich letzteres in seiner Analyse bezüglich der Gabe beschreibt. Die Unterscheidung zwischen Allzweck- und Sonderzweckgeld ist im Kontext dieser Arbeit hilfreich, da hier argumentiert wird, daß sich der Austausch mittels Geld im vorkolonialen Ghana aus der Verwendung von Sonderzweckgeld entwickelt hat, wobei beide Geldformen bis heute vorkommen. In der klassischen Volkswirtschaftslehre wird Geld als Ware definiert, die dem Zwecke des Tauschens diene und somit eine Funktion von Tausch und Austausch ist. Nach POLANYI (1979:317) werden dem Geld vier Verwendungsmöglichkeiten zugeschrieben: Als Zahlungsmittel, als Wertmesser, als Wertaufbewahrung und als Zwischentauschmittel, wobei jedes Objekt die Funktion von Geld besitzen kann, da Geld ein System von Symbolen darstelle. Die Bezahlungsfunktion des Geldes basiert auf der Tilgung einer Verpflichtung durch eine Objektübergabe. Als Wertmesser dient Geld, wenn die Notwendigkeit besteht, den Tausch oder die Aufbewahrung von Gütern zu quantifizieren und den ökonomischen Wert zu bestimmen. Als Wertaufbewahrung fungiert Geld, wenn es zu einem bestimmten Zeitpunkt keiner anderen Verwendung zugeführt werden kann oder soll. Geld ist dann ein Zwischentauschmittel, wenn zu unterschiedlichen Zeiten an unterschiedlichen Plätzen ein Symbol, welches sich als Geld eignet, dazu benutzt werden kann, ein Objekt zu verkaufen und ein anderes Objekt zu erwerben. Damit dient es auch als Wertmaßstab und ermöglicht, für alle Objekte einen eigenständigen Wert festzulegen, der über Zeit und Raum

---

[96] Hier ist anzumerken, daß MAUSS seine Ausführungen zur Gabe hauptsächlich anhand der Institution des Potlasch bei den nordamerikanischen *Natives of America* entwickelt hat, bei denen MAUSS zufolge eine Gegengabe tatsächlich immer in einem höherwertigen Zustand abgeliefert werden muß. Dabei kann es sich durchaus um den selben Gegenstand handeln, dem dann jedoch ein höherer ideeller Wert beigemessen wird. In Ghana konnte vom Autor häufiger beobachtet werden, daß eine Gegengabe (wenn es sich um monetäre Einheiten handelte) auch in kleineren Einheiten erfolgte als die ursprüngliche Gabe. Damit war dann allerdings lediglich ein Teil der ursprünglichen Schuld abgegolten, das heißt die Verpflichtung zur Gegengabe bestand prinzipiell weiter.

[97] Vgl. OPPONG (1973:43-49).

allerdings variabel gestaltet ist, wobei die Werteinheit eines jeweiligen Geldsymbols nominell gleich bleibt. Erfüllt ein Symbol diese Funktionen von Geld, so handelt es sich um Allzweckgeld. Anders ausgedrückt kann Allzweckgeld gegen jedes Gut oder jede Dienstleistung, unabhängig vom sozialen Status der beteiligten Individuen oder Gruppen, ausgetauscht werden. Sonderzweckgeld hingegen kann nur zum Erwerb bestimmter limitierter Güter benutzt werden. Es ist gegenüber anderen Währungen nicht konvertibel und fungiert eher dazu, die Stratifikation innerhalb einer Gruppe zu stützen bzw. den sozialen Status eines Individuums hervorzuheben und zu manifestieren (HOPKINS 1973: 68/69; POLANYI 1979:319-321).

Im Gegensatz zu POLANYI, der für die vorkoloniale Phase in Westafrika die ausschließliche Verwendung von Sonderzweckgeld konstatiert, und HOPKINS, der für die hauptsächliche Verwendung von Allzweckgeld während dieser Phase in Westafrika plädiert, wird hier davon ausgegangen, daß im vorkolonialen Westafrika im allgemeinen und in Ghana im besonderen beide Geldformen nebeneinander vorkamen. So existierten zum Beispiel im Ashanti Reich (1700-1896) drei Medien der Geldzirkulation, die vom Ashantihene, dem König der Ashantis, kontrolliert wurden. Eine erste Form von Geld, die hauptsächlich im 18. Jahrhundert verwendet wurde, bestand aus Eisenstäben, die den praktischen Vorteil besaßen, daß sie jederzeit zu Gebrauchsgegenständen (Waffen, Hacken, etc.) verarbeitet werden konnten. Ende des 18. Jahrhunderts entwickelten sich schließlich zwei voneinander getrennte Währungen, Kauri Muscheln und Goldstaub.[98] Während Goldstaub vor allem in der Binnenwirtschaft verwendet wurde, dienten Kauris dem Außenhandel (ARHIN 1995). Beide Währungen waren nach HOPKINS (1973:67-73) in einer quasi koexistenten Form in Westafrikas weit verbreitet und miteinander konvertibel. In bezug auf Ashanti gab es jedoch eine Besonderheit, die ARHIN (1995:99) folgendermaßen beschreibt:

---

[98] Neben Eisenstäben, Kauri Muscheln und Gold wurden in den verschiedensten Teilen Westafrikas auch noch Kupfer- und Tuchstreifen als Geld verwendet. Kauris waren indes am weitesten verbreitet, da sie durch ihre Größe und Form einfach zu handhaben waren. Sie konnten bequem gezählt werden und waren nicht zu fälschen. Durch ihre lange Lebensdauer konnten sie weiterhin einfach über längere Zeiträume aufbewahrt werden. Kauris gelangten via Überlandstrecke von Nordafrika und dem Nahen Osten bereits im 11. Jahrhundert nach Westafrika bis zum Mittellauf des Niger. Noch vor dem 15. Jahrhundert breiteten sie sich bis nach Mauretanien aus. Im 19. Jahrhundert erreichten sie die Elfenbeinküste und das Nigerdelta, wo sie schließlich mit den Kauris der europäischen Händler, die seit dem 16. Jahrhundert von der Küste her kommend Kauris als Zahlungsmittel verwendeten, verschmolzen (HOPKINS 1973:68-70). Der britische Gouverneur MCLEAN führte während seiner Amtszeit (1829-1843) Kauris bei den Fante in Südghana ein (BOAHEN 1975:39).

> [T]he significant thing about the Asante situation was the operation of two different currency zones within Asante; cowries in the northern and southern peripheries of Greater Asante and gold in Kumasi and the capitals of the other state of the Asante Union. In the later places, cowries and gold were not mutually convertible. Asante traders obtained cowries from the Gold Coast [damit sind die von den Briten beherrschten südlichen Gebiete der Goldküste angesprochen; A. d. V.] and the northern Markets and kept stocks of them for trade in the north.

Das Ziel der Trennung dieser beiden Währungen war es, die Distribution von Gold zu regulieren. Durch die 1807 beschlossene Aufhebung des Sklavenhandels ersetzte Gold als Handelsware den Sklavenhandel, um Waffen und andere aus Europa importierte Güter zu erwerben. Für den nordwärts gerichteten Handel wurden jedoch nicht Gold, sondern Kolanüsse, Salz und europäische Waren benötigt, die auf den Märkten entlang der Regenwaldgrenze, wie Bondoukou, Kintampo oder Salaga, gehandelt wurden.

Innerhalb des Ashanti Reiches hatte Gold jedoch eine doppelte Bedeutung inne; einerseits erfüllte es eine ökonomische und andererseits eine politische Funktion. Es diente zum einen dem Austausch und war zum anderen gleichzeitig ein formales Machtsymbol für die jeweiligen politischen Amtsinhaber. Daher war es notwendig, die interne Distribution sowie den Außenhandel mit Gold zu kontrollieren, um die Goldzirkulation konstant zu halten und Inflation bzw. Deflation zu vermeiden. Goldexporte wurden deshalb besteuert. Somit kann hier festgehalten werden, daß Gold als Sonderzweckgeld zur Stabilisierung der politischen Machtverhältnisse innerhalb des Ashanti Reiches benutzt wurde, während Kauris als Allzweckgeld den Außenhandel bedienten.

4.1.2 'Symbolic Token' oder die Bedeutung der 'modernen' Geldwirtschaft

Die Notwendigkeit der Entstehung eines Allzweckgeldes in Westafrika ging einher mit der Entwicklung des Handels - hier ist vor allem der Fernhandel anzusprechen - und mit dem Aufkommen eines weitverzweigten und hochentwickelten Marktnetzes. Dabei kann zwischen permanenten und periodisch rotierenden Märkten unterschieden werden. Periodisch rotierende Märkte entstanden dann, wenn die Kosten der Dauerhaftigkeit eines Marktes durch die Einnahmen nicht gerechtfertigt wurden. Periodisch rotierende Märkte fanden (und finden) häufig an Orten statt, die es einer möglichst großen Anzahl von Menschen ermöglichten, sie bequem innerhalb eines Tages zu Fuß zu erreichen und auch wieder zu verlassen (HOPKINS 1973:56). Beispielhaft kann hier der periodische Wochenmarkt von Tolon, im Tolon-

Kumbungu Distrikt in Nordghana (35 Kilometer westlich von Tamale), angeführt werden. Dieser Markt befindet sich an einer Wegkreuzung zwei bis drei Kilometer außerhalb Tolons. Außer an Markttagen ist dieser Ort verwaist und nur ein paar Holzstände zeigen an, daß dort ‚*in the middle of nowhere*', ein Marktplatz existiert. An Marktagen jedoch kommen zwei- bis dreitausend Menschen dort zusammen. Der Fernhandel im westafrikanischen Binnenland war vom 17. bis zum 19. Jahrhundert ähnlich kompliziert organisiert und risikoreich wie der atlantische Dreieckshandel zur selben Zeit. Karawanen von Hausa-Händlern etwa waren bis zu einem Jahr unterwegs, um von Sokoto nach Ashanti zu reisen. Dabei wurden ständig Waren verkauft und neue eingekauft. Um Überfällen vorzubeugen, bestanden diese Karawanen aus bis zu 2.000 Personen, neben Händlern auch angeworbene 'Schutzmannschaften'. Die Voraussetzungen dieses Fernhandels werden von HOPKINS (1973:64) folgendermaßen beschrieben:

> *Three of the chief requirements of long distance trade were capital, credit and security. These needs encouraged a trend towards the control of a particular staple, market or trade route by a family, by a lineage or even by a whole ethnic group. This tendency resulted partly from the fact that mobilising funds and securing credit depended largely on personal, face-to-face relationships, and partly from a recognition that integration had advantages of spreading risks over a number of investors, of providing reliable agents in distant places, and of strengthening the bargaining position of traders in relation to landlords and brokers.*

Mit der Zerschlagung des Ashanti Reiches durch die Briten wurde 1896 schließlich der Weg frei für die Einführung einer neuen, 'modernen' Währung, die im gesamten britischen Kolonialgebiet galt. Dies wurde unter anderem auch dadurch notwendig, daß durch verbilligte Transportmöglichkeiten (Dampfschiffe) die westafrikanischen Küstengebiete mit Kauris überschwemmt wurden, wodurch eine starke Inflation einsetzte. Abgesehen davon bedeutete die neue Währung Konvertibilität mit anderen europäischen und nordamerikanischen Währungen, was den Handel insgesamt begünstigte, aber besonders für die europäischen Händler von Vorteil war, da nun Im- und Export getrennt voneinander durchgeführt werden konnten und sich die Markteintrittschancen für neue Händler verbesserten.[99] Es ist allerdings zu beachten, daß sich die Einführung neuer Währungen unabhängig von den jeweiligen Kolonialregierungen in Westafrika vollzog,

---

[99] Bereits etablierte Händler hatten ihren zeitlichen Vorsprung nämlich genutzt, um große Lagerbestände an Kauris aufzubauen. Neue Marktteilnehmer mußten zunächst Kauris über diese Händler besorgen, wodurch ihre Transaktionskosten beträchtlich stiegen. Da die aus Übersee gelieferten Waren nunmehr mit frei konvertiblem Geld bezahlt wurden, war es weiterhin nicht mehr notwendig, an der westafrikanischen Küste Waren gegen Kauris und Kauris gegen zum Beispiel britisches Pfund sowie britisches Pfund gegen neue Waren einzutauschen (HOPKINS 1973:149-151).

wenngleich die Kolonialregierungen den einsetzenden Monetarisierungsprozeß stark unterstützten und beschleunigten. So wurden 1890 in Ghana Silberdollars und Goldstaub demonetisiert und durch britische Silbermünzen ersetzt. 1901 wurden spezielle Nickelmünzen eingeführt und schließlich 1912 das *West African Currency Board* (*WACB*), quasi als Zentralbank der britischen Kolonien, gegründet, welches eine separate koloniale Währung einführte.[100] Die Aufgaben des *WACB* waren unter anderem, die Zirkulation der neuen kolonialen Währung[101] und die Geldreserven zu überwachen sowie den Umtausch in Pfund Sterling sicherzustellen (BOAHEN 1975:100). Abgesehen vom *WACB* wurde mit der *Bank of British West Africa* (heute *Standard Bank*) bereits 1897 die erste kommerzielle Bank in Accra gegründet, die 1908 eine Zweigstelle in Kumasi eröffnete. 1917 ließ sich schließlich die *Colonial Bank* (heute *Barclays Bank*) in Ghana nieder (BUAH 1980:126). Der Prozeß der zunehmenden Monetarisierung in dieser Zeit beschränkte sich keinesfalls nur auf Westafrika. So führt etwa HOPKINS (1973:207) aus:

> *The largely unplanned infiltration on an underdeveloped region by an advanced monetary system was a global phenomenon in the nineteenth century. The expansion of international trade and the adoption of the gold standard among the industrial powers had repercussions in India, Ceylon, Australia, Indo-China, Puerto Rico, Mexico and the Philippines - to list just some of the leading examples.*

Insbesondere durch vier Mechanismen durchdrang die Monetarisierung das gesamte soziale Leben aller indigenen Gruppen der Goldküste: Durch Steuererhebungen, die in Geldeinheiten bezahlt werden mußten; durch die Einführung der Lohnarbeit und der monetären Bezahlung der für die Kolonialregierung arbeitenden Individuen (einschließlich der *chiefs*); durch das Angebot neuer Importgüter, die in *cash* gezahlt werden mußten und schließlich durch die zunehmende Nachfrage nach westlicher Bildung

---

[100] Im frankophonen Raum wurde bereits 1901 die 1854 in St. Louis gegründete *Banque du Sénégal* durch die *Banque de l'Afrique Occidentale* ersetzt.

[101] Die Regulierung der umlaufenden Geldmenge stand in engem Zusammenhang mit der Zahlungsbilanz der Kolonien. Je nach positiver oder negativer Zahlungsbilanz stieg oder fiel die Geldmenge, da die Reserven und die umlaufende Geldmenge in den jeweiligen Kolonien, also intern, geschaffen werden mußten. Dies erfolgte vornehmlich durch den Verkauf von Exportgütern. Daher expandierte die Geldmenge in *boom*-Zeiten und schrumpfte während einer Rezession. War beispielsweise die Außenhandelsbilanz einer Kolonie negativ (es wurde mehr importiert als exportiert), dann schrumpfte die Geldmenge, da die Importe mit der kolonialen Währung bezahlt werden mußten und diese damit aus dem Geldkreislauf verschwand. Dadurch fielen die Einkommen innerhalb der Kolonie, bis sich wieder eine ausgeglichene Zahlungsbilanz einstellte (HOPKINS 1973:208). Die koloniale Geldpolitik bediente also lediglich den Außenhandel. Die Währung blieb dadurch jedoch recht stabil und wenig inflationär, was allerdings auch eine Bedingung für einen erfolgreichen Außenhandel ist.

(ARHIN 1995:102; HOPKINS 1973:206). Der Anbau von *cash crops*, die ebenfalls durch *cash* oder Kredit erworben werden mußten (müssen), stellte schließlich sicher, daß auch in ländlichen Regionen ein Geldeinkommen erwirtschaftet werden konnte. Aspekte des sozialen Lebens und die Alltagshandlungen der Individuen unterlagen dadurch zunehmend einer Monetarisierung (BERRY 1995:302). Besonders hervorzuheben ist hier die Transaktion von Land (vgl. Kap. 3.1), die Bezahlung des Brautpreises und die Bezahlung für Begräbnisriten (MANUH 1995).[102] Weiterhin wurde die Stratifikation der Gesellschaft dahingehend verändert, daß der soziale Status eines Individuums nicht mehr zwangsläufig per Geburt und Abstammungslinie bestimmt wurde, sondern durch den ökonomischen Erfolg. So führt VAN DER GEEST (1997:534) in seiner teilweise selbstreflexiven Analyse zu '*Money and Respect*' in Ghana aus: '*I learned that money also measures the value of people*'. Dies geht mittlerweile folgerichtig soweit, daß die Berufung eines neuen *Chiefs* abhängig ist von der Finanzkraft eines Kandidaten, mitunter unabhängig von der ethnischen Zugehörigkeit. In Ghana gibt es zum Beispiel gegenwärtig 38 Europäer, die zu *Chiefs* ernannt wurden (MOSBLECH 1998).

In der nachkolonialen Phase perpetuierte sich der kolonialzeitlich angelegte Monetarisierungsprozeß, allerdings unter neuen Vorzeichen. Die Angleichung der ghanaischen Währung an das britische Pfund wurde 1965 mit der Einführung des *cedi* aufgehoben.[103] In der Folge setzten starke Inflationstendenzen ein, und der *cedi* wurde mehrmals drastisch abgewertet (MANUH 1995:195). Die Folge ständiger Währungsabwertungen ist ein Verlust an Vertrauen in eine Währung, wodurch die Zirkulation der Währung innerhalb der Gesellschaft von jedem Individuum möglichst kurz gehalten wird. Das

---

[102] Die jeweiligen Begräbnisriten in Ghana stellen eine Investition für die Zukunft dar. Da der Tod innerhalb der ghanaischen Gesellschaft als eine Angelegenheit von öffentlichem Interesse angesehen wird, stellt eine Begräbniszeremonie gleichzeitig eine Gelegenheit dar, soziale Netzwerke durch reziproken Austausch zu stabilisieren. Im Sinne von MAUSS werden den Angehörigen Geschenke, und seit der Kolonialzeit zunehmend Geldgeschenke, überreicht. Diese Geschenke müssen aber bei der nächsten Gelegenheit, sprich der nächsten Begräbniszeremonie, zurückgegeben werden, und dies in der Regel mit Zinsen. Dies kann soweit gehen, daß sich Personen, die in ein bestimmtes soziales Netzwerk investieren wollen, hoch verschulden. Obwohl die RAWLINGS-Regierung ein Gesetz erlassen hat, welches die Ausgaben bei Begräbniszeremonien auf 200 *cedis* fixierte, werden gegenwärtig durchaus weitaus höhere Beträge, welche dann nicht im offiziellen Quittungsbuch eingetragen werden, gezahlt.
[103] Damit beschritt Ghana einen anderen Weg als die frankophonen Staaten Afrikas. Der 1939 eingeführte *CFA (Colonies Françaises d'Afrique)* Franc richtet sich nach dem Wert des Französischen Franc. Dies ist jedoch nicht zwangsläufig ein Garant für eine stabile Währung, wie die drastische Abwertung des *CFA* in der zweiten Hälfte der 90er Jahre zeigte (GUYER 1995:4).

heißt, jede Geldeinheit wird möglichst schnell wieder investiert, sei es in Güter, 'harte' Währungen oder soziale Netzwerke. Diesbezüglich stellt die soziale Kontrolle ein Faktor dar, der in Bezug auf die Investition in soziale Netzwerke durchaus in Betracht gezogen werden muß. Jemand, der nicht in soziale Netzwerke investiert, läuft Gefahr, als *'not social'* stigmatisiert zu werden, bzw. in den Worten VAN DER GEESTS (1997:555) ausgedrückt:

> Money which is hidden and kept in one place arouses suspicion and accusation of witchcraft. When money is not forthcoming, it causes shame, bitterness and loneliness.

4.1.3 Die Auswirkungen der Strukturanpassung auf den ländlichen Raum Ghanas

Durch die Strukturanpassungsprogramme[104] der letzten Jahre wurde die gesamte ghanaische Gesellschaft zunehmend monetarisiert. Dies beruht auf einem komplexen Ursachenbündel, welches, wie oben dargelegt, ein historisch angelegter Trend ist, der jedoch durch die SAP-Maßnahmen intensiviert wurde.

> One unforeseen result of structural adjustment in the rural areas has been social and economic diversity. This diversity has been brought about by price adjustment for export crops, the redeployment of civil servants to rural areas, and the creation of local and district assemblies (MIKELL 1991:85).

Sicher war die ländliche Bevölkerung zu keiner Zeit homogen, vor allem nicht in soziopolitischer Hinsicht. Die Stratifizierung der Gesellschaft wird aber seit dem SAP vermehrt über den ökonomischen Status eines Individuums geregelt. Transformationsprozesse, die mit der Strukturanpassung zusammenhängen, wurden vor allem durch folgende Maßnahmen ausgelöst: Die Einführung eines Gebührensystems im Gesundheitssektor, die Umstrukturierung des Bildungssektors und Einführung von Schulgebühren, den Abbau von Subventionen und von Preiskontrollen, die Erhöhung der Produzentenpreise für *cash crop* Produkte und die Einführung indirekter Steuern (FES 1994; TOYE 1991; ROTHCHILD 1991).

Diese Maßnahmen hatten unter anderem weitreichende Auswirkungen auf den ländlichen Raum. Die Einführung eines Gebührensystems im Gesundheits- und Bildungssektors impliziert die Notwendigkeit, mehr *cash* zu er-

---

[104] Für einen allgemeinen Überblick zur Strukturanpassungspolitik und deren Auswirkungen siehe TETZLAFF (1992). In bezug auf Ghana siehe vor allem WORLD BANK (1984a; 1989), LOXLEY (1989), ROG (1989; 1991), ROTHCHILD (1991), TOYE (1991), PEARCE (1992), PAMSCAD (1994), SCHMIDT-KALLERT (1995), CHERY (1995), ARYEETEY (1996), HENNINGS (1996) und CLARK (1997).

wirtschaften, um die ursprünglich gebührenfreien staatlichen Dienstleistungen auch weiterhin in Anspruch nehmen zu können. Eine erhöhte monetäre Nachfrage wurde auch durch die Kürzungen von Subventionsleistungen und den Abbau von Preiskontrollen ausgelöst. Entweder waren und sind die Farmer bereit (und in der Lage), für landwirtschaftliche Inputs einen höheren Preis zu zahlen, oder sie müssen auf diese Inputs verzichten. Die meisten wenden die 'Verzicht-Strategie' an. Dies führte bereits zu enormen Rückgängen in der agrarischen Nahrungsmittelproduktion bis auf den Stand der krisengeschüttelten 70er Jahre (SARRIS / SHAMS 1991:166). Durch den Abbau der Preiskontrollen, vor allem bei Treibstoff,[105] erhöhten sich auch die Transportkosten. Güter- und Personentransport, eine Dienstleistung, die in der Regel mit Geld abgegolten werden muß, steigerten daher zusätzlich, ausgelöst durch die Strukturanpassungspolitik, die Notwendigkeit eines Geldeinkommens. Gleichzeitig wurden die Anreize, *cash crops* anzubauen, durch höhere Erzeugerpreise ausgebaut. Es ist daher seit Mitte der 80er Jahre der Trend zu beobachten, daß zunehmend *cash crops* in die Produktionspalette mit aufgenommen, bzw. überwiegend *cash crop* Produkte angebaut werden. Für die Farmer im südlichen Landesteil bedeutet dies vornehmlich, im Kakaosektor tätig zu werden. In Nordghana sind die Alternativen zur Subsistenzproduktion vergleichsweise schlechter, da Reis und Mais, wenn für den Markt produziert, national gehandelt werden und diese Produkte weniger gute Preise erzielen.[106] Weiterhin sind die Einkünfte aus der Erdnuß-, Tabak- und Baumwollproduktion, die stark vom Weltmarktpreis abhängig sind, in den letzten Jahren stetig gefallen. Die Preise für Grundnahrungsmittel wie Yam, Cassava, Mais, Plantain, Hirse und Sorghum weisen in ihrer Relation zu Konsumgütern seit Beginn der Strukturanpassung ebenfalls eine negativen Trend auf.

> *Currently the ratio of rural food to non-food prices stands at only 70 percent of its 1978 value. This development, mainly due to sharp increases in the prices of beverages, tobacco, clothing, footwear, fuel, power, furniture, and furnishings (which are mostly imported), can be largely attributed to the ERP* (SARRIS / SHAMS, 1991:179).

In seiner Analyse des dritten *Ghana Living Standard Survey 1991-1992* (*GLSS* 3) untersucht VIETA (1995c:1038/1039) die Ausgabenstruktur ghanaischer Haushalte detaillierter:

> *GLSS 3 reveals that today in Ghana, on average about half of Ghanaian household cash expenditure goes into food and related items, clothing and footwear, housing and utilities and household goods, operation and services. Education and recreation,*

---

[105] Vgl. hierzu auch BOHLE / DITTRICH / LOHNERT (1990).
[106] Der Anbau von Kakao ist, aufgrund der natürlichen Voraussetzungen, im Norden nicht möglich.

medicare and health expenses take less than 10%. (...) The twenty per cent of households in the bottom quintile, containing over a quarter of the total population but accounting for only an eighth of total expenditure, spent as much as 65 per cent of total expenditure on food.

Werden bei dieser Analyse zusätzlich regionale Unterschiede berücksichtigt, so kann davon ausgegangen werden, daß in den nördlichen Regionen Ghanas die Ausgaben für Nahrungsmittel, in bezug zum gesamten Haushaltsbudget, einen noch höheren Prozentwert erreichen, da die Haushaltseinkommen insgesamt niedriger sind als in Südghana (vgl. ROG 1995a:55-64). Um das entsprechend notwendige monetäre Einkommen zu erzielen, bleibt den meisten Farmern somit kaum eine andere Alternative, als die *cash crop* Produktion insgesamt auszuweiten bzw. die landwirtschaftliche Produktion auf Flächen, die für den Anbau eigentlich ungeeignet sind, auszudehnen.

Aufgrund limitierter Faktorausstattung bei allen drei klassischen Produktionsfaktoren, Arbeit, Boden und Kapital, erfolgt der Anbau von *cash crops* in der Regel nicht durch Flächenausweitung, sondern es werden ursprünglich mit Subsistenzprodukten belegte Flächen mit marktfähigen Produkten bestellt. Dies jedoch verstärkt die Abhängigkeit von einem krisenanfälligen (Welt-)markt. Weiterhin wird der Produktionsfaktor Boden durch eine intensivierte Landwirtschaft (verkürzte Brache- und Regenerationszeiten) in weiten Teilen des Landes übernutzt, wodurch Desertifikation[107] zunehmend zum Problem wird.

Eine weitere tiefgreifende Veränderung, die durch SAP ausgelöst wurde, ist die zunehmende Neudefinition der traditionellen geschlechtlichen Arbeitsteilung. Männer konzentrieren ihre Arbeitskraft vermehrt in der *cash crop* Produktion, während Frauen neben den reproduktiven Tätigkeiten im Haushalt verstärkt in der Feldarbeit tätig werden, und zwar besonders in der Subsistenzproduktion (vgl. Kap. 3.2). In Nordghana kommt es daher teilweise schon zur Auflösung der traditionellen Arbeitsteilung. In vielen Gebieten Nordghanas dürfen bestimmte Feldarbeiten von Frauen nicht ausgeführt werden. Gegenwärtig etabliert sich jedoch ein Trend, daß Frauen vermehrt neben der Subsistenzproduktion in die Gemüseproduktion für den lokalen Markt eingebunden sind. Dieser Transformationsprozeß bedeutet eine starke Mehrbelastung der Frauen. BRYDON / LEGGE (1996:155/156) führen dazu folgendes aus:

(T)he cost to women of SAPs is seen as negligible by planners: but women are disproportionately affected by adjustment. [...] Women's choices are fewer and the constraints placed upon them are much greater. Women have less access to the same

---

[107] Bezüglich der Definition des Begriffes Desertifikation vgl. GRAINGER (1990).

> *resources than men: less access to credit, less access to information. Women also have less contact with extension workers and other local-level government personnel and disseminators of their policies. They therefore have less knowledge than men about government policies and development initiatives.*

Weiterhin ist festzustellen, daß Männer unter Strukturanpassungsbedingungen vermehrt in weibliche Domänen des Geldeinkommens hineindrängen, so etwa in den Schibutterhandel, der traditionell von Frauen organisiert wurde. Bis 1991 war die staatliche *Produce and Buying Company* (*PBC*), die dem *Ghana Cocoa Marketing Board* (*GCMB*) unterstellt war, alleine verantwortlich für den Aufkauf der Schibutter. Im Zuge der Liberalisierungsmaßnahmen wurden zum einen 80% der Angestellten des *PBC* entlassen und zum anderen private Zwischenhändler zugelassen. Obwohl in der Folge ca. 25 Handelslizenzen vergeben wurden, wird der Schimarkt nunmehr zu einem überwiegenden Prozentanteil von zwei multinationalen Konzernen (Unilever und Kassardjian) beherrscht. Das *PBC* ist zwar immer noch im Schihandel tätig, spielt aber nur noch eine marginale Rolle, da die Personaldecke und die Kapitalausstattung unzureichend sind, um mit den multinationalen Konzernen zu konkurrieren. Trotz der Liberalisierung des ghanaischen Schimarktes haben sich die Produzentenpreise allerdings kaum verändert. Dies liegt einerseits an der quasi oligopolen Struktur des gegenwärtigen Marktes, andererseits jedoch an der Intervention des *GCMB* bei der Europäischen Union bezüglich Kakaobuttersubstituten. Schibutter wäre diesbezüglich eine wesentlich billigere Alternative. Das *GCMB* konnte die prozentualen Anteile von Schibutter am Exporthandel mit der EU jedoch zu Gunsten von Kakaobutter niedrig halten. Dadurch werden unter anderem die Süd-Nord Disparitäten in Ghana manifestiert, andererseits aber die Prozentanteile eines Exportproduktes, welches einen höheren Marktpreis erzielt, geschützt. Auf der Mikroebene gibt es allerdings signifikante Transformationen. Zunehmend engagieren sich Männer als Zwischenhändler im Schihandel. CHALFIN (1996:438/439) führt dazu aus:

> *(T)he destabilisation by men of female trading roles in the shea economy is in keeping with other examples of the way that many people are pushed out of, or crowded into, arrangements in which they were previously secure, as the outcome of structural adjustment.*

Neben diesen durch die Strukturanpassung ausgelösten Transformationsprozessen wurde der Druck, ein Geldeinkommen zu erzielen, durch die Umstrukturierung des nationalen Steuerwesens verstärkt, insbesondere durch die 1995 eingeführte Mehrwertsteuer. Dies wird im folgenden Exkurs näher erläutert.

4.1.4 Exkurs: Abenteuer *VAT (Value Added Tax)*

Fiscal Policies since the 1983 have been an integral part of Ghana's overall economic strategy of financial and structural adjustment (IMF 1991:29).

Eines der Hauptziele der ghanaischen Fiskalpolitik (bzw. der Weltbank) war die Reform des Steuerwesens. Dabei sollten besonders die indirekten Steuern ausgedehnt und die direkten Steuern abgebaut werden. Dies wird schon daran deutlich, daß die Einnahmen des Staates aus indirekten Steuern zwischen 1983 und 1991 von 16% auf 37% gestiegen sind. Dafür waren vor allem die Erhöhungen der Mineralöl- und der Verbrauchssteuern verantwortlich (DRILLING 1993:83/84) (vgl. Tab. 4-1).

Tab. 4-1: Struktur der Steuereinnahmen Ghanas 1983 - 1991
(in % der gesamten Staatseinnahmen)

	1983	1984	1985	1986	1987	1988	1989	1990	1991
Steuereinnahmen insgesamt	81,8	78,7	80,6	84,2	84,4	83,9	81,6	82,1	84,3
Direkte Steuern	18,0	18,2	19,2	19,2	21,7	26,3	21,4	20,6	16,9
Indirekte Steuern	15,9	24,5	22,3	26,7	23,5	25,1	24,6	26,9	36,9
Allgemeine Verbrauchssteuer	2,3	1,9	2,9	4,3	7,5	8,0	8,3	8,8	7,3
Spezielle Verbrauchssteuer	13,6	22,6	17,9	13,4	11,5	9,7	8,9	8,6	7,9
Mineralölsteuer	-	-	1,5	9,0	4,5	7,1	7,0	9,5	21,7
Importsteuer	19,3	14,0	16,3	19,3	16,0	16,0	21,0	24,6	20,2
Exportsteuer	28,6	22,0	22,8	19,3	24,2	15,9	14,6	10,2	10,3

Quelle: IWF (1991:30); DRILLING (1993:85)

Durch diese Umstrukturierung wurde beabsichtigt, neben der Erzielung von Mehreinnahmen die Kosten der wirtschaftlichen Strukturanpassung auf alle Bevölkerungsgruppen gleichmäßig zu verteilen und nicht nur die höheren Einkommensschichten durch direkte Steuern zu belasten, um der steigenden Kapitalflucht der Besserverdienenden entgegenzuwirken. Im Bestreben, diese zusätzliche Belastung für die unteren Einkommensschichten zu verringern, wurde die untere Grenze des zu versteuernden Einkommens angehoben.

Diese Maßnahme erreichte die Zielgruppe allerdings kaum, da die wenigsten der hauptsächlich betroffenen Gruppen jemals steuerrechtlich erfaßt wurden. DRILLING (1993:84) stellt daher fest, 'daß die kontinuierliche Reformierung des Steuersystems die Handlungsspielräume besonders der einkommensschwachen Haushalte verengt'. Besonders die Menschen, die im informellen Sektor arbeiten und die Personen, die überwiegend Subsistenzproduktion betreiben, wurden von den Steuerreformen negativ betroffen.

Damit verursachte die Einführung der Mehrwertsteuer eine zusätzliche Belastung der ärmsten Bevölkerungsgruppen. Besonders der Zeitpunkt der Implementierung war schlecht gewählt. Er traf mit der sogenannten *lean season* (die Zeit kurz vor der ersten Ernte) und der Haushaltsverkündung der Regierung für das Jahr 1995 zusammen. Jedes dieser Ereignisse für sich alleine genommen hat in der Regel bereits negative Effekte auf die Preisentwicklung. Zwei Monate nach der Einführung der Mehrwertsteuer wurde schließlich am 11. Mai 1995 von der Opposition *Alliance for Change* in Accra eine Demonstration mit dem Motto 'Kume Preko' *(you might as well kill me now)* organisiert. An dieser Demonstration nahmen zwischen 50.000 und 100.000 Menschen teil. Während der Demonstration kam es in der Nähe des Makola Marktes zu Auseinandersetzungen zwischen einigen Demonstranten und der regierungstreuen Organisation *Association for the Defence of the Revolution*. Im Zuge dieser Auseinandersetzungen wurden fünf Menschen getötet und mehrere verletzt. In den folgenden Wochen fanden noch mehrere Großdemonstrationen gegen die eingeführte Mehrwertsteuer und gegen die Regierung in allen größeren Städten Ghanas, v.a. in Kumasi und Sekondy-Takorady, statt. Die Regierung reagierte schließlich im Juni 1995 auf die Proteste und zog die Mehrwertsteuer zurück (YEBOAH-AFARI 1995:840/841; WEST AFRICA 1995b:824; WEST AFRICA 1995d:944). Geringere Steuereinnahmen für den Staatshaushalt, eine hohe Inflationsrate für 1995 (vgl. Tab. im Anhang) und eine lokale Nahrungskrise in Nordghana waren schließlich die Auswirkungen des Abenteuers *VAT* (AFRANI 1995).[108]

<u>Zusammenfassend</u> kann hier festgehalten werden, daß die Ausbreitung der Geldwirtschaft ein historisch, zum Teil bereits vorkolonial, angelegter Prozeß ist, der während der Kolonialzeit verstärkt wurde und durch den Einfluß globaler Institutionen, wie der Weltbank und dem IWF, gegenwärtig nochmals beschleunigt wird. Durch fiskalpolitische Steuerungsmaßnahmen etwa wurde der Druck, ein Geldeinkommen zu erzielen, in den letzten Jahren

---

[108] Auf Druck der Weltbank und der *Economic Community of West African States (ECOWAS)* wurde 1999 erneuter eine Mehrwertsteuer in Ghana eingeführt, allerdings mit einem niedrigeren Prozentsatz von diesmal 10%.

erhöht, was zwangsläufig zu einer Ausweitung der *cash crop* Produktion auf der lokalen Ebene führte. Dies bedeutet jedoch gleichzeitig eine zunehmende Unsicherheit der Bevölkerung gegenüber Nahrungskrisen, was im folgenden Abschnitt näher untersucht wird.

4.2 Fallbeispiel: Transformation der Überlebenssicherung in Kumbuyili und Yiwogu

In den vorangegangenen Kapiteln wurde die Monetarisierung der ghanaischen Gesellschaft analysiert und die These aufgestellt, daß durch die Monetarisierung die Anfälligkeit der Bevölkerung gegenüber Nahrungskrisen zugenommen hat. Dies hängt vor allem damit zusammen, daß die Subsistenzökonomie durch die quasi erzwungene Ausweitung des *cash crop* Anbaus mehr und mehr in den Hintergrund tritt. Gleichzeitig wurden durch die Ausbreitung der Geldwirtschaft soziale Beziehungen und Netzwerke vermehrt aus ihren lokalen Kontexten entankert, wodurch soziale Absicherungsmechanismen für Krisenzeiten zumindest teilweise verloren gingen und weiter an Bedeutung verlieren. Somit führt die Monetarisierung der Gesellschaft und daran anschließend die Umstrukturierung von lokalen Handlungskontexten zu einer gesteigerten Unsicherheit der Überlebensökonomie. In Anlehnung an die Arbeiten von ELWERT (1980; 1985) und EVERS (1987) wird im folgenden davon ausgegangen, daß die Überlebensökonomie durch eine Verknüpfung von Subsistenz- und Warenproduktion gekennzeichnet ist.[109] Beide Produktionsweisen zusammengenommen bilden die ökonomische Basis, nach der ein Individuum seine tägliche (Über-)Lebensplanung vornimmt. Bezüglich der Subsistenzproduktion ist anzumerken, daß darunter nicht nur die Nahrungsmittelproduktion für den Eigenbedarf, sondern auch eine gewisse Überschußproduktion (die entweder für rituelle Handlungen oder zum reziproken Austausch verwendet sowie zum Teil auf lokalen Märkten verkauft wird) subsumiert wird. Desweiteren wird darunter die Warenproduktion für den Eigenbedarf oder für Mitglieder von sozialen Netzwerken gefaßt, wie etwa die Errichtung von Unterkünften oder das Anfertigen von Stühlen und Matten. Konstitutiv für die Subsistenzproduktion ist weiterhin eine gewisse ökonomische Solidarität und die Einbindung in soziale Netzwerke; die gesamte Lebenswelt eines Individuums - abgesehen von der reinen Warenproduktion, die alleine die Erwirtschaftung eines Geldeinkommens zum Ziel hat - determinieren die Überlebensökonomie.

Im Gegensatz zum Begriff Überlebensökonomie, der letztlich deterministisch bleibt, bzw. den Akteuren eine gewisse Passivität unterstellt, impliziert der Begriff Überlebenssicherung eine aktive Rolle der Akteure im Bestreben

---

[109] Der 'sogenannte' Bielefelder Verflechtungsansatz untersucht in einem *'bottom up approach'* die Zusammenhänge zwischen Subsistenzproduktion, Markt und Staat. Dabei liegt ein Fokus der Analyse auf dem Zerfall ökonomischer Solidarität und sozialen Netzwerken. Die Kernthese lautet, daß die Warenproduktion durch die Subsistenzproduktion in nicht-monetären Einheiten subventioniert wird (ELWERT 1980; EVERS 1987).

nach Sicherstellung des Überlebens. Im Folgenden wird daher mit dem Begriff Überlebenssicherung operiert, da auch die Akteure auf der lokalen Ebene Handlungsspielräume besitzen, um ihre Lebenswelt zu gestalten. Allerdings sind die Reichweiten der Handlungsspielräume der jeweiligen Akteure unterschiedlich ausgeprägt. Die Überlebenssicherung der Menschen in Ghana hängt gegenwärtig verstärkt von der zwanghaften Einbindung in den Monetarisierungsprozeß ab. Die Sicherstellung des Überlebens ist also davon abhängig, wie die Akteure ihre Handlungsspielräume innerhalb dieser Einbindung nutzen. Dies soll im Folgenden hinsichtlich der regionalen Nahrungskrise von 1995 in Nordghana anhand empirischer Daten aus zwei Dörfern, Kumbuyili und Yiwogu, eingehender analysiert werden. Dabei wird es auch darum gehen, die Ursachen der Nahrungskrise und deren Verknüpfung mit Prozessen der Globalisierung herauszustellen.

4.2.1 Gesellschaftliche Stratifizierung und Überlebenssicherung

Ursprünglich war vorgesehen die Felduntersuchung auf das Dorf Kumbuyili zu beschränken, da jedoch durch die Nähe der Stadt Tamale die Alltagshandlungen der Dorfbewohner Kumbuyilis beeinflußt werden (zum Beispiel durch bessere Vermarktungsmöglichkeiten oder durch höhere Zugangschancen zu modernen technischen Medien wie Fernseher und Video) wurde mit Yiwogu ein zweites Untersuchungsdorf ausgewählt, um Vergleichsdaten zwischen einem Dorf in Stadtnähe und einem Dorf, welches eine wesentlich peripherere Lage im ländlichen Raum innehat, zu erhalten.

Die beiden Untersuchungsdörfer Kumbuyili und Yiwogu, die im traditionellen Siedlungsgebiet der Dagombas liegen, werden im folgenden zunächst hinsichtlich ihrer Lage im physischen Raum und ihrer infrastrukturellen Ausstattung verglichen. Anschließend wird die Sozialstruktur aus der Perspektive einer demographischen Grundgliederung charakterisiert, bevor die Agrarstruktur der Dörfer näher untersucht wird.

Lage und Infrastruktur

Kumbuyili und Yiwogu liegen beide im staatlich administrativ abgegrenzten Gebiet der *Northern Region* von Ghana (vgl. Karte 1-1 und Karte 4-1), wobei sich Kumbuyili im West-Dagomba-Tamale Distrikt befindet und Yiwogu im Savelugu-Nanton Distrikt. Kumbuyili liegt ca. 10 Kilometer nordnordwestlich von Tamale, der Regionalhauptstadt der *Northern Region* (vgl. Karte 4-2) und Yiwogu ca. 20 Kilometer nordwestlich von Savelugu, der Hauptstadt des gleichnamigen Distrikts (vgl. Karte 4-3). Ökologisch gesehen liegt die gesamte *Northern Region* von Ghana innerhalb der Guinea-Savanne.

Karte 4-1: Lage von Kumbuyili und Yiwogu

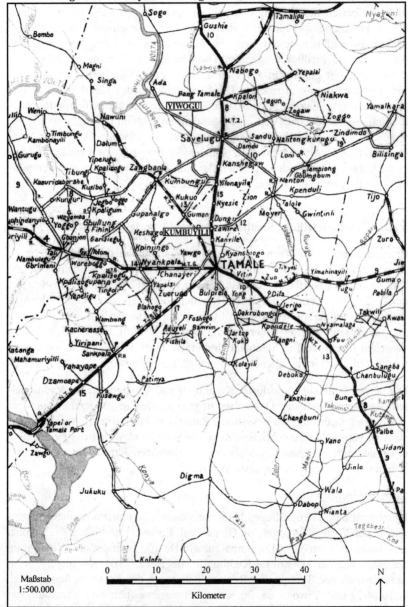

Maßstab 1:500.000

Quelle: SURVEY DEPARTMENT OF GHANA 1994; verändert H. GERTEL 1999

Karte 4-2: Lage von Kumbuyili

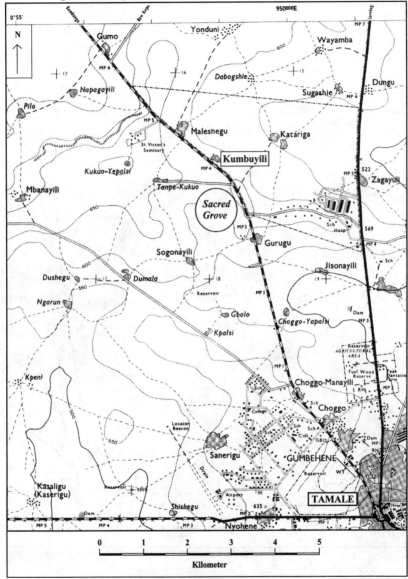

Quelle: SURVEY DEPARTMENT OF GHANA 1967; verändert H. GERTEL 1999

Karte 4-3: Lage von Yiwogu

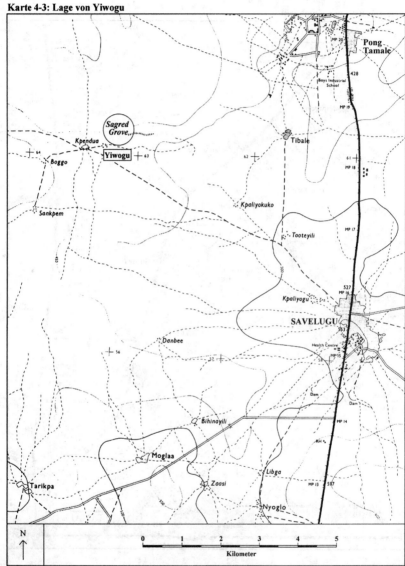

Quelle: SURVEY DEPARTMENT 1966; verändert H. GERTEL 1999

Karte 4-4: Dorfplan von Kumbuyili

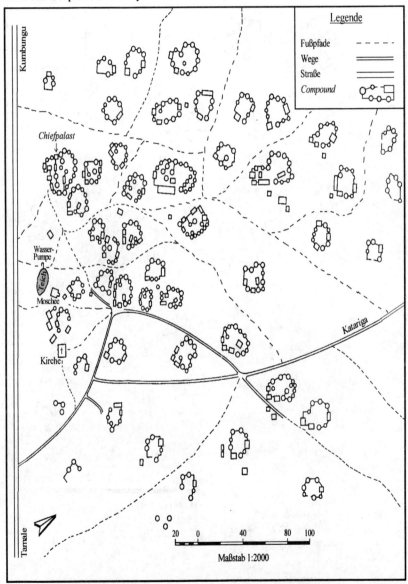

Entwurf & Zeichnung: H. GERTEL 1999

Karte 4-5: Dorfplan von Yiwogu

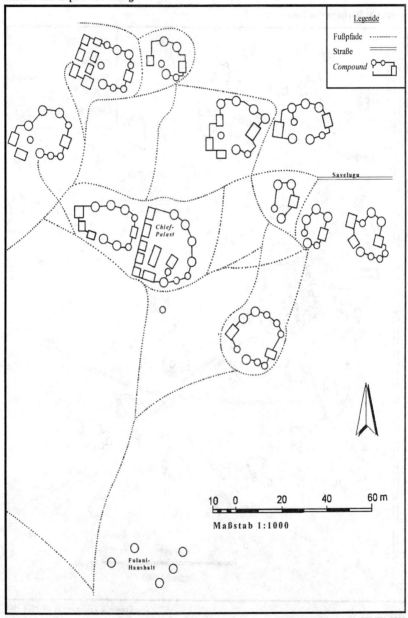

Entwurf & Zeichnung: H. GERTEL 1999

Foto 4-1: Das Untersuchungsdorf Kumbuyili und die Dorfpumpe

Foto 4-2: Das Untersuchungsdorf Yiwogu

Die Guinea Savanne ist in Nordghana durch eine Regenzeit mit Niederschlägen zwischen Mai und Oktober gegenzeichnet. Die Niederschläge erreichen im August/September ihr Maximum. In diesen beiden Monaten fällt fast der gesamte jährliche Niederschlag. Die durchschnittliche jährliche Niederschlagsmenge beträgt 1.000 - 1.300 mm. Dabei ist die jährliche und die regionale Variabilität der Niederschlagsmenge beträchtlich. Es kommt zum Beispiel nicht selten vor, daß es in Kumbuyili regnet, während im 10 Kilometer entfernten Tamale keine Niederschläge zu verzeichnen sind und umgekehrt. Die durchschnittliche monatliche Temperatur variiert zwischen 36°C im März und 27°C im August. Die relative Luftfeuchtigkeit beträgt 70% - 90% in der Regenzeit, während in der Trockenzeit, vor allem zwischen Dezember und Februar, wenn der trockene Harmattan-Wind aus Norden weht, die relative Luftfeuchtigkeit unter 20% sinken kann. Die Böden der Region bestehen hauptsächlich aus Savannen Ochrosolen und Lateritböden. Letztere sind, wenn die Vegetationsbedeckung nur ungenügend vorhanden ist, durch die Ausbildung sogenannter *'iron pans'* an der Bodenoberfläche charakterisiert. Auf diesen *iron pans* kann kaum noch landwirtschaftliche Produktion betrieben werden, da die Bodenkruste sehr hart ist und die Böden nährstoffarm sind (AMOAKO-ATTA 1993:11-13; BENNEH / DICKSON 1990:7-43).

Die infrastrukturelle Ausstattung der Dörfer ist sehr gering, beziehungsweise im Falle Yiwogus kaum existent. Die Straße nach Yiwogu ist eine Piste der untersten Kategorie, die zudem ca. 10 Kilometer westlich des Dorfes am Flußlauf des Weißen Volta endet. Alle Güter und Produkte, die nicht selbst hergestellt bzw. angebaut werden, müssen im 20 Kilometer entfernten Savelugu, einem Ort, der kaum die Funktion eines Mittelzentrums erfüllt, besorgt werden. Güter des langfristigen Bedarfs müssen in Tamale gekauft werden. Die landwirtschaftlichen Überschußprodukte werden in der Regel von den Frauen einmal pro Woche auf dem Savelugu Markt verkauft bzw. von Händlern direkt in Yiwugo erstanden. Das letztere betrifft vor allem die *cash crop* Produkte (Tabak, Baumwolle, Schibutter). Ein großes Problem in Yiwogu stellt die Wasserversorgung dar, da die Einwohner auf die Versorgung mit Oberflächenwasser angewiesen sind. Es gibt verschiedene Wasserstellen, die aber in der Trockenzeit häufig versiegen, weshalb ein Fußmarsch von ein bis eineinhalb Stunden zur nächstgelegenen Wasserstelle keine Seltenheit ist. Weiterhin ist dieses 'Trinkwasser' stark mit Drakunkuloselarven (Guineawurm) kontaminiert. Da die Wasserstellen auch als Tränke und zum Baden des Viehs genutzt werden, ist eine Kontamination mit Nitrat und Nitrit wahrscheinlich. Schwerwiegende Erkrankungen, die nicht durch traditionelle Methoden geheilt werden können, müssen, und dies gilt für beide Dörfer, in Tamale behandelt werden. In keinem der beiden Dörfer ist

Elektrizität vorhanden. Obwohl die Hauptstromleitung von Ghana nach Burkina Faso direkt an Kumbuyili vorbeiläuft, hat die Dorfbevölkerung bisher keinen Zugang zu Elektrizität, was sich aber in naher Zukunft durchaus ändern könnte.

Kumbuyili ist infrastrukturell vielfältiger ausgestattet als Yiwogu. Die Straße nach Kumbungu endet zwar ebenfalls am Weißen Volta, ist aber sehr gut ausgebaut und wesentlich stärker frequentiert, weshalb zumindest ein- bis zweimal am Tag die Chance besteht, ein Trotro nach Tamale zu bekommen.[110] Die 10 Kilometer nach Tamale werden jedoch von den Frauen zu 80% zu Fuß zurückgelegt und von den Männern zu 90% per Fahrrad. Im Dorf befindet sich ein Kiosk, der Zigaretten, Seife und Süßigkeiten im Angebot hat. Es gibt allerdings keinen lokalen Markt, alle Güter und landwirtschaftlichen Produkte werden in Tamale ge- und verkauft. Einige Frauen verkaufen jedoch 'Gule Gule', eine aus gerösteter Erdnußpaste hergestellte 'Köstlichkeit'. Im Dorf gibt es eine Moschee und eine Kirche. Die nächste Grundschule liegt zwei Kilometer südlich zwischen Gurugu und Kumbuyili. Neben dem *chief palast*, der auch gleichzeitig das Wohnhaus des *chief* ist, gibt es noch zwei weitere zentrale Plätze im Dorf. Am Rande des großen Dorfplatzes treffen sich die Ältesten täglich unter einem Kapokbaum, während die Frauen den Platz um die Wasserpumpe herum als kommunikatives Zentrum nutzen. Kumbuyili hat das Glück, an einer der Hauptwasserleitungen für Tamale zu liegen, weshalb es auch relativ selten zu einem 'Wassernotstand' kommt.

Bevölkerungsstruktur

Die Felduntersuchung von 1995 für Kumbuyili 538 Einwohner und für Yiwogu 172 Einwohner, davon waren in Kumbuyili 253 männlich und 276 weiblich. In Yiwogu gab es 82 männliche und 90 weibliche Einwohner. Die durchschnittliche Haushaltsgröße betrug 11,7 Personen in Kumbuyili und 14,3 Personen in Yiwogu.[111] Die Aufteilung nach Altersgruppen wird durch Abb. 4-1 und Abb. 4-2 wiedergegeben.[112]

---

[110] Der Zustand der Trotros auf dieser Strecke ist allerdings der erschreckendste, den der Autor während seiner Aufenthalte in Ghana kennengelernt hat. Als Bremse wurde häufig ein Anker, bestehend aus einem Stein an einem 'seidenen' Faden, benutzt.
[111] Unter 'Haushalt' werden hier alle Personen gefaßt, die innerhalb eines *compounds* leben. Dies können durchaus mehrere Familien sein, die jedoch in einem verwandtschaftlichen Verhältnis stehen.
[112] Die Einteilung der Altersstruktur richtet sich dabei nach der offiziellen staatlichen Einteilung: Kinder = 1-10, Jugendliche = 11-20; Erwachsene = 21-50 und Ältere = über 50 Jahre.

Abb. 4-1: Bevölkerungsstruktur von Kumbuyili (N=538)

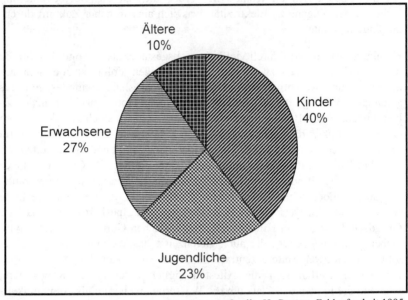

Quelle: H. GERTEL, Feldaufenthalt 1995

Abb. 4-2: Bevölkerungsstruktur von Yiwogu (N=172)

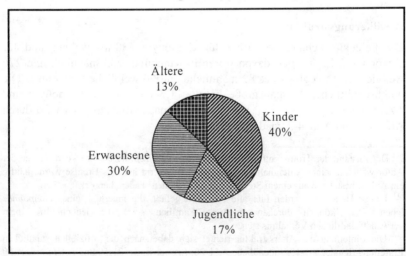

Quelle: H. GERTEL, Feldaufenthalt 1995

Auffallend ist in beiden Dörfern der hohe Anteil der Kinder; 40% der Einwohner sind jünger als 10 Jahre. Für die Zukunft impliziert dies eine hohe Herausforderung bezüglich der landwirtschaftlichen Produktion und vor allem bezüglich der Verteilung von geeignetem Farmland, welches besonders in Kumbuyili bereits zu einer knappen Ressource geworden ist. Dabei wirkt sich die Nähe Tamales negativ auf Kumbuyili aus, da Land zunehmend als Bauland nachgefragt wird (vgl. Kapitel 3.1.4). Dies wird bei einem Vergleich der Farmgrößen und der jeweiligen Möglichkeiten zur Brache deutlich. Die durchschnittliche Farmgröße in Yiwogu beträgt ca. 12 *acres*, während sich in Kumbuyili die durchschnittliche Farmgröße auf 4,8 *acres* beläuft. Werden die vier Haushalte in Kumbuyili, die mehr als 10 *acres* bestellen, aus dieser Rechnung herausgenommen, dann ergibt sich sogar eine durchschnittliche Farmgröße von lediglich vier *acres*. In Kumbuyili werden daher alle Felder dauerhaft genutzt, während in Yiwogu zumindest ein Teil der Felder (zwei bis drei *acres* pro Jahr) für drei bis fünf Jahre brach liegengelassen werden können. Einige Familien in Kumbuyili sehen sich daher bereits gezwungen, ihre Subsistenzprodukte auf entfernteren Feldern (Außenfelder), die nicht mehr zur Gemarkung von Kumbuyili gehören, anzubauen. In der Vergangenheit wurde das Problem der regionalen Landknappheit in der Regel dadurch gelöst, daß ein Teil eines Dorfes in einem anderen Gebiet eine neue Siedlung gründete. Kumbuyili wurde zum Beispiel vor ca. 150 Jahren von einem Teil des Kayaba *patriclans* aus Katariga,[113] einem Nachbarort von Kumbuyili,[114] gegründet, da das Land in Katariga zu knapp wurde. Diese Strategie kann gegenwärtig jedoch kaum noch verfolgt werden, da die Siedlungsdichte im Gebiet um Tamale relativ hoch ist. Beispielsweise reicht der Ort Gurugu, südlich des 'heilige Hains' von Kumbuyili[115] gelegen, gegenwärtig bereits an die Grenzen des Hains, was 1960 noch nicht der Fall war (vgl. Luftbild 4-1). Auch gibt es in Kumbuyili, nach Aussagen der Dorfältesten, fast doppelt so viele *compounds* als noch vor 30 Jahren (vgl. Dorfskizze). Bezüglich der Bevölkerungsstruktur bleibt noch anzumerken, daß Polygynie als Form der Arbeitskraftsicherung verbreitet ist. Saisonale Migration kommt in den Untersuchungsdörfern nicht vor. Dies entspricht nicht der Regel, da die Arbeitsmigration in südliche Landesteile (vor allem in die Kakaoanbaugebiete) ein weitverbreitetes Phänomen in den nördlichen Regionen Ghanas ist.

---

[113] In Katariga gibt es vier *patriclans*, in Kumbuyili mit den Dawuda und den Nayi zwei *patriclans* und in Yiwogu einen *patriclan*. Eine diesbezügliche sozialräumliche Gliederung des Dorfes konnte nicht mehr festgestellt werden. Auffällig war lediglich, daß die Christen in der Regel am Dorfrand wohnen, während sich die Haushalte der Muslime meist im Zentrum des Dorfes befinden.
[114] Das genaue Datum der Dorfgründung konnte nicht ermittelt werden. Die Ältesten gaben an, daß das Dorf 'vier *chiefs*' vor dem ersten Weltkrieg gegründet wurde.
[115] Die Bedeutung des heiligen Hains wird in Kap. 4.2.3 näher erläutert.

Religionsverteilung

Die Nähe Tamales, mit einem hohen Angebot an religiösen Orten (Moscheen, Kirchen, Gebetsplätze), wirkt sich auch auf die Religionsverteilung in den beiden Dörfern unterschiedlich aus. In Yiwogu sind 152 Einwohner (88%) Anhänger der traditionellen Religion und lediglich 20 Personen (12%) Muslime. Diese zwanzig Personen verteilen sich auf zwei Haushalte, von denen ein Haushalt eine Fulani Familie ist, die erst seit 1990 in Yiwogu lebt. In Kumbuyili hingegen sind 159 Personen (29%) Christen, 323 Einwohner (60%) Muslime und nur ein kleiner Teil, 57 Einwohner (11%), Anhänger der traditionellen Religion (vgl. Abb. 4-3).

Abb. 4-3: Religionsverteilung in Yiwogu und Kumbuyili in Prozent

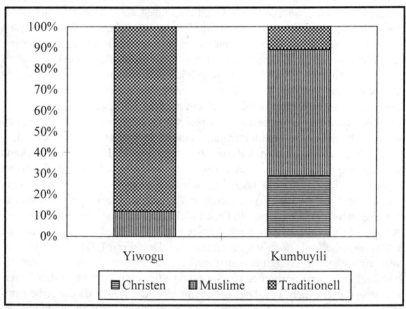

Quelle: H. GERTEL, Feldaufenthalt 1995

Schulbildung

Bezüglich des Bildungsstandes kann festgehalten werden, daß die in der Kolonialzeit angelegten regionalen Disparitäten zwischen Süd- und Nordghana auch in den Untersuchungsdörfern evident sind.[116] Fast alle

---

[116] Bezüglich der Entwicklung des 'modernen' Bildungssystems in Ghana siehe ANTWI (1992).

Erwachsenen sind Analphabeten. In Yiwogu besuchen von 98 Kindern lediglich 10 die Schule. Dies liegt vor allem daran, daß sich die nächste Grundschule in Savelugu befindet, was einen Fußmarsch von drei Stunden bedeutet, da Trotros (Sammeltaxis) nur äußerst selten nach Yiwogu fahren. In Kumbuyili hingegen haben 87% der Haushalte Kinder in der Schule. Allerdings ist in Bezug auf den Schulbesuch ein eindeutiger *gender bias* festzustellen. Lediglich 32% aller Kinder, die die Schule besuchen, sind Mädchen. Gegen einen Schulbesuch der Kinder sprechen aus Sicht der Dorfbewohner hauptsächlich zwei Gründe. Zum einen werden die Kinder (vor allem die Mädchen) im Haushalt benötigt, etwa zum Wasser holen oder zum Aufpassen auf jüngere Kinder, und tragen somit zur Reproduktion des Haushaltes bei. Zum anderen werden seit 1994, im Zuge der Strukturanpassungsprogramme der Weltbank, Schulgebühren erhoben. Diese Gebühren stellen eine monetäre Belastung der einzelnen Haushalte dar, die zu den bis dato erforderlichen Ausgaben für Schulkleidung und Bücher hinzutraten.

4.2.2 Subsistenzproduktion versus Weltmarktintegration

In bezug auf die Agrarstruktur ist zunächst festzuhalten, daß bei den Dagombas die indigene Arbeitsteilung noch stark ausgeprägt ist. Dies hängt hauptsächlich mit dem Tabu zusammen, daß Frauen keine Hacke benutzen dürfen. Die Männer verrichten daher die Hauptarbeit auf den Feldern, während die Frauen für den Haushalt und die Vermarktung der Feldfrüchte verantwortlich sind. Angebaut werden vor allem *food crops*, für deren Allokation innerhalb des Haushaltes der Haushaltsvorstand verantwortlich ist. Bei den patrilinear organisierten Dagombas ist dies in der Regel der älteste Mann bzw. derjenige, der hauptsächlich die Felder bestellt. Die Frauen unterstützen die Männer beim Pflanzen und Ernten der Feldfrüchte. Die meisten Frauen in Kumbuyili besitzen jedoch einen kleinen Hausgarten, wo sie Gemüse anbauen, welches entweder für den Eigenbedarf genutzt oder auf dem Tamale Markt verkauft wird. Das Hauptanbauprodukt in Kumbuyili und Yiwogu ist Mais, gefolgt von Yam, Millet, Erdnüssen, Cassava, Bohnen, Sorghum und Reis. Als *cash crop* werden vor allem Erdnüsse, Trockenreis und Tabak sowie in Yiwogu Baumwolle angebaut (vgl. Abb. 4-4). Der Anbau von Mais, Yam und Millet steht im Vordergrund, da daraus das lokale Lieblingsessen 'TZ' zubereitet wird. Feldfrüchte wie Cassava, *cowpea* (Vigna unguiculata) und Sojabohnen wurden erst vor ca. 20 Jahren eingeführt. Erdnüsse werden zwar bereits seit einigen Jahrzehnten angebaut, als *cash crop* jedoch ebenfalls erst seit ca. 20 Jahren. Reis hingegen wird bereits seit ca. 25 Jahren als *cash crop* angebaut und Tabak seit ca. 15 Jahren. Der Anbau von *cash crops* korreliert mit der Übertragung von Experten-Systemen auf den

Abb. 4-4: Anbaukalender von Kumbuyili und Yiwogu

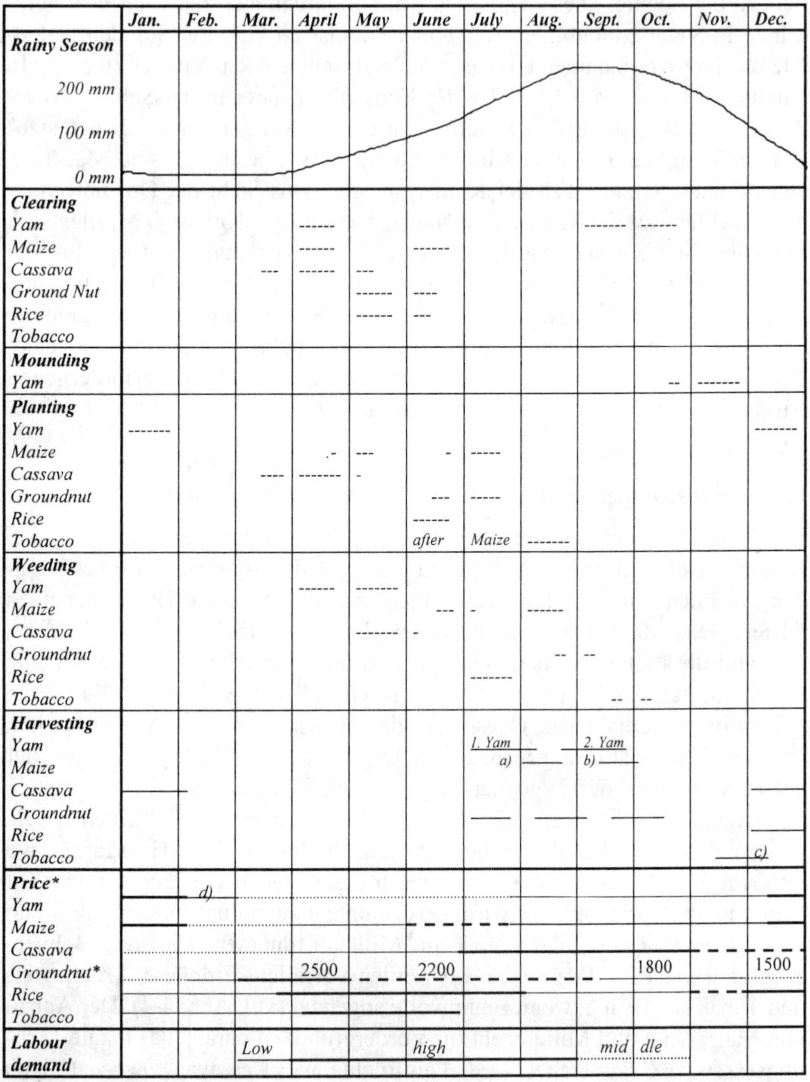

	Jan.	Feb.	Mar.	April	May	June	July	Aug.	Sept.	Oct.	Nov.	Dec.
Rainy Season 200 mm 100 mm 0 mm												
Clearing												
Yam				------					------	------		
Maize				------	------							
Cassava			---	------	---							
Ground Nut					------	----						
Rice					------	---						
Tobacco												
Mounding												
Yam											--	-------
Planting												
Yam	-------											-------
Maize				. -	---	-	-----					
Cassava			----	-------	-							
Groundnut						---	-----					
Rice					------							
Tobacco					after	Maize	-------					
Weeding												
Yam				------	-------							
Maize						---	-	------				
Cassava					-------	-						
Groundnut									--	--		
Rice						-------						
Tobacco									--	--		
Harvesting												
Yam							1. Yam a)		2. Yam b)			
Maize												
Cassava	——											——
Groundnut							——	——	——			
Rice												
Tobacco											c)	
Price*												
Yam		d)										
Maize												
Cassava												
Groundnut*				2500		2200				1800		1500
Rice												
Tobacco												
Labour demand				Low			high			mid	dle	

* Prices in cedis in 1995 Quelle: H. GERTEL, Feldaufenthalt 1995/1996.

very low price ....
low price ─────
high price - - - - -
very high price ━━━━

a) White Maize
b) Yellow Maize
c) Follows Harmatan
d) Water Yam (Dioscorea alata)

lokalen Kontext. Internationale Agrarexperten, zum Beispiel deutsche GTZ Angestellte, die seit 18 Jahren in einer Forschungsstation in Nyankpala (ca. 35 Kilometer westlich von Tamale) die landwirtschaftlichen Potentiale in Nordghana untersuchen, arbeiten eng mit ghanaischen Experten zusammen, die wiederum landwirtschaftliche Berater des *Ministry of Agriculture* in die Dörfer entsenden, um neue Farmmethoden und landwirtschaftliche Produkte an die Farmer zu vermitteln. Dadurch ändert sich das Verhältnis zwischen Natur und Gesellschaft. Landwirtschaftliche Ressourcen werden nicht mehr alleine zum eigenen Verzehr angebaut, sondern aufgrund der Möglichkeit, damit ein Geldeinkommen zu erzielen. Dadurch findet unter anderem eine Entsakralisierung des Landes statt. Landwirtschaftliche Ressourcen werden vermehrt in monetären Einheiten bemessen und weniger als göttliche Leihgabe betrachtet (vgl. Kapitel 3.1). Somit sind abwesende Experten, die in Laborversuchen die Agrarpotentiale der Guinea Savanne untersuchen, daran beteiligt, einen Prozeß der Entankerung hervorzurufen, der zu weitreichenden Umstrukturierungen lokaler Handlungskontexte beiträgt, in diesem Fall zur Monetarisierung der Gesellschaft.

Aufgrund der abnehmenden Bodenfruchtbarkeit mangels Brache vollzieht sich zur Zeit ein erneuter Wechsel der Anbauproduktpalette. Auf ehemals mit Sorghum bestelltem Land (welches hauptsächlich zum Bierbrauen (Pito) verwendet wird) werden nun verstärkt *cowpea* und Sojabohnen angebaut. Auf ehemaligen Yam- und Mais-Feldern findet nunmehr die, in Bezug auf die Bodenfruchtbarkeit relativ anspruchslose, allerdings bezüglich der Nahrungsaufnahme (im Untersuchungsgebiet) unbeliebte Knollenfrucht Cassava ihren Pflanzungsort wieder. Diese Entwicklung findet außerhalb des normalen Fruchtwechsels statt. In Kumbuyili und Yiwogu werden üblicherweise Mais, Erdnüsse und Millet im *mixed-cropping* Verfahren angebaut.[117] Im darauf folgenden Jahr wird auf demselben Feld Cassava oder Yam angepflanzt, bevor schließlich wieder Mais, Erdnüsse und Millet, eventuell kombiniert mit Bohnen, angebaut werden. Wie bereits oben angesprochen, werden die Felder in Kumbuyili als *compound* Farm bereits dauerhaft genutzt, wohingegen in Yiwogu das *bush fallow / land rotation* System neben der *compound* Farm (Innenfeld - Außenfeld) noch angewandt werden kann.

Die Feldbearbeitung erfolgt überwiegend mit der Hacke und dem *cutlass* (Buschmesser). Bei der Feldbearbeitung von Mais, Reis und Erdnußanpflanzungen werden seit einigen Jahren sehr erfolgreich Ochsengespanne eingesetzt (PANIN 1988). In Yiwogu werden zum Pflügen, wenn es die individuelle ökonomische Situation erlaubt, außerdem Traktoren benutzt. Der

---

[117] Zur Einführung des Anbaus im *mixed-cropping* Verfahren siehe BENNEH (1972).

durchschnittliche landwirtschaftliche Output pro bebauter Fläche für einige ausgewählte Feldfrüchte wird in Tabelle 4-2 wiedergegeben. Auffällig ist dabei, daß der landwirtschaftliche Output in Yiwogu wesentlich höher ist als in Kumbuyili, was hauptsächlich auf die besseren Bodenbedingungen zurückzuführen ist, da die notwendigen Brachezeiten weitgehend eingehalten werden können. Der dauerhafte Anbau in Kumbuyili hat nach Aussagen einiger Farmer vor allem seit den 90er Jahren zu stetigen Ertragseinbußen geführt. Probleme gibt es in beiden Dörfern bezüglich der Lagerhaltung. Nach Aussagen der Farmer sind Nacherntverluste durch Schädlingsbefall (*Weevil*, Ratten etc.) bis zu 50% (bei allen Produkten) keine Seltenheit.

Tab. 4-2: Landwirtschaftlicher Ertrag pro Haushalt

	Anbaufrucht	Durchschnittliche Farmgröße (*acres*)	Absoluter Ertrag (Säcke pro *acres*)
Kumbuyili	Yam	1,0	3.000 Knollen
	Mais	3,0	12,0
	Millet	3,0	12,0
	Reis	2,0	12,0
	Erdnüsse	1,0	3,0 (mit Schale)
Yiwogu	Yam	2,0	8.000 Knollen
	Mais	2,0	7,0
	Millet	5,0	20,0
	Reis	2,0	16,0
	Erdnüsse	4,0	6,0 (mit Schale)

Quelle: IRNA / UNESCO-CIPSEG (1993:22/23); H. GERTEL, Feldaufenthalt 1995

Ein weiteres Kennzeichen der Landwirtschaft in beiden Dörfern ist eine autochthone Form der Agroforstwirtschaft.[118] Bestimmte ökonomisch oder medizinisch bedeutsame Bäume werden auf den Feldern gelassen, wodurch sich Kulturbaumparke entwickelt haben. So werden zum Beispiel Schibutter Bäume (Butyrospermum parkii), Baobabs (Adansonia digitata), Dawadawa (Parkia clappertoniana), Neem (Azadirachta indica) und seit einigen Jahren Mangos (Mangifera indica) ökonomisch genutzt und nicht zur Brennholzgewinnung oder zur Feldvergrößerung gefällt. Der Verkauf der Früchte, beziehungsweise beim Schibutter Baum der hergestellten Butter und bei Neem

---

[118] Für den frankophonen westafrikanischen Kontext vgl. diesbezüglich vor allem KRINGS 1991.

der Verkauf des Stammholzes für den Hausbau, stellen jedoch wichtige neue und alte Quellen eines Geldeinkommens dar. Weiterhin werden zum Beispiel die Blätter des Baobab zu einem spinatartigen Brei verarbeitet, der sehr nahrhaft ist.

Ein wichtiger Bestandteil der Landwirtschaft in Nordghana ist die Viehzucht. Bis auf zwei Haushalte in Kumbuyili und einem Haushalt in Yiwogu haben alle Haushalte einen gewissen Viehbestand. Die Rinder werden von den männlichen Kindern gehütet, während die restlichen Tiere tagsüber frei grasend herumlaufen. Zur Betreuung der Rinderherden werden im Fall von Yiwogu auch Fulani-Hirten angestellt, damit genügend Arbeitskraft für die Farmarbeit zur Verfügung steht. Circa 95% aller Haushalte in Kumbuyili haben Hühner, 90% besitzen Ziegen und 32% halten Rinder. Der durchschnittliche Viehbestand in Kumbuyili ist wesentlich höher als in Yiwogu, was mit den sinkenden landwirtschaftlichen Erträgen in Kumbuyili zusammenhängt. Ein Großteil der Farmer investiert daher vermehrt in den Viehbestand, der für die Farmer gleichzeitig die Funktion einer Bank erfüllt. Wird durch den Verkauf von Überschüssen oder von *cash crops* ein Geldeinkommen erzielt, so wird dies in der Regel in Vieh investiert, um in Krisenzeiten das Vieh verkaufen zu können. Bis auf wenige Ausnahmen (sechs Männer aus Kumbuyili, die Arbeiter beim Militärstützpunkt *'Carmina Baracks'* fünf Kilometer südöstlich von Kumbuyili sind) hat kein Farmer Zugang zu einer Bank oder zu einer Kreditvereinigung. Das Vertrauen in die offiziellen Geldinstitute ist durch die hohe Inflationsrate zudem sehr gering.[119]

Die Arbeitsbelastung variiert sowohl saisonal als auch nach Geschlecht. Während der Trockenzeit ist die Arbeitsbelastung bei den Männern relativ niedrig, wohingegen sie während der Anbauperiode stark zunimmt. Die Trockenzeit wird daher genutzt, um Seile, Matten und Tierfallen anzufertigen und um auf die Jagd nach Antilopen, Hasen und *grass cutter* zu gehen. Weiterhin findet der Hausbau oder die Erweiterung eines *compounds* in der Trockenzeit statt.

Die Frauen haben das gesamte Jahr über eine hohe Arbeitsbelastung zu tragen. Neben den Tätigkeiten im Haushalt und der Vermarktung der Überschußproduktion sind sie verantwortlich für das Wasserholen und die Beschaffung von Feuerholz, wenngleich auch einige Männer Feuerholz sammeln. In der Regel müssen bis zu vier Kilometer für das Sammeln von Feuerholz zurückgelegt werden. Die Frauen sind weiterhin dafür verantwortlich,

---

[119] Die Inflationsrate lag 1994 bei 27% (VIETA 1995a:849), während die Zinsrate auf ein Sparguthaben lediglich bei 22-25% lag.

alle Inhaltsstoffe einer Mahlzeit, abgesehen von den Grundnahrungsmitteln und Fleisch, zu besorgen. Dies bedeutet, daß sie die entsprechenden Gemüsesorten und Kräuter selbst anbauen oder auf dem Markt kaufen müssen. Dazu ist es notwendig, ein eigenes Geldeinkommen zu erwirtschaften. Dies erfolgt vornehmlich durch das Sammeln und Verarbeiten von Schinüssen zu Schibutter und deren Verkauf sowie durch den Verkauf von Feuerholz, Seife oder Gemüse. Die hohe Arbeitsbelastung der Frauen wird auch bei der Betrachtung verschiedener Zeitbudget-Analysen deutlich, die hier allerdings nur die Aktivitäten erfassen, bei denen die Individuen den *compound* verließen (Abb. 4-5; 4-6; 4-7).[120]

Abb. 4-5: Typisiertes Zeitbudget eines Mannes > 30 Jahre (*Sample* = 25)

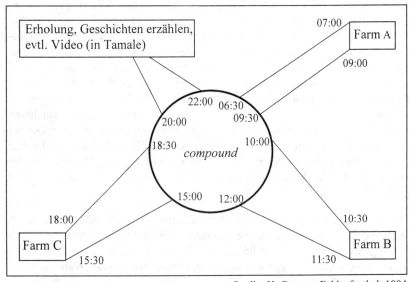

Quelle: H. GERTEL, Feldaufenthalt 1994

Bei näherer Ansicht der Zeitbudgets fällt weiterhin auf, daß vor allem die Männer die Abendstunden nutzen, um sich in Tamale, bzw. in Vororten von Tamale, die an die städtische Elektrizitätsversorgung angeschlossen sind, Fernsehprogramme oder Videos anzuschauen. Dabei ist zu beachten, daß junge Männer aufgrund ihrer besseren Englischkenntnisse dieses Unterhaltungsangebot häufiger wahrnehmen als ältere Männer. Außerdem werden

---

[120] Die Zeitbudget-Analysen wurden mit 60 Teilnehmern eines freiwilligen Englischkursus in Tampe-Kukuo, einem Nachbardorf Kumbuyilis, durchgeführt.

Abb. 4-6: Typisiertes Zeitbudget eines Mannes < 30 Jahre (*Sample* = 16)

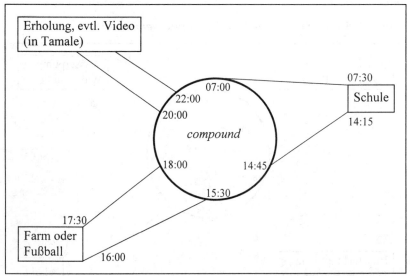

Quelle: H. GERTEL, Feldaufenthalt 1994

nur wenige Fernsehprogramme in Dagbani ausgestrahlt und es existieren nur sehr wenige Videos in Dagbani.[121] Obwohl es ein Anliegen der *Ghana Broadcast Corporation* ist, durch Eigenproduktionen, die häufig die Form von Bildungsprogrammen annehmen, '*the nation's cultural heritage*' (HEATH 1996:261) zu bewahren, werden doch, etwa durch die Ausstrahlung von *CNN* Nachrichten, Hollywood-Spielfilmen, einer wöchentlichen Zusammenfassung der deutschen Fußballbundesliga und Serien wie *Star Trek* durch das Medium Fernsehen Images vermittelt, die sozusagen am anderen Ende der Welt produziert werden. Fernseher, Kinos und Videos sind in Ghana die Medien der Imagevermittlung schlechthin. Bei einem Videonachmittag während der Regenzeit (1996), im *Presbyterian Guesthouse* in Tamale, wurde der Hollywoodfilm '*Back to the Future*' gezeigt, der von einer Zeitmaschine handelt. Es brauchte einige Stunden, den Anwesenden zu erläutern, daß dies reine Fiktion sei und nicht der Realität entspreche. Auf der anderen Seite handeln ghanaische Kinofilme, wie zum Beispiel '*The Snakeman*' von Themen wie 'Juojuo' (Vodun), die für den westlichen Betrachter völlig irreal

---

[121] Die Probanden waren zwar Teilnehmer eines Englischkursus – die bereits vorhandenen Englischkenntnisse variierten jedoch stark und korrelierten auch mit dem Alter, da die jüngeren Männer zusätzlich noch die staatliche Schule besuchten.

erscheinen, von den ghanaischen Kinobesuchern aber durchaus als real eingestuft werden.

Abb. 4-7: Typisiertes Zeitbudget einer Frau (*Sample* = 19)

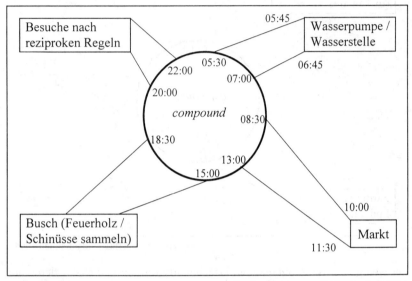

Quelle: H. GERTEL, Feldaufenthalt 1994

Beim Betrachten der Zeitbudgetanalysen fällt weiterhin auf, daß die jungen Männer neben der Farmarbeit noch die Schule besuchen. Die Schulen sind als 'moderne' Institutionen aufzufassen, deren Lehrinhalte teils auf Empfehlungen der *UNESCO*, teils auf globalen Standards beruhen und stark europäisch-nordamerikanisch geprägt sind. Die moderne Schule in Ghana ist sozusagen ein Medium der Globalisierung, da durch die Lehrer Wissen und Images vermittelt werden, die nicht aus dem lokalen Kontext stammen. Ein weiteres wichtiges Feld der Zeitbudgetanalyse der Männer unter 30 Jahren betrifft das tägliche Fußballspielen. Auch hierbei werden Images, die nicht dem lokalen Kontext der Lebenswelt der *Northern Region* entsprungen sind, vermittelt. Zum einen stellt die Sportart Fußball eine globale Institution dar, über die es zumindest theoretisch möglich ist, sowohl berühmt als auch reich zu werden. Diese theoretische Möglichkeit wurde von allen informell befragten Jugendlichen gedacht. Der ghanaische Fußballspieler Anthony Yeboah des Bundesligavereins Hamburger SV kann hier als Beispiel dienen. Zum anderen wird über das Fußballspielen auch ein *body-image* gebildet und vermittelt, welches den sportlichen, durchtrainierten Körper zur schau stellt.

In den Städten wie Accra und Kumasi kann dies auch daran beobachtet werden, daß Fitneßstudios einen expandierenden Dienstleistungsmarkt darstellen. Dabei ist zu berücksichtigen, daß 'Körperkult' in Ghana historisch gesehen durchaus, als Kampf- bzw. Kriegsvorbereitung, innerhalb einiger indigenen Gruppen betrieben wurde, was sich zum Teil noch in bestimmten Tänzen ausdrückt. Das Fußballspiel ist somit eine moderne und zugleich globale Form der *body-image* Vermittlung, die zur Ausbildung neuer Identitäten führt und in der Institution Sport neu verankert ist.

Zusammenfassung

Die Sozial- und Agrarstruktur der beiden Untersuchungsdörfer ist charakteristisch für den nordghanaischen Kontext. Obwohl die Lebenswelt der Bewohner von Kumbuyili durch die räumliche Nähe Tamales beeinflußt wird, ist der dörfliche Charakter bisher voll erhalten geblieben. Fast alle Haushalte sind ausschließlich in der Landwirtschaft tätig und somit abhängig von den jährlichen Ernteergebnissen ihrer Anbauprodukte. Diesbezüglich kam es in den letzten zwanzig Jahren zu einschneidenden Veränderungen. Zum einen haben sich neue Farmtechniken, wie *mixed cropping* und die Nutzung von Ochsengespannen, etabliert, zum anderen wurden neue Feldfrüchte eingeführt und damit die Landwirtschaft insgesamt diversifizierter gestaltet. Der Anbau von *cash crop* Produkten hat insgesamt zugenommen, was mit der verstärkten Notwendigkeit, ein Geldeinkommen zu erwirtschaften, korreliert. Damit hat sich die Mensch–Natur Beziehung verändert und die Bewohner der Dörfer wurden sukzessive in Globalisierungsprozesse eingebunden. Darüberhinaus wird durch moderne technische Medien (Fernseher) und Institutionen (Schule) die Vermittlung von Images und die Ausbildung neuer Identitäten vorangetrieben. Inwiefern weiterhin ein Entwicklungsprojekt zur Bildung von Images beitragen kann, wird im folgenden Exkurs erörtert.

4.2.3 Exkurs: Imagebildung an einer 'glokalen' Schnittstelle

Das *UNESCO-CIPSEG* Projekt verfolgt im Kontext des *'Man and the Biosphere' (MAB)* Programms eine Entwicklungsphilosophie, die traditionelle kulturelle Normen sowie indigenes Agrarwissen mit wissenschaftlicher Forschung im Bereich von Umweltschutz und Umweltkonservierung kombiniert.[122] Die Projektregion in Ghana umfaßt drei Distrikte in der *Northern*

---

[122] Das *UNESCO-CIPSEG* Projekt wurde vom BMZ über einen *Fund of Trust* finanziert. Da die gesamte deutsche Entwicklungshilfe 1996 wegen des ethnischen Konfliktes aus der

Region: Den Savelugu - Nantong Distrikt, den Tolon - Kumbungu Distrikt und den *West*-Dagomba - Tamale Distrikt (vgl. Karte 1-1). Diese Distrikte liegen innerhalb des ökologischen Großraumes der Guinea Savanne, die in Ghana eine hochgradig anthropogen überformte Kulturlandschaft darstellt. Durch die Einwirkungen der Menschen, die im Zuge ihrer Überlebenssicherung darauf angewiesen sind, auch marginalste Agrarflächen zu (über)nutzen, verringern sich die Biodiversivität und die Entwicklungspotentiale in der Landwirtschaft. Der konkrete Ansatzpunkt des Projektes liegt daher in der nachhaltigen Pflege und Nutzung kleiner Restwäldchen, die als 'heilige Haine', aufgrund kultureller und traditioneller Wertvorstellungen, von den umliegenden Dorfgemeinschaften seit langem aktiv geschützt werden. In jedem der drei oben genannten Distrikte befindet sich solch ein heiliger Hain.[123] Ziel des Projektes ist es, indigene und den örtlichen bioklimatischen Verhältnissen angepaßte Pflanzenarten aus den Wäldchen zu entnehmen und im Projektgebiet unter Mithilfe und Berücksichtigung der Interessen und Handlungsspielräume der lokalen Bevölkerung neu anzupflanzen. Dabei ist einerseits die Rehabilitation des degradierten Savannenökosystems Fokus des Projektes, andererseits stehen die Menschen im Projektgebiet im Vordergrund der auf Partizipation angelegten Projektarbeit. Ernährungssicherung, Ressourcenmanagement, Umweltbildung und die Verbesserung sowohl der traditionellen (durch Sicherstellung des medizinischen Pflanzenpotentials), als auch der modernen Gesundheitsversorgung (durch dörfliche Selbsthilfegruppen) sind vorrangige Projektziele (UNESCO-CIPSEG 1993; UNESCO-CIPSEG 1996).

An dieser Stelle ist festzuhalten, daß es sich bei diesem Projekt um ein *expert system* - in einem erweiterten Sinne zu GIDDENS (1990) - handelt. Auf der Makroebene ist es institutionell und 'entwicklungsphilosophisch' innerhalb der *UNESCO* in Paris verankert und verfügt über eine eigene Handlungslogik. Wie im folgenden gezeigt wird, treffen die verschiedenen Handlungslogiken der internationalen, der nationalen und lokalen Akteure im lokalen nordghanaischen Handlungsraum aufeinander, wodurch über die Vermittlung von Images der lokale Handlungskontext sozialer Beziehungen transformiert wird.

Nordregion abgezogen wurde, kam auch das *CIPSEG* Projekt größtenteils zum Erliegen. Weiterhin muß angemerkt werden, daß der Plan, ein Biosphärenreservat zu gründen, aufgrund fehlender nationaler Rahmenbedingungen nicht verwirklicht werden konnte.
[123] Insgesamt gibt es in Ghana gegenwärtig mehr als 1400 heilige Haine, die in Größe und Gestalt jedoch stark variieren. Der heilige Hain von Kumbuyili gehört zu den bekanntesten und spirituell 'mächtigsten' in Nordghana (AMOAKO-ATTA 1993:5).

Der heilige Hain von Kumbuyili (Malshegu *Sacred Grove*)

Der heilige Hain liegt ca. 500 Meter südwestlich von Kumbuyili und ist ca. ein Hektar groß (vgl. Luftbild 4-1). Der Legende nach existierte der Hain bereits vor dem 15. Jahrhundert, also bevor die ersten Dagombas in das heutige Nordghana einwanderten. Der heilige Hain wird auch als 'Kpalvogu *grove*' bezeichnet, da die Gottheit des Hains, in Gestalt eines Findlings unter einem Baobab Baum im heutigen Zentrum des Hains, Kpalvogu genannt wird (vgl. Foto 4-4). Der Gottheit des heiligen Hains wird von Seiten der lokalen Bevölkerung eine Schutzfunktion vor Kriegen, Hungerkrisen und Epidemien zugeschrieben. Diese Zuschreibung gründet auf orale historische Überlieferungen, nach denen Kpalvogu die lokale Bevölkerung vor allem vor Sklavenjägern geschützt haben soll. Die Gottheit stellt ferner ein Symbol der Einheit dar. Die verschiedensten Tabus von Seiten der lokalen Bevölkerung schützen den Hain vor Abholzung. So ist es zum Beispiel verboten, Pflanzen aus dem Hain zu entnehmen, ohne die für den Hain verantwortliche Priesterin vorher zu konsultieren. Der Hain darf zudem nur an bestimmten Tagen betreten werden. Dadurch wurde ein Refugium erhalten, welches die Klimax der Flora und Fauna der Guinea Savanne zumindest ansatzweise widerspiegelt. Nach Aussagen der lokalen Bevölkerung ist die Gottheit des Hains aber durchaus selbst in der Lage, sich vor menschlichen Übergriffen zu 'verteidigen'. So wird zum Beispiel ein Fall berichtet, der sich während der Kolonialzeit zugetragen haben soll: Angehörige der britischen Armee hatten Holz aus dem Hain entnommen, um damit die Dächer der Häuser ihres nahegelegenen Militärstützpunktes zu decken. Kurz nach der Fertigstellung sollen jedoch diese Häuser von alleine Feuer gefangen haben und vollständig niedergebrannt sein, woraufhin die Briten den Hain nicht mehr betreten hätten.

Aufgrund der langen Geschichte des Hains und der Mysterien, die sich darum gebildet haben, hatte sich innerhalb der lokalen Bevölkerung eine starke Identifizierung mit dem Hain und seiner Gottheit entwickelt. Dennoch war dieser traditionelle Schutz bis zur Einflußnahme des *UNESCO-CIPSEG* Projekts durch die zunehmende Umweltdegradation und die Landverknappung gefährdet. Bezüglich der Maßnahmen und Auswirkungen des *UNESCO-CIPSEG* Projekt siehe auch Abb. 4-8.

Der Hain als 'glokale' Schnittstelle

Die Institution[124] des heiligen Hains kann als 'glokale' Schnittstelle bezeichnet werden, da hier die aus dem lokalen Kontext stammenden Normen des

---

[124] DOUGLAS (1991:80) führt aus, daß Institutionen im weitesten Sinne auf Konventionen basieren: 'Konventionen kommen zustande, wenn alle Parteien ein gemeinsames Interesse

'traditionellen Umweltschutzes' mit den Images aus dem globalen Kontext der *UNESCO* Philosophie des *Man and the Biosphere* Programms zusammentreffen. Daraus ergeben sich die folgenden vier Konsequenzen, die im Kontext von Globalisierungsprozessen zu sehen sind:

1. **Lokal - internationaler Handlungsraum:**

In einer Untersuchung von DORM-ADZOBU / VEIT (1991) wurde der heilige Hain, der im *UNESCO-CIPSEG* Projektgebiet des *West-Dagomba-Tamale* Distriktes liegt, als Malshegu *sacred grove* bezeichnet. Die Wächterschaft über den Hain obliegt jedoch de facto der Dorfgemeinschaft von Kumbuyili bzw. der Priesterin von Katariga, dem 'Mutterdorf' von Kumbuyili. Da sich die Untersuchung von DORM-ADZOBU / VEIT lediglich auf Interviews mit den politischen Führern von Malshegu (dem größten Dorf in der unmittelbaren Nähe zum heiligen Hain) stützt, wurde von den Autoren die Wächterschaft über den Hain dem *chief* von Malshegu zugesprochen und der Hain in der Folge innerhalb der entwicklungspolitischen und eurozentristischen Debatte als Malshegu *grove* bezeichnet. Dies entspricht jedoch nicht den realen Gegebenheiten. Sicherlich existieren zwischen den verschiedenen Entscheidungsträgern in den Dörfern, die um den Hain herum entstanden, konfligierende Interpretationen über die historische Entwicklung und die Zusammenhänge zwischen dem heiligen Hain und der lokalen Bevölkerung. Die verschiedensten indigenen (ROBERTSON 1973) und historisch gewachsenen kulturellen Dispute sind in Ghana jedoch omnipräsent und sollten daher bei jeder wissenschaftlichen Untersuchung berücksichtigt werden. Die politischen Führer von Kumbuyili und die Priesterin von Katariga beschreiben die Geschichte beispielsweise wie folgt:

> *Kpalvogu became the symbol of unity of the communities in and around Malshegu, Kumbuyili, Gumo, Borgu Palgu, Katariga and other villages. This stermed one from the institutions of Kpalvogu, the believes and practices that deeply influenced the people of the area. The people therefore came under the leadership of the powerful sacred grove priest of Kpalvogu. With the help of Kpalvogu sagred grove, the people were able to rout the slave traders and other invaders. The guidance and protection the grove gave the people in time of danger, encouraged the individual clans and communities to move closer to Kpalvogu. This does not however mean that the Kpalvogu grove is under the jurisdiction of the Malshegu chief. Kplana, the chief of Kumbuyili is an elder of Katariga Tindaanpaga. The Malshegu chief is only consulted as a sign of respect because he is one of the 'big' chiefs in the area* (Interview mit der Priesterin von Katariga und den Ältesten aus Kumbuyili 1995*).*

---

daran haben, daß es eine Regel gibt, die für eine gewisse Koordination sorgt, wenn niemand konfligierende Interessen hat und niemand von der Regel abweicht, solange die erwünschte Koordination tatsächlich erfolgt'.

Hieran wird deutlich, wie in einem 'lokal - internationalen' Handlungsraum, in dem die verschiedensten Akteure mit jeweils eigenen Interessen agieren - DORM-ADZOBU / VEIT etwa mit dem Interesse, eine Studie, für die sie bezahlt werden, in der vorgesehenen Zeit anzufertigen und der *chief* von Malshegu mit dem Ziel, seinen lokalen Status durch die ihm 'zugeschriebene' Bedeutung durch die 'Experten' zu erhöhen - soziale Wirklichkeiten kreiert und in Texten festgeschrieben werden.

2. Lokal - lokaler Handlungsraum I:

Problematisch an dem Projekt war die dem *MAB* Programm zugrunde liegende Reservatsgliederung in konzentrische Kreise. Danach besteht ein Biosphärenreservat aus einer Kernzone (die komplett vor Eingriffen geschützt ist), einer Pufferzone (in der eingeschränkte anthropogene Nutzungen möglich sind) und einer Übergangszone (in der weitestgehend alle anthropogenen Nutzungen möglich sind, die nicht umweltzerstörend wirken) (vgl. die nicht maßstabsgetreue, idealtypische Darstellung auf Luftbild 4-1). Die strenge Form der konzentrischen Kreise wurde von der *UNESCO* zwar mittlerweile teilweise revidiert, aber die prinzipielle Abfolge der Einteilung ist gleich geblieben (UNESCO 1990). Daraus ergeben sich zwei Implikationen. Erstens stellt sich die Frage, welche Gemeinden am Projekt partizipieren; nur die, deren Gemarkung voll auf dem Projektgebiet liegen oder auch einzelne Akteure aus anderen Gemeinden, die aber ihr Farmland auf dem Projektgebiet haben? Zweitens konfligiert diese Zonierung eines potentiellen Biosphärenreservats mit der indigenen Raumvorstellung, die weder in konzentrischen Kreisen, noch in davon leicht abgewandelten Formen gedacht wird[125] (vgl. Abb. 4-8). Durch eine Zonierung des Projektgebietes werden neue Wirklichkeiten geschaffen und entstehen im Hinblick auf die symbolische Aneignung von Orten und Gebieten somit - vereinfacht ausgedrückt - zwei unterschiedlichen Handlungslogiken, der der lokalen Bevölkerung und der Logik von nationalen und internationalen Experten. WERLEN (1997:386/387) führt in diesem Zusammenhang beispielsweise folgendes aus:

> Die symbolische Aneignung von Orten und Gebieten ist für die Konstitution sinnhafter sozial-kultureller Wirklichkeiten zentral. Doch auch hier ist zu betonen, daß dadurch die sozial-kulturelle Welt nicht eine räumliche wird. Denn die räumliche Relationierung symbolischer Gehalte bedeutet nicht, daß die Symbole räumlich sind. Sie sind 'Bestandteil' der Kommunikation, und nicht des Raumes. Elemente der Kommunikation können in jedem Fall nur Sinngehalte werden. Diese können

---

[125] Die Auswirkungen dieser konfligierenden Raumimages konnten aus zeitlichen Gründen während des Feldaufenthaltes nicht im einzelnen untersucht werden. Hier bietet sich somit ein wichtiger Ansatzpunkt für weitere Forschungen zu diesem zentralen Thema.

räumlich relationiert sein und gerade in dieser Form - wie die Diskurse regionalistischer und nationalstaatlicher Bewegungen zeigen - äußerst machtvolle Mittel der Konstruktion sozialer Wirklichkeit werden.

Hierzu ist festzuhalten, daß dies zu Konflikten zwischen den lokalen Akteuren führen kann, da Ressourcen, wie etwa der Zugang zu Baumsetzlingen oder anderen Projektmitteln zunächst lediglich an die am Projekt beteiligten Gemeinden und Personen gebunden sind.

3. Lokal - lokaler Handlungsraum II:

Zwei weitere vorrangige Ziele von *CIPSEG* waren Umweltbildung und *empowerment* der Frauen. Diesbezüglich wurde eine Baumschule aufgebaut, die von Frauengruppen aus den Dörfern Kumbuyili und Yiwogu weitestgehend eigenverantwortlich geleitet wurde. Die Baumschule versorgte einerseits die *stakeholder* des Projektes mit Setzlingen und diente andererseits als einkommensschaffende Maßnahme, da die Frauen die überschüssigen Setzlinge, beispielsweise Teak- oder Mangosetzlinge, zu Marktpreisen verkaufen konnten. Weiterhin wurde mit der *micro-catchment* Technik eine neue Pflanztechnik für Baumsetzlinge vermittelt (vgl. Abb. im Anhang). Hier sei vermerkt, daß durch diese Wissensvermittlung den Frauen neue Zugänge zu Ressourcen eröffnet wurden. Prinzipiell ist auch nach Beendigung des Projekts nun jede Frau, die in der Baumschule gearbeitet hat, in der Lage, selbständig eine Baumschule anzulegen und die Setzlinge entweder zu verkaufen oder selbst anzupflanzen. Diesbezüglich ist jedoch zu berücksichtigen, daß die Eigentumsrechte hinsichtlich der Früchte von Bäumen sehr komplex und mitunter von Ortschaft zu Ortschaft verschieden sind. Über die Früchte bestimmter Baumarten, beispielsweise Mangos, können nur Männer verfügen, während die Nüsse des Schibutterbaumes von den Frauen verarbeitet werden und diese die daraus hergestellte Schibutter verkaufen. Langfristig kann dies dazu führen, daß die Eigentumsrechte an Bäumen neu verhandelt werden, da die Frauen durch die Projekttätigkeit nunmehr die hauptsächlichen 'Wissensträger' der neuen Pflanztechnik sind.

4. Lokal - nationaler Handlungsraum:

Durch die sehr hohe Akzeptanz des Projektes innerhalb der lokalen Bevölkerung wurden bestimmte 'traditionelle' Wertvorstellungen aufgewertet. Das Projekt trug etwa dazu bei, das Bewußtsein über das vorhandene natürliche Umweltpotential zu stärken, da das indigene Wissen sowohl im lokalen Kontext als auch in nationalen und internationalen wissenschaftlichen Abhandlungen entsprechend gewürdigt wurde. Radiosendungen in Dagbani und Englisch sowie nationale Fernsehausstrahlungen trugen weiter dazu bei, daß der Hain, seine traditionelle Bedeutung und seine Relevanz für den

Abb. 4-8: Maßnahmen & Auswirkungen des *UNESCO-CIPSEG* Projekts (Entwurf & Zeichnung: H. GERTEL 2000)

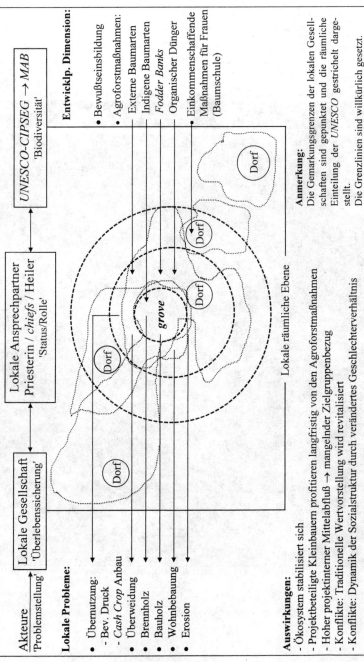

Akteure 'Problemstellung'

| Lokale Gesellschaft 'Überlebenssicherung' | Lokale Ansprechpartner Priesterin / *chiefs* / Heiler 'Status/Rolle' | *UNESCO-CIPSEG* → *MAB* 'Biodiversität' |

Lokale Probleme:
- Übernutzung:
  - Bev. Druck
  - *Cash Crop* Anbau
- Überweidung
- Brennholz
- Bauholz
- Wohnbebauung
- Erosion

Entwicklp. Dimension:
- Bewußtseinsbildung
- Agroforstmaßnahmen:
  - Externe Baumarten
  - Indigene Baumarten
  - *Fodder Banks*
  - Organischer Dünger
- Einkommenschaffende Maßnahmen für Frauen (Baumschule)

Lokale räumliche Ebene

Auswirkungen:
- Ökosystem stabilisiert sich
- Projektbeteiligte Kleinbauern profitieren langfristig von den Agroforstmaßnahmen
- Hoher projektinterner Mittelabfluß → mangelnder Zielgruppenbezug
- Konflikte: Traditionelle Wertvorstellung wird revitalisiert
- Konflikte: Dynamik der Sozialstruktur durch verändertes Geschlechterverhältnis

Anmerkung:
Die Gemarkungsgrenzen der lokalen Gesellschaften sind gepunktet und die räumliche Einteilung der *UNESCO* gestrichelt dargestellt.
Die Grenzlinien sind willkürlich gesetzt.

Abb. 4-9: Der 'heilige Hain' und die idealtypische Raumstruktur der *UNESCO-MAP* Projekte (Luftbild)

Quelle: SURVEY DEPARTMENT OF GHANA 1960; Regional Office Tamale; verändert H. GERTEL 1999

Umweltschutz in weiten Teilen Ghanas publik wurde. Dies erhöhte nicht nur die Identifizierung der lokalen Bevölkerung mit 'ihrem' Hain, sondern führte auch dazu, daß die von den Mitarbeitern der *UNESCO* transportierten globalen Images des Umweltschutzes, die im Fall des heiligen Hains zudem noch auf lokalen Umweltbewahrungsmaßnahmen basieren, über den lokalen Kontext hinaus in ganz Ghana verbreitet und somit eine fremdverursachte Imageproduktion über die nationalen Medien multipliziert wurde.

Zusammenfassend ist festzuhalten, daß sich an der glokalen Schnittstelle des Hains die Identitäten der lokalen Bevölkerung mit Images verschränken, die auf die Tätigkeit der *UNESCO* zurückzuführen sind, und es dadurch zu Umstrukturierungen von lokalen Handlungskontexten kommt. Zudem werden im nationalen Kontext durch den Einsatz moderner technischer Medien Images des lokalen Handlungsraums 'heiliger Hain' vermittelt und bekannt gemacht, die nicht aus der lokalen oder nationalen Handlungslogik stammen.

4.2.4 Lokale Nahrungsunsicherheit in der *Northern Region*

I can remember two food crisis in my life. At present, we are going to face a third one. Never before was a bag of corn more than 20.000 cedis (Farmer aus Tampe-Kukuo, ein Nachbardorf von Kumbuyili, 02.06.1995).

Grundlegend für den hier verwendeten Begriff der Hungerkrise ist ein von BOHLE (1992) entworfenes Modell (vgl. Abb. 4-9).[126] Dabei werden verfügungsrechtliche sowie krisen- und konflikttheoretische Ansätze miteinander verknüpft. Beim verfügungsrechtlichen Ansatz von Hungerkrisen geht es im wesentlichen darum, eine Hungerkrise nicht auf mangelndes Nahrungsmittelangebot hin zu untersuchen, sondern auf eine Verschlechterung der verfügungsrechtlichen Ausstattung, zum Beispiel hinsichtlich des Verlustes der Eintauschmöglichkeit von Arbeitskraft gegen Nahrungsmittel. Kritisiert wurde dieser Ansatz vor allem durch die konflikt- und krisentheoretischen Ansätze, die den Vertretern des verfügungsrechtlichen Ansatzes vorwerfen, die tieferliegenden strukturellen Ursachen eines Verlustes der Verfügungsrechte, nämlich langfristig angelegte Reproduktionskrisen, bei ihrer Analyse

---

[126] Bei dem hier verwandten Konzept von BOHLE handelt es sich um einen sehr frühen Entwurf, der in der Folge sehr stark, besonders durch das Konzept von Verwundbarkeit und Perspektiven einer geographischen Risikoforschung, erweitert wurde (BOHLE / WATTS 1993; BOHLE 1994). In Anbetracht des analytischen Schwerpunktes dieser Arbeit ist es jedoch ausreichend, mit diesem aus einem Frühstadium stammenden Konzept, zu operieren.

auszublenden. Hungerkrisen sind damit keine plötzlich auftretenden Phänomene, sondern es liegen ihnen langfristig angelegte strukturelle (politische, ökonomische, ökologische und kulturelle) Ursachen zu Grunde, und lediglich die Krise selbst, bzw. die Hungerkatastrophe, kann durch ein entscheidendes kritisches Ereignis, nach einer kumulativen Verkettung einer Vielzahl von Ereignissen, ausgelöst werden.

Abb. 4-10: Modell einer Hungerkrise

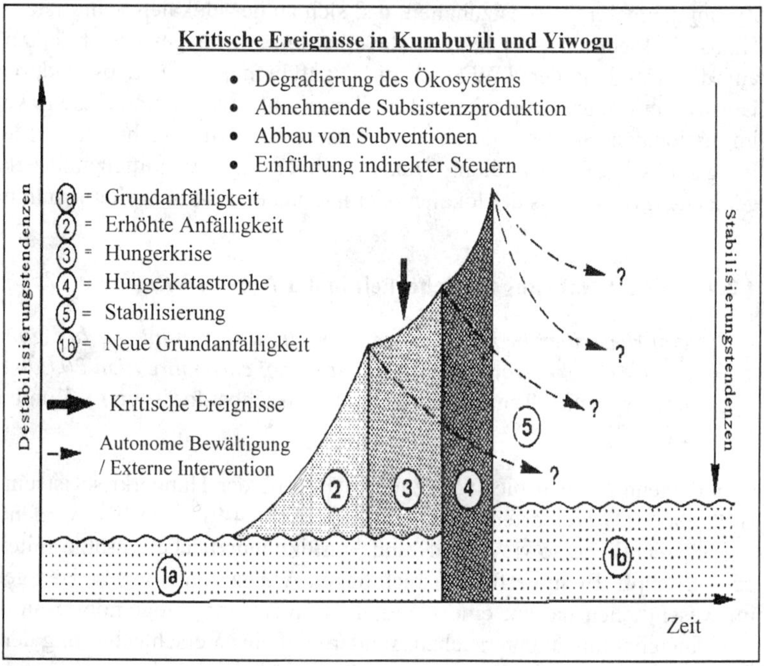

Quelle: BOHLE (1992:84); leicht verändert H. GERTEL 1998

Entscheidend bei diesem Modell ist, daß es von einer grundsätzlichen Krisenanfälligkeit eines Nahrungssystems (der Grundanfälligkeit im Modell) gegenüber internen oder externen Schocks und Risiken ausgeht. Aufgrund von Destabilisierungsprozessen kann es nach einer kumulativen Zunahme von kritischen Ereignissen (Dürren, Kriege) zu einer erhöhten Anfälligkeit und einer Hungerkrise kommen, die ihren Höhepunkt in einer Hungerkatastrophe erreicht. Nach dem vorübergehenden (teilweisen) Zusammenbruch des Nahrungssystems setzen Stabilisierungprozesse ein, wodurch sich das Nahrungssystem wieder erholt. Wie im Modell deutlich wird, geschieht dies aber häufig auf einem höheren Niveau der Grundanfälligkeit. Die Folge ist eine zunehmende Verwundbarkeit gegenüber Nahrungskrisen. Hier ist anzumerken, daß beim vorliegenden, veränderten Modell, die Situation in den beiden Untersuchungsdörfern nachgezeichnet wurde, das heißt, es kam 1996 in den Nordregionen Ghanas 'lediglich' zu einer Nahrungsunsicherheit und nicht zu einer Hungerkatastrophe.[127] Die Grundanfälligkeit nach der Periode der Nahrungsunsicherheit ist jedoch auch auf einem höheren Niveau (1b) festzulegen.

Im Folgenden wird es darum gehen, Prozesse der Globalisierung, und hierbei ist insbesondere der Zwang einer zunehmenden Monetarisierung der Gesellschaft anzusprechen, mit diesem Model der Hungerkrise in bezug zu setzen, um die lokale Nahrungsunsicherheit in den Nordregionen Ghanas von 1996 zu analysieren. Die Menschen in der Guinea Savanne Nordghanas werden jährlich im Juni und Juli mit dem Problem konfrontiert, ausreichend Nahrungsmittel für die Familie beschaffen zu müssen. Dies betrifft auch die Bewohner aus den beiden Untersuchungsdörfern. Jeweils kurz vor der ersten Yamernte sind in der Regel die eigenen Lagerbestände aufgebraucht (vgl. Abb. 4-4) und zusätzliche Nahrungsmittel müssen über den Markt besorgt werden. Diese Phase im Jahr wird von der Bevölkerung als *'lean season'* bezeichnet (LANGYINTUO 1995:3),[128] und kann somit, angewandt auf das Hungerkrisenmodel von BOHLE, als eine Phase der 'erhöhten Anfälligkeit' benannt werden. Meistens wird diese Phase durch bestimmte lokale Abfederungsmechanismen überwunden, ohne daß es zu einer Nahrungsunsicherheit kommt. Durch eine komplexe und kumulative Verkettung kritischer Ereignisse wurde 1995 jedoch eine Nahrungsunsicherheit ausgelöst. Einige dieser Ereignisse sowie langfristige Ursachenbündel sind in Abbildung 4-9 genannt, für eine detaillierte Zusammenfassung dient jedoch Abbildung 4-10. Aus dem Schaubild geht hervor, daß auf der lokalen Ebene die Überlebensökonomie bezüglich des Agrarsektors (seit ca. 20 Jahren) eine Transformation durchläuft, die dadurch gekennzeichnet ist, daß vermehrt *cash crops* angebaut werden, um die oben skizzierte Notwendigkeit eines monetären Einkommens zu realisieren. Dies bedeutet jedoch, daß gleichzeitig weniger absolute Farmfläche für die Subsistenzproduktion zur Verfügung steht. Dadurch werden auch geringere Mengen an Grundnahrungsmitteln produziert und gelagert. Gleichzeitig sinkt seit einigen Jahren durch zu kurze

---

[127] Während dieser Phase der Nahrungsunsicherheit starben keine Menschen an Hunger, aber Erscheinungen der Unterernährung waren offensichtlich.
[128] Diese Phase ist für einen Beobachter, der dies zum ersten Mal erlebt, eine unglaublich paradoxe Situation, erstrahlen doch die Felder nach den staubigen Monaten der Trockenzeit im prächtigsten Grün.

Abb. 4-11: Lokale Nahrungsunsicherheit im Kontext von Prozessen der Globalisierung[129]

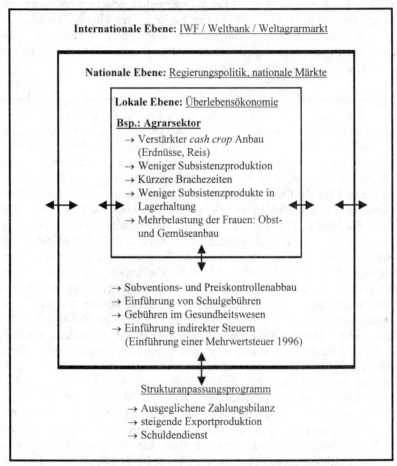

Entwurf & Zeichnung: H. GERTEL 1999

---

[129] Bezüglich des Schaubildes ist anzumerken, daß die Doppelpfeile den bei Globalisierungsprozessen immer mitgedachten dialektischen Prozeß von Ursache und Wirkung symbolisieren. So wird zum Beispiel der 'Erfolg' der Strukturanpassungsprogramme unter anderem daran gemessen, wieviel Devisen etwa durch den *cash crop* Anbau erwirtschaftet wurden. Nach einer diesbezüglichen Evaluierung werden dann entsprechende zusätzliche Maßnahmen zur Exportsteigerung eingeleitet.

Brachezeiten - oder sogar wie im Fall Kumbuyilis durch dauerhaften Feldanbau - der landwirtschaftliche Output. Die zunehmende Degradierung der Böden kann zwar durch den Anbau von Leguminosen zum Teil abgepuffert, aber nicht vollständig kompensiert werden. Durch den negativen Trend der ökologischen Bedingungen und die durch den *cash crop* Anbau zunehmende Abhängigkeit von Marktprozessen, hat sich somit die Grundanfälligkeit der Bewohner aus den Untersuchungsdörfern gegenüber Situationen der Nahrungsunsicherheit in den letzten Jahren erhöht. Einen weiteren Indikator für die hohe Grundanfälligkeit, besonders in den ländlichen Gebieten, stellt die Unterernährung bei Kindern dar. So stellt VIETA (1995b:999) fest:

> *The national distribution of undernourished children shows that the condition is more prevalent in the rural than in the urban areas, where only 30% of population live. Thus Greater Accra (the most urbanised region) has the lowest prevalent rate of 16%. The worst affected regions are Northern (36%), Upper West (33%) and Western (33%).*

Synchron dazu werden durch die Entwicklungsphilosophie der Weltbank auf der internationalen Ebene politische Rahmenbedingungen und Konditionen gesetzt, die angesichts der staatlichen Umsetzung von Liberalisierungs- und Deregulierungsmaßnahmen Auswirkungen auf die lokale Überlebenssicherung haben. Beispielhaft seien hier die Interessen der Weltbank hinsichtlich einer ausgeglichenen (oder besser noch positiven) Zahlungsbilanz des Nehmerlandes angeführt. Dies soll dazu führen, daß mittels höherer Exportquoten mehr Devisen (bei entsprechenden Weltmarktpreisen) erwirtschaftet werden und somit die Schulden gegenüber den Gebern (und im afrikanischen Kontext sind dies vorwiegend öffentliche Geber, wie etwa der IWF) getilgt werden können.

Bezogen auf die nationale Ebene bedeutet die Umsetzung des SAP jedoch in erster Linie eine Monetarisierung der öffentlichen Dienstleistungen. Hiermit ist vor allem die Erhebung von Gebühren im Bildungs- und Gesundheitssektor angesprochen. Der Abbau von Preiskontrollen und Subventionen wurde bereits oben angesprochen, beispielhaft kann die 1990 durchgeführte Streichung der Subventionen für Kunstdünger angeführt werden. Zwischen 1990 und 1995 stiegen die Preise für Kunstdünger bei fast allen Sorten um mehr als 200%; der Preisanstieg von 1994 auf 1995 bei 'Super Phosphat' betrug sogar 317% (ISSER 1996:93/94). Der Abbau der Preiskontrollen und der damit korrespondierende Preisanstieg beim Treibstoff führte unter anderem auch dazu, daß in Yiwogu 1994 und 1995 mehrere Reisfarmen nicht bestellt werden konnten, da die Leihgebühren für Traktoren zu teuer wurden und nicht genügend Arbeitskräfte zur Verfügung standen, alle vorgesehenen Farmflächen zu bestellen.

Somit trugen diese lang- und mittelfristig angelegten Strukturveränderungen im Agrar-, Bildungs- und Gesundheitssektor maßgeblich dazu bei, die Grundanfälligkeit der Bewohner Kumbuyilis und Yiwogus gegenüber Nahrungskrisen zu erhöhen, bzw. auf das Niveau einer erhöhten Anfälligkeit zu heben. Die *'trigger events'* der Nahrungsunsicherheit von 1995 waren schließlich zum einen der ethnische Konflikt in der Nordregion von 1994 und 1995 (vgl. Kap. 3.1.4) und zum anderen die Einführung der Mehrwertsteuer von 17,5% im Mai 1995. Durch die darauf folgende, über Nacht einsetzende Inflation stiegen die Preise für Grundnahrungsmittel sprunghaft an. So kostete ein Sack Mais im Mai 1995 in Tamale noch 20.000 *cedis*,[130] im Juni allerdings schon 26.000 *cedis*. Der Preis für Labbaco Yam stieg um 400%, von 1.000 *cedis* für drei Wurzeln im Mai 1995 auf 4.000 *cedis* im Juni. Ebenso stieg der Preis für Millet zwischen Mai und August 1995 um 400%. Diese hohen Preisanstiege sind aber auch im Zusammenhang mit dem auf regionaler Ebene ausgetragenen, ethnischen Konflikt in Nordghana von 1994 und 1995 zu sehen. Durch diesen Konflikt blieb die nationale Nahrungsmittelproduktion 1994 und 1995 hinter den Erwartungen zurück, da praktisch die gesamte Ernte in weiten Gebieten der *Northern Region* ausfiel und es zu einer Verknappung des Nahrungsmittelangebots und somit zu einem zusätzlichen Inflationsauslöser kam.

Als eine erste Bewältigungsstrategie wird von den Bewohnern der Untersuchungsdörfer in solch einer Situation der Unsicherheit das Vieh verkauft. Im Falle Yiwogus hatte bereits ein Haushalt Ende Mai 1995 bis auf ein Huhn seinen gesamten Viehbestand verkauft.[131] Eine weitere Bewältigungsstrategie ist der Wechsel von Konsummustern bei der Nahrungsaufnahme. Dies bedeutet, daß die Quantität und die Qualität der Nahrung reduziert wird. Es werden fast ausschließlich Grundnahrungsmittel konsumiert, die dann zum Beispiel mit Blättern des Baobab Baums garniert werden. Als dritte Strategie kann hier noch das Abrufen von Solidaritätsbeziehungen aus sozialen Netzwerken angeführt werden, wodurch zumindest die Überlebenssicherung während solch einer kurzfristigen Phase (ca. drei Monate) der Nahrungsunsicherheit garantiert werden kann.

Nachdem Ende Juni 1995 die erste Ernte eingebracht werden konnte, war die Situation der Nahrungsunsicherheit weitestgehend überwunden, allerdings befand sich die neue Grundanfälligkeit auf einem höheren Niveau als die ur-

---

[130] Im Mai 1995 lag der Wechselkurs des *cedi* bei 1.100 gegenüber dem Dollar.

[131] Da die quantitative Erhebung in Kumbuyili bereits im April 1995 stattfand, konnte der Verkauf großer Viehbestände (wegen des Überangebots zu denkbar schlechten Preisen) lediglich beobachtet bzw. durch informelle Gespräche erfahren werden. Aus Zeigründen konnte auch keine zweite Totalerhebung durchgeführt werden.

sprüngliche Grundanfälligkeit, da einige Haushalte in Kumbuyili und Yiwogu sowohl ihre monetären Ersparnisse aufgebraucht, als auch ihren Viehbestand verkauft sowie ihre sozialen Netzwerke während der Phase der Nahrungsunsicherheit strapaziert hatten.

<u>Zusammenfassend</u> kann daher festgehalten werden, daß die Nahrungsunsicherheit in Nordghana 1995 einerseits auf einer Verknappung des Nahrungsmittelangebots und andererseits auf einem Verlust von Verfügungsrechten (zum Beispiel durch den Preisanstieg bei Grundnahrungsmitteln durch die Einführung der Mehrwertsteuer) beruhte. Dies führte jedoch 'lediglich' zum Ausbruch der Nahrungsunsicherheit. Wesentlich bedeutsamer ist in diesem Zusammenhang die über die letzten Jahre zunehmend angewachsene Grundanfälligkeit gegenüber Nahrungskrisen. Durch die schlechter werdenden ökologischen Rahmenbedingungen sowie die Strukturanpassungsmaßnahmen der Weltbank mit der entsprechenden Umsetzung durch den ghanaischen Staat, wurde graduell die Grundanfälligkeit gegenüber Nahrungskrisen erhöht. In diesem Kontext ist auch die Bedeutung von Geld als *symbolic token* und damit als *disembedding* Mechanismus zu sehen. Einerseits war der ghanaische Staat gezwungen, Devisen zu erwirtschaften, um seinen Verpflichtungen gegenüber den Geberländern nachzukommen,[132] andererseits trug die Regierung durch die oben skizzierten Maßnahmen zu einer Monetarisierung der Gesellschaft bei. Dadurch ist eine Situation des 'erzwungenen Vertrauens' in den *cedi* und eine zunehmende Einbindung in Marktprozesse entstanden. Diese Situation wiederum birgt Unsicherheiten in sich, die im Wesen von Marktprozessen liegen. Beispielhaft kann hier die teilweise sprunghafte Inflation in Ghana oder die unberechenbare Preisbildung auf den Weltagrarmärkten angeführt werden. Dies bedeutet nun, daß sich die Bevölkerung der Untersuchungsdörfer in einer Lage der 'doppelten Unsicherheit' befindet. Zum einen ist hier die schon immer existierende Unsicherheit der ökologischen Rahmenbedingungen, die allerdings zusehend anthropogen beeinflußt werden, zu nennen. Dazu kommt nun zum anderen die Unsicherheit von Marktprozessen. Nun könnte argumentiert werden, daß der *cash crop* Anbau, und damit die Diversifizierung der Anbaufrüchte, das Prinzip einer Risikostreuung impliziert. In Anbetracht des Anbaukalenders, der eine Überschneidung der Anbauzeit von *food* und *cash crops* widerspiegelt (abgesehen von Tabak,[133] der erst nach der Maisernte angepflanzt

---

[132] An dieser Stelle wäre es durchaus interessant, zu untersuchen, inwiefern *disembedding* Mechanismen auf nationaler Ebene neue Interaktionszusammenhänge kreieren. Dies soll an dieser Stelle jedoch nicht weiter ausgeführt werden.

[133] SCHMID / REISCH (1971:548) geben an, daß das Pflanzen von Tabak in der Fruchtfolge nach Mais durchaus empfehlenswert ist. Inwieweit jedoch Tabak bei Nichtdüngung zu langfristig sinkenden Erträgen führt, konnte nicht recherchiert werden.

wird), kann das Prinzip der Risikostreuung hier nicht gelten,[134] sondern viel eher ist die Notwendigkeit eines monetären Einkommens eine Voraussetzung, um überhaupt an den öffentlichen Dienstleistungen partizipieren zu können sowie den individuellen Status der Personen zu erhöhen, der mehr und mehr über Geld definiert wird. In Kumbuyili und Yiwogu ist weiterhin zu beobachten, daß in jedem Haushalt verstärkt Frauen ihren Beitrag zum monetären Einkommen leisten. Dies geschieht zum einen durch das Sammeln und Verarbeiten von Schinüssen zu Schibutter und dem anschließenden Verkauf der Butter auf dem Markt, bzw. an Großhändler, und zum anderen seit einigen Jahren durch den Anbau von Gemüse, welches hauptsächlich zur Vermarktung und nicht zum Eigenkonsum produziert wird. Dies war bisher durch das Tabu, eine 'Hacke zu halten', nicht möglich. Unter dem gestiegenen Druck, ein monetäres Einkommen zu erzielen, um etwa die Gefahr gegenüber einer Nahrungskrise zu reduzieren oder die Schulbücher der Kinder zu finanzieren, löst sich diese Form der traditionellen Arbeitsteilung nach und nach auf. Somit werden lokale Handlungsmuster über das Medium Geld neu strukturiert. Gewachsene Interaktionszusammenhänge lösen sich auf und werden in neue, zunehmend über monetäre Einheiten definierte Handlungsmuster verankert.

4.3 Monetarisierung als Ursache der Entankerung lokaler Beziehungen

Geld wirkt im Sinne GIDDENS als *disembedding* Mechanismus, wodurch unter anderem der Austausch entpersonalisiert wird. Alles kann gegen alles ausgetauscht werden. Für KEYNES wiederum stellt Geld eine Verknüpfung der Gegenwart mit der Zukunft dar (GUYER 1995:6). Dadurch kommt zum Ausdruck, daß Geld und Zeit in unmittelbarem Zusammenhang stehen. GIDDENS (1996:37) beschreibt dies folgendermaßen:

> Geld ist ein Verfahren des Aufschubs und ermöglicht die Verknüpfung von Kredit und Verpflichtung unter Umständen, wo ein unmittelbarer Produktaustausch unmöglich ist. Das Geld ist, wie wir sagen können, ein Mittel zur Zeitverklammerung und daher ein Mittel, Transaktionen aus ihren spezifischen Austauschumfeldern herauszuheben. [...] Geld ist ein Mittel zur raumzeitlichen Abstandsvergrößerung. Das Geld schafft die Voraussetzungen für die Durchführung von Transaktionen zwischen Akteuren, die in Raum und Zeit weit voneinander entfernt sind.

---

[134] Sicherlich beinhaltet eine Diversifizierung des Anbaus eine Risikostreuung, wenn eine oder zwei Feldfrüchte nicht gut gedeihen. Kommt es jedoch zum Beispiel zu einer zeitlich begrenzten Dürre, dann liegt nur dann eine Risikostreuung vor, wenn die verschiedenen Feldfrüchte zu unterschiedlichen Zeitpunkten eingepflanzt und geerntet werden können. Dies ist in Kumbuyili aufgrund der klimatischen Bedingungen nicht möglich.

Durch Geld werden somit Austauschsituationen geschaffen, die nicht mehr unter dem Vorzeichen der Kopräsenz stehen. Geld, als *symbolic token*, ist somit lediglich quantifizierte Information, die von den jeweiligen Notenbanken herausgegeben wird, und in keinem Zusammenhang mit lokalen Alltagshandlungen steht. Eine notwendige Bedingung dafür, daß *disembedding* Mechanismen wie Geld als Prozesse der Globalisierung wirken, ist, so GIDDENS, das Vertrauen in diese Mechanismen. Das Vertrauen in den ghanaischen *cedi* ist sicherlich weniger stark ausgeprägt als etwa das Vertrauen in die (nun vom Euro abgelöste) Deutsche Mark, es hat aber unter Strukturanpassungsbedingungen zugenommen, und wo dies nicht der Fall ist, entstand in den letzten 15 Jahren eine Situation des 'erzwungenen Vertrauens'. Dies erscheint auf den ersten Blick paradox, schließen sich doch Vertrauen und Zwang aus. Im ghanaischen Kontext ist es dennoch sinnvoll, dieses Begriffspaar anzuwenden. Durch die Strukturanpassungsprogramme der Weltbank wurde zunehmend die Notwendigkeit der 'Geldproduktion', etwa durch *cash crop* Anbau, forciert, um zum Beispiel bestimmte öffentliche Dienstleistungen in Anspruch nehmen zu können.

GIDDENS versteht Geld also als einen Mechanismus von *disembedding*. In seinen Ausführungen impliziert er dabei, daß es sich um Allzweckgeld handelt. Allerdings kann gegenwärtig in Ghana ein weiterer Trend beobachtet werden, bei dem dasselbe Geld, der Ghanaische *cedi*, als Sonderzweckgeld zu einem *reembedding* Mechanismus wird. Geld führt zum einen zur raumzeitlichen Abstandsvergrößerung, da Interaktionszusammenhänge zunehmend aus ihrem lokalen Kontext herausgehoben werden und durch Abwesenheit der Akteure gekennzeichnet sind. Zum anderen werden durch Geld, und zwar mittels Sonderzweckgeld, hauptsächlich in Momenten der Anwesenheit, aber durchaus auch in Situationen der Abwesenheit, neue Interaktionszusammenhänge im lokalen Kontext geschaffen; dann nämlich, wenn der soziale Status des Empfängers durch zum Teil quasi öffentliche Geldübergaben von einem Akteur zum anderen erhöht oder manifestiert wird. In solch einer Situation wird Geld sprichwörtlich zum *symbolic token*. Es symbolisiert die Wertschätzung des einen Akteurs gegenüber dem anderen. Somit stellt Geld ein Symbol des 'Respekt Erweisens' dar. Der Begriff Respekt hat besonders für alte Personen innerhalb der ghanaischen Gesellschaft eine zentrale Bedeutung. Zunehmend basiert Respekt aber nicht auf Alter oder politischer Macht, sondern auf ökonomischem Erfolg.

Es kann hier schließlich festgehalten werden, daß durch die Monetarisierung des Alltagslebens - und damit die zunehmende Einbindung sozialer Beziehungen in Beziehungen des Austauschs - lokale Handlungskontexte umstrukturiert wurden. Dadurch ändert sich auch das Mensch - Natur Verhältnis.

Beispielsweise werden Land und landwirtschaftliche Produkte zunehmend entsakralisiert und in ökonomische (Geld)Einheiten bemessen. Weiterhin entstehen gruppenspezifisch neue Chancen und neue Restriktionen beim Zugang zu Ressourcen. Auf der einen Seite wird Land zunehmend zu einer knappen Ressource, da durch den Zwang, ein Geldeinkommen zu erzielen, bereits marginalste Landstriche bepflanzt werden. Den zukünftigen Generationen wird es daher in Anbetracht des lokalen Bevölkerungswachstums zunehmend schwerfallen, aus der landwirtschaftlichen Produktion ausreichend Nahrungsmittel und Geldmittel zum Überleben zu beziehen. Neue Zugänge zu Ressourcen sind auf der anderen Seite dort entstanden, wo Frauen zunehmend in der Landwirtschaft tätig sind. Bis vor einigen Jahrzehnten war es für Frauen tabuisiert, ein Feld zu bearbeiten. Dies hat sich dahingehend verändert, daß Frauen vermehrt in der Gemüseproduktion - nicht nur für den Eigenbedarf, sondern vor allem zur Erzielung eines Geldeinkommens - tätig werden. Damit sind auch neue Alltagsräume entstanden. Das Feld wird vermehrt zum Aufenthaltsraum der Frauen. Dies erfolgt allerdings nicht durch eine Verringerung der Arbeitszeit hinsichtlich der reproduktiven Tätigkeit im Haushalt, sondern durch die Ausdehnung der täglichen Arbeitsstunden und Verringerung der Regenerationszeiten. Somit wird das Alltagsleben der Menschen aus den Untersuchungsdörfern vermehrt durch Prozesse der Globalisierung strukturiert. Durch die zunehmende Einbindung der Frauen in die landwirtschaftliche Produktion eröffnen sich allerdings für die Entwicklungszusammenarbeit auch neue Chancen. Frauen, als die hauptsächlichen Verantwortlichen für die Feuerholzbeschaffung, haben ein gesteigertes Interesse an agroforstwirtschaftlichen Renaturierungsprojekten bezüglich der Savannenökologie. Durch die Entstehung neuer Handlungsräume für die Frauen in der Feldarbeit können sie vermehrt in solche Projekte eingebunden werden.

Foto 4-3: Junge Männer beim Pflügen mit einem Ochsenpfluggespann

Foto 4-4: Der Baobab im Zentrum des 'heiligen Hains' von Kumbuyili

5. GLOBALISIERUNG ODER STRUKTURWANDEL IN GHANA?

In der vorliegenden Arbeit wurde der Versuch unternommen, gesellschaftliche Transformationen im ländlichen Raum Ghanas aus der Perspektive von Globalisierungsprozessen zu analysieren und die ihnen inhärente Dynamik herauszuarbeiten. Globalisierung ist - wie deutlich wurde - ein relativ neuer Begriff im wissenschaftlichen Diskurs, der zudem eine Hochkonjunktur bezüglich seiner Verwendung durchläuft. Die Benutzung des Begriffes ist sozusagen 'in Mode'. Eine Gefahr solcher 'Modediskurse' ist jedoch, daß Begriffe und Wirklichkeiten analytisch nicht getrennt werden und somit die Analyse unscharf bleibt oder gar neue Wirklichkeiten geschaffen werden. Für die vorliegende Untersuchung wurde der Begriff der Globalisierung daher als 'zu erklärende Variable' betrachtet und zunächst in die gegenwärtige Theoriedebatte eingeordnet sowie anschließend für die Analyse der Fallbeispiele operationalisiert (vgl. Kap. 2.6). Hierzu wurden drei erklärende Variablen eingeführt, die im Zusammenhang mit den Fallbeispielen die wichtigsten - jedoch nicht die einzigen - Variablen sind, um die konstituierenden Prozesse der Globalisierung zu analysieren. Den drei erklärenden Variablen, der Einbindung in marktorientierte 'Austauschbeziehungen', der 'physischen Anwesenheit und Abwesenheit' von Personen sowie der 'kognitiven Positionierung' von Personen liegen wiederum Prozesse zugrunde, die diese Variablen inhaltlich ausfüllen.

An den Fallbeispielen wurden für den ländlichen Raum Ghanas dabei drei Aspekte konkret herausgearbeitet:

1. Durch die **Monetarisierung** der Gesellschaft und die **Kommodifizierung** von Ressourcen ändert sich auf lokaler Ebene die Einbindung von Personen in Austauschbeziehungen sowohl quantitativ als auch qualitativ. So konnte beispielsweise gezeigt werden, daß etwa dadurch, daß Land einen Tauschwert erhält, die betroffene lokale Bevölkerung in wachsendem Maße in überregionale Austauschbeziehungen eingebunden wird, die darüber hinaus auch zunehmend über Geld geregelt werden. Dabei spielt es nur noch bedingt eine Rolle, ob sich die Handlungsräume der am Austausch beteiligten Personen im Alltag überlappen und es zu Situationen der Anwesenheit (Kopräsens) kommt - also routinisiert ablaufen. Vielmehr ist Geld als *symbolic token* ein *disembedding* Mechanismus im Sinne GIDDENS (1990:24) *'a means of bracketing time and so of lifting transactions out of particular milieux of exchange'*. Lokale Handlungskontexte werden dementsprechend umstrukturiert.

2. Der Prozeß der **räumlichen Mobilität** - der teilweise auch als Sekundäreffekt der Monetarisierung der Gesellschaft angesehen werden kann - führt dazu, daß eine Person einen bestimmten lokalen Handlungskontext verläßt und in einen anderen eintritt, insbesondere wenn es sich um Arbeitsmigration handelt. Die Mobilität dieser Person hat dabei sowohl Auswirkungen auf die sozialen Beziehungen im verlassenem Handlungsraum, als auch auf den lokalen Kontext des zusätzlichen Handlungsraumes. Im Fall von Gyankufa muß zum Beispiel die ausgefallene Arbeitskraft der räumlich mobilen Männer kompensiert werden, entweder durch die Steigerung der Arbeitsbelastung der zurückgebliebenen Familienmitglieder, vor allem der Frauen, oder durch das Anwerben von Fremdarbeitskräften, was jedoch die Verfügbarkeit von ausreichenden Kapital voraussetzt. Weiterhin verändert die (räumliche) Mobilität die Struktur der Austauschbeziehungen. So nimmt die Monetarisierung zu, da während der mobilen Phase nur selten auf Subsistenzprodukte zurückgegriffen werden kann und zum Beispiel die gegenseitige Verpflichtung besteht, bei der Rückkehr in den Ursprungsort Geschenke mitzubringen.

3. Weiterhin sind in diesem Zusammenhang die Prozesse der **Imagebildung** und der Ausbildung von **Identität** anzusprechen. Durch die Vermittlung neuer Images in den unterschiedlichen Handlungsräumen verändert sich, um beim Beispiel der Migration zu bleiben, die kognitive Positionierung des entsprechenden Individuums, etwa dahingehend, daß Werte, die an einem Ort Gültigkeit haben, zwar in andere Räume transportiert werden, jedoch nicht unbedingt mit der dort herrschenden 'Handlungslogik' direkt kompatibel sind. So entstehen in den verschiedenen Handlungsräumen Widersprüche und Konflikte über die sinnhafte Konstituierung der lokalen Lebenswelt. Daß die Imageproduktion dabei selbst in den globalen Kontext eingebunden ist, konnte am Beispiel der 'glokalen' Schnittstelle der 'heiligen Haine' nachgewiesen werden.

Die Konsequenzen der umstrukturierten lokalen Handlungskontexte, die durch diese Prozesse der Entankerung von sozialen Beziehungen ausgelöst werden, konnten an drei Bereichen aufgezeigt werden.

1. **Transformierte Zugänge zu Ressourcen:** Dies betrifft - wie deutlich wurde - vor allem Land. Nicht mehr kollektive und individuelle Nutzungsrechte, sondern die individuelle Kaufkraft definieren verstärkt die Zugangsmöglichkeiten zu Land (vgl. Kap. 3.2.2). Wie gezeigt wurde, sind dabei generell die *chiefs* als Verlierer dieses Prozesses anzusehen, da sie zunehmend ihre traditionelle Machtbasis verlieren. Ebenso sind die Jugendlichen, denen der Zugang zu Farmland vermehrt verschlossen wird,

Verlierer im Kommodifikationsprozeß (vgl. Kap. 3.1.3). Dahingegen sind im Zuge der Strukturanpassung entlassene und mit PAMSCAD-Geldern ausgestattete ehemalige Staatsbedienstete als Gewinner anzusehen, da sie ausreichend Kapital aufwenden können, um Land käuflich zu erwerben. Darüber hinaus konnte demonstriert werden, daß durch die ökonomische Restrukturierung Ghanas, besonders im Zuge der Strukturanpassung und dem dadurch verstärkten Zwang, ein Geldeinkommen zu erwirtschaften, Frauen in Kumbuyili einen besseren Zugang zur Nutzung von Farmland bekommen. Doch werden die Frauen dadurch nicht Besitzer dieses Landes, sondern sind vielmehr durch eine größere Arbeitsbelastung betroffen.

2. **Veränderte Alltags- 'Räume / Zeiten':** Die Prozesse der Globalisierung bewirken ferner, daß neue Alltagsräume und neue Alltagszeiten entstehen. Waren die Alltagshandlungen vor Einsetzen der Entankerungsprozesse weitestgehend auf den lokalen Raum des Dorfes und die unmittelbare Umgebung begrenzt, so werden nun verstärkt neue Räume und Zeiten erschlossen. Hinsichtlich der Frauen ist zum einen festzuhalten, daß sich ihr Aktionsraum vermehrt auf die Subsistenzfarm (Gyankufa) oder die Gemüsefarm (Kumbuyili) erstreckt, und die Aufenthaltsdauer im *compound*, dem traditionellen Aufenthaltsort der Frauen, sinkt (vgl. Kap. 3.2.1). Weiterhin wurde gezeigt, daß sich für die Männer die verschiedensten neuen Alltagsräume und -zeiten entwickelt haben, was etwa hinsichtlich der Arbeitsmigration bereits veranschaulicht wurde. Anhand der Analyse der Zeitbudgets konnte weiterhin demonstriert werden, daß sich die jungen Männer im (europäischen) Fußballspiel ein neues Betätigungsfeld erschlossen haben. Der Fußballplatz wird somit zu einem alltäglichen Handlungsraum, in dem soziale Bindungen durch das Fußballspiel neu geknüpft oder manifestiert werden. Schließlich werden durch neue technische Medien wie dem Fernseher neue Kommunikationszusammenhänge geschaffen, die in die (abendliche) 'Freizeit' hineinreichen und andere Interaktionen verdrängen (vgl. Kap. 4.2.2).

3. **Neue 'soziale Landschaften':** Die Entankerungsprozesse bringen neue Formen der (Raum-Zeit abhängigen) sozialen Schichtung hervor. Diese neuen Formen der sozialen Schichtung können, wie gezeigt wurde, aus der Sicht eines Beobachters metaphorisch verstanden als konstruierte 'soziale Landschaften' beschrieben werden. Entscheidend ist dabei, daß sich überall auf der Welt die Soziosphären der Individuen, im Sinne ALBROWS, nicht mehr alleine auf den lokalen Kontext beschränken, sondern es zu Überlappungen und 'sozialen Schnittstellen' (SCHLOTTMANN 1998) kommt. Besonders durch die Vermittlung neuer Images transformiert sich die kognitive Positionierung der Akteure. Es bilden sich neue Identitäten

aus, die nicht mehr allein auf den lokalen Kontext bezogen sind, sondern denen ein übergeordneter Handlungsraum mit seinen vielfältigsten Bezugspunkten zugrunde liegt (vgl. Kap. 4.2.4).

Als übergeordnete **Schlußfolgerung** ist daher festzustellen, daß bezüglich der eingangs geführten theoretischen Diskussion über die verschiedenen konzeptionellen Ansätze zu Prozessen der Globalisierung - wie aus den Fallbeispielen hervorgeht - diese Prozesse nicht vereinheitlichend im Sinne WALLERSTEINS wirken, sondern eher fragmentierend und polarisierend, was durch die Beschreibung der Kommodifikation von Land deutlich wurde (vgl. Kap. 3). Weiterhin vollziehen sich die Prozesse der Globalisierung zumindest im ländlichen Bereich Ghanas nicht einfach in explosionsartigen Schockwellen, wie HARVEY konstatiert, sondern verlaufen in ihrer gesellschaftsdurchdringenden Form sowohl graduell als auch schubweise. So konnte gezeigt werden, daß der Monetarisierung der Gesellschaft zwar durch die Einführung einer kolonialen Währung ein Entwicklungsschub gegeben wurde, der durch die Strukturanpassungsmaßnahmen noch einmal gestützt wurde, letztlich die Monetarisierung in Ghana jedoch graduell und in unterschiedlichen Tempi verläuft (vgl. Kap. 4.1). Allerdings kann hier HARVEYS Argumentation bezüglich der Auswirkungen auf die Identität der Individuen dahingehend gestützt werden, daß sich durch Imagebildung zunehmend Individuen (vor allem die jungen Männer aus dem Untersuchungsdorf Gyankufa) fragen, zu welchen Ort sie gehören bzw. zu welchen Ort sie gehören möchten (vgl. Kap. 3.2.4). Die lokal-globale Dialektik, die durch ROBERTSONS Begriff der 'Glokalisierung' zum Ausdruck kommt, regte in diesem Zusammenhang empirische Untersuchungen auf der lokalen Mikroebene an. Diesbezüglich baut die vorliegende Arbeit unter anderem auf die Ausführungen von GIDDENS auf. Entscheidend ist dabei - und das zeigen die Ergebnisse aus den Fallbeispielen - daß soziale Beziehungen durch die Globalisierungsprozesse aus ihrem lokalen Kontext entankert werden. Es konnte - über GIDDENS hinausgehend - weiterhin festgestellt werden, daß die Variablen *symbolic tokens* und *expert systems* im jeweiligen lokalen Kontext differenzierter betrachtet werden müssen, um sinnvoll empirisch vorzugehen. Die in dieser Arbeit ausgewiesenen 'erklärenden Variablen' und lokale Transformationsprozesse sind ein erster Schritt in diese Richtung; sie können die komplexen Aspekte der Globalisierung differenzierter erfassen und erklären.

Schließlich wurde in dieser Arbeit argumentiert, daß wenn es wie in den Fallbeispielen darum geht, gesellschaftliche Transformationen und Entwicklungsprobleme zu analysieren, und wenn dabei die Verflechtung von Handlungen auf unterschiedlichen räumlichen Maßstabsebenen untersucht werden sollen, es dann sinnvoll erscheint, die zu analysierenden Phänomene nicht einfach als Strukturwandel zu verstehen, da dieser Begriff lediglich zeitliche Prozeßabläufe ausdrückt. Im Gegensatz zum Begriff des Strukturwandels beinhaltet der Begriff der Globalisierung neben einer zeitlichen auch eine räumliche Dimension. Die konkreten Globalisierungsprozesse werden - wie herausgestellt wurde - dadurch dialektisch beschrieben, und zwar in dem Sinne, daß Handlungen in ihrem räumlichen Niederschlag auf lokaler Ebene mit Handlungen auf übergeordneter Ebene und in anderen Handlungskontexten in Beziehung stehen - und umgekehrt. Daher - so ein wichtiges Fazit dieser Arbeit - bietet der Begriff Globalisierung gerade für die geographische Entwicklungsforschung ein sinnvolles analytisches Instrument, um gesellschaftliche Transformationen und Entwicklungsprobleme aus einer räumlichen sowie zeitlichen Perspektive zu untersuchen. Raum und Zeit bilden dabei Dimensionen, die durch den handelnden Menschen ausgefüllt werden. Damit rückt der Mensch, in seiner Einbindung in soziale Beziehungen, ins Zentrum einer problemorientierten geographischen Analyse.

LITERATUR

Abatania, L. N. (1990): Land Tenure and Agricultural Land Use in the Damongo District: A Case Study in Kagbal. Unveröffentlichte Diplomarbeit. Geographisches Institut der Universität Legon. Ghana.

Abeliyine, A. T. (1990): The Langbinsi Agricultural Project: A Study in Diffusion of Agricultural Innovations in the Northern Region. Unveröffentlichte Diplomarbeit. Geographisches Institut der Universität Legon. Ghana.

Abu, K. (1992): Ghanaian German Agricultural Extension Project: Target Group Survey. Tamale.

Afari-Gyan, K. (1995): The Making of the Fourth Republican Constitution of Ghana. Accra.

Aforo, A. K. (1995): Decentralisation and Local Government in Ghana. Tema.

Afrani, M. (1995): The Killer Tax. In: *New Africa*, 7/8, 27.

Agyepong, G. T. (1994): The Wider Environmental Context of CIPSEG. Legon.

Albrow, M. (1996): The Global Age. State and Society Beyond Modernity. Cambridge, Oxford.

Albrow, M. (1997a): Auf Reisen jenseits der Heimat. Soziale Landschaften in einer globalen Stadt. In: Beck, U. [Hrsg.]: *Kinder der Freiheit*. Frankfurt am Main, 288-313.

Albrow, M. (1997b): Traveling Beyond Local Cultures: Socioscape in a Global City. In: Eade, J. [Hrsg.]: *Living the Global City. Globalization as a Local Process*. London, 37-55.

Albrow, M. (1998a): Abschied vom Nationalstaat. Frankfurt am Main.

Albrow, M. (1998b): Auf dem Weg zu einer globalen Gesellschaft. In: Beck, U. [Hrsg.]: *Perspektiven der Weltgesellschaft*. Frankfurt am Main, 411-434.

Alo, M. E. (1993): Women Participation in Rural Development in the West Mamprusi District of Northern Ghana. Unveröffentlichte Diplomarbeit. Geographisches Institut der Universität Legon. Ghana.

Alpine, R. W. / J. Pickett (1993): Agriculture, Liberalization and Economic Growth in Ghana and Côte D`Ivoire: 1960-1990. Paris.

Altvater, E. / B. Mahnkopf (1996): Grenzen der Globalisierung. Ökonomie, Ökologie und Politik in der Weltgesellschaft. Münster.

Amanor, K. S. (1993): Social and Environmental Baseline Survey: Wenchi Farmer Training Project. Report for ODA. Wenchi.

Amoako-Atta, B / UNESCO-CIPSEG (1994): CIPSEG Strategic Planning / Implementation Workshop on Sustainable Land Use Systems in Savanna Ecosystems in Ghana. A Proceedings Report. Tamale.

Amoako-Atta, B. (1993): Sacred Groves in Ghana. Paper Submitted at the International Expert Meeting on 'Cultural Landscapes of Outstanding Universal Value'. Jointly Organized by UNESCO World Heritage Center, the ICOMOS and IUCN. Schorfheide/Chorin. Land Brandenburg, Germany, 12 - 17th October, 1993.

Anonymus (1994): An Historical and Ethnographic Commentary on the Northern Conflict. o. O. (vervielfältigtes Typoskript).

Antwi, M. K. (1992): Development of Education in Ghana 1880-1990. In: Abosi, O. C. / Brookman-Amissah, J. [Hrsg.]: *Introduction to Education in Ghana*. Accra, 12-28.

Appadurai, A. (1996): Disjuncture and Difference in the Global Cultural Economy. In: Featherstone, M. [Hrsg.]: *Global Culture. Nationalism, Globalization and Modernity*. London, 295-310.

Appadurai, A. (1998): Globale ethnische Räume. In: Beck, U. [Hrsg.]: *Perspektiven der Weltgesellschaft*. Frankfurt am Main, 11-40.

Appiah-Kubi, K. (1996): Das sozio-ökonomische Gefälle zwischen Stadt und Land in Afrika: zur politischen Ökonomie der wirtschaftlichen Entwicklung des ländlichen Raums in Ghana. Frankfurt am Main.

Arhin, K. (1995): Monetization and the Asante State. In: Guyer, J. I. [Hrsg.]: *Money Matters. Instability, Values and Social Payments in the Modern History of West African Communities*. London, 97-110.

Aryeetey, E. (1996): Structural Adjustment and Aid in Ghana. Accra.

Asad, T. (1994): Ethnographic Representation, Statistics and Modern Power. In: *Social Research*, 61, 1, 55-88.

Asamoa, A. K. (1996): The Syndrome of Primary Contradiction and Development. Cape Coast.

Asenso- Okyere, W. K. / F. A. Asante / L. O. Gyekye (1993): Policies and Strategies for Rural Poverty Alleviation in Ghana. ISSER Technical Publication 57. Legon.

Asenso-Okyere, W. K. / S. Y. Atsu / I. S. Obeng (1993): Communal Property Resources in Ghana: Policies and Prospects. ISSER Discussion Paper 27. Legon.

Asomah, K. (1981): Changing Patterns of Agricultural Land-Use in Berekum Area. Unveröffentlichte Diplomarbeit. Geographisches Institut der Universität Legon. Ghana.

Literatur

Assimeng, M. (1996): An Anatomy of Ghana. Accra.

Baker, K. M. (1992): The Changing Geography of West Africa. In: Baker, K. M. / G. P. Chapman [Hrsg.]: *The Changing Geography of Africa and the Middle East*. London, 80-113.

Bank of Ghana (1994): Quarterly Economic Bulletin, 4, Accra.

Banner, F. (1997): Wordscapes. In: Poettner, Jochen [Hrsg.]: *Urbane Legenden: London*. (Ausstellungskatalog). Baden-Baden, 1-15.

Barrows, R. / M. Roth (1990): Land Tenure and Investment in African Agriculture: Theory and Evidence. In: *The Journal of Modern African Studies*, 28, 2, 265-297.

Bartle, P. F. W. (1981): Cultural and Ethnic Variation in the Northern Region, Ghana. NORRIP Sectoral Report. Tamale.

Basset, T. (1993): Cartography, Ideology and Power: the World Bank in Northern Côte d'Ivoire. In: *Passager*, 5, 8-9.

Bates, R. H. (1981): Markets and States in Tropical Africa: The Political Basis of Agricultural Policies, London.

Bauman, Z. (1997a): Postmodernity and its Discontents. Cambridge.

Bauman, Z. (1997b): Schwache Staaten, Globalisierung und die Spaltung der Weltgesellschaft. In: Beck, U. [Hrsg.]: *Perspektiven der Weltgesellschaft*. Frankfurt am Main, 315-332.

Bauman, Z. (1998): Globalization. The Human Consequences. Cambridge.

Beck, U. (1997): Was ist Globalisierung? Frankfurt am Main.

Bening, R. (1975): Foundations of the Modern Native States of Northern Ghana. In: *Universitas*, 5, 1, 116-138.

Benneh, G. (1972): The Response of Farmers in Northern Ghana to the Introduction of Mixed Farming: A Case Study. In: *Geografiska Annaler*, 54 B, 2, 95-103.

Benneh, G. (1988): The Dynamics of Customary Land Tenure and Agrarian Systems in Ghana. In: FAO [Hrsg.]: *The Dynamic of Land Tenure and Agrarian Systems in Africa*. Rome, 34-97.

Benneh, G. / K. Dickson (1990): A New Geography of Ghana. Harlow.

Bergstresser, H. (1996): Ghana. In: Hofmeier, R. [Hrsg.]: *Afrika Jahrbuch 1995*. Opladen, 108-114.

Bergstresser, H. (1997): Ghana. In: Hofmeier, R. [Hrsg.]: *Afrika Jahrbuch 1996*. Opladen, 112-119.

Berry, S. (1995): Stable Prices, Unstable Values: Some Thoughts on Monetization and the Meaning of Transactions in West African Economies. In: Guyer, J. I. [Hrsg.]: *Money Matters. Instability, Values* *and Social Payments in the Modern History of West African Communities.* London, 299-313.

Berry, S. (1997): Tomatoes, Land and Hearsay: Property and History in Asante in the Time of Structural Adjustment. In: *World Development,* 25, 8, 1225-1241.

Berry, S. (1998): Unsettled Accounts: Stool Debts, Chieftaincy Disputes and the Question of Asante Constitutionalism. In: *Journal of African History,* 39, 39-62.

Beyer, P. (1994): Religion and Globalization. London.

Blaikie, P. / H. Brookfield (1987): Land Degradation and Society. London, New York.

Blenck, J. (1979): Geographische Entwicklungsländerforschung. In: Hottes, K. [Hrsg.]: *Geographische Beiträge zur Entwicklungsländer-Forschung.* DKFG-Hefte 12, 11-20.

Boahen, A. (1975): Ghana: Evolution and Change in the Nineteenth and Twentieth Centuries. London.

Bohle, H.-G. (1992): Hungerkrisen und Ernährungssicherung. In: *Geographische Rundschau,* 44, 2, 78-87.

Bohle, H.-G. (1994): Dürrekatastrophen und Hungerkrisen. Sozialwissenschaftliche Perspektiven geographischer Risikoforschung. In: *Geographische Rundschau,* 46, 7-8, 400-407.

Bohle, H.-G. (1998): Strategien der Überlebenssicherung und Verwundbarkeit in Entwicklungsländern. In: *Rundbrief Geographie,* 149, 13-16.

Bohle, H.-G. / C. Dittrich / B. Lohnert (1990): Anpassungspolitik und Ernährungssicherung. In: *Zeitschrift für Wirtschaftspolitik,* 34, 1, 6-17.

Bohle, H.-G. / M. Watts (1993): Hunger, Famine and the Space of Vulnerability. In: *GeoJournal,* 30, 2, 117-125.

Botchwey, K. (1993): The PNDC Budget Statement and Economic Policy for 1993. Accra.

Bourdieu, P. (1984): Distinction. A Social Critique of the Judgment of Taste. Cambridge.

Bourdieu, P. (1992): Thinking about Limits. In: Featherstone, M. [Hrsg.]: *Cultural Theory and Cultural Change.* London, 37-49.

Brown, C. K. (1994): Gender Roles in Household Allocation of Resources and Decision-Making in Ghana. FADEP Technical Series 2. Legon.

Brydon, L. / K. Legge (1996): Adjusting Society: The World Bank, the IMF and Ghana. London.

Buah, F. K. (1980): A Historie of Ghana. London.

Builsa District Assembly [Hrsg.](1996): Builsa District Household Food Security and Nutrition Baseline Study. Tamale.

Bukh, J. (1979): The Village Woman in Ghana. Uppsala.

Buturo, N. (1993): Local and International NGOs in the Development Process of Northern Ghana. A Review Prepared for Action Aid. Birmingham.

Catchpole, B. / I. A. Akinjogbin (1989/90): A History of West Africa in Maps and Diagrams. London.

CEPA (1996): Ghana: Quarterly Macroeconomic Review. 1st Quarter 1996. Accra.

Chalfin, B. (1996): Market Reforms and the State: The Case of Shea in Ghana. In: *The Journal of Modern African Studies*, 34, 3, 421-440.

Chambers, R. (1994a): The Origins and Practice of Participatory Rural Appraisal. In: *World Development*, 22, 7, 953-969.

Chambers, R. (1994b): Participatory Rural Appraisal (PRA): Analysis of Experience. In: *World Development*, 22, 9, 1253-1268.

Chambers, R. (1994c): Participatory Rural Appraisal (PRA): Challenges, Potentials and Paradigm. In: *World Development*, 22, 10, 1437-1454.

Cheru, F. (1995): The World Bank and Structural Adjustment in Africa. In: *Africa Insight*, 25, 4, 236-239.

Clapham, R. (1993): Umwelt- und Ressourcenschutz durch die Gestaltung von Property Rights in Entwicklungsländern. In: Sautter, H. [Hrsg.]: *Umweltschutz und Entwicklungspolitik*. Berlin, 15-46.

Clark, G. (1994): Onions are my Husband. Survival and Accumulation by West African Market Women. London.

Clark, G. (1997): Local-Global Interactions in Ghana's Structural Adjustment. In: Blanton, R. [Hrsg.]: *Economic Analysis Beyond the Local System*. London, 209-234.

Colson, E. (1971): The Impact of the Colonial Period on the Definition of Land Rights. In: Turner, V. [Hrsg.]: Colonialism in Africa 1870-1960, 3, *Profiles of Change: African Society and Colonial Rule*. Cambridge, 193-215.

Dei, G. (1991): A Ghanaian Rural Community: Indigenous Responses to Seasonal Food Supply Cycles and the Socio-Environmental Stresses of the 1980s. In: Taylor, D. R. / F. Mackenzie [Hrsg.]: *Development from within: Survival in Rural Africa*. London.

Dickson, K. B. (1971): A Historical Geography of Ghana. Cambridge.

Dittrich, E. J. / F.-O. Radtke (1990): Ethnizität. Wissenschaft und Minderheiten. Opladen.

Donhauser, F. / H. Bauer / A. Langyintuo (1994): Small Holder Agriculture in Western Dagbon. A Farming System in Northern Ghana. Nyankpala.

Dorm-Adzobu, C. / O. Ampadu-Agyei / P. G. Veit (1991): Religious Belief and Environmental Protection: The Malshegu Sacred Grove in Northern Ghana. Nairobi.

Douglas, M. (1991): Wie Institutionen denken. Frankfurt am Main.

Drilling, M. (1993): Der informelle Sektor als Entwicklungspotential?. In: Bohle, H.-G. [Hrsg.]: *Freiburger Studien zur Geographischen Entwicklungsforschung 3*. Saarbrücken.

Drucker-Brown, S. (1988-89): Local Wars in Northern Ghana. In: *Cambridge Anthropology*, 13, 2, 86-106.

Dzomeku, F. B. K. (1995): The Sacred Grove. Accra.

Economist Intelligence Unit (1996a): Country Profile. 1996-97. London.

Economist Intelligence Unit (1996b): Country Report: Ghana. 1st Quarter. London.

Ehling, H. (1994a): Unbeachteter Krieg. In Nordghana kämpfen verschiedene Volksgruppen um Landrechte. In: *Der Überblick*, 2, 75-77.

Elwert, G. (1980): Überleben in Krisen, kapitalistische Entwicklung und traditionelle Solidarität. Zur Ökonomie und Sozialstruktur eines westafrikanischen Bauerndorfes. In: *Zeitschrift für Soziologie*, 9, 4, 343-365.

Elwert, G. (1983): Bauern und Staat in Westafrika. Die Verflechtung sozioökonomischer Sektoren am Beispiel Bénin. Frankfurt am Main.

Elwert, G. (1985): Überlebensökonomie und Verflechtungsanalyse. In: *Zeitschrift für Wirtschaftsgeographie*, 29, 2, 73-84.

Escobar, Arturo (1992): Reflections on 'Development'. Grassroots Approaches and Alternative Politics in the Third World. In: *Futures*, 5 (Juni), 411-436.

Esteva, Gustavo (1987): Regenerating People's Space. In: *Alternatives*, 12, 123-132.

Evers, H.-D. (1987): Subsistenzproduktion, Markt und Staat. Der sogenannte Bielefelder Verflechtungsansatz. In: *Geographische Rundschau*, 39, 3, 136-140.

Evers, H.-D. (1997): Marktexpansion und Globalisierung. In: Schulz, M. [Hrsg.]: *Entwicklung. Die Perspektive der Entwicklungssoziologie.* Opladen, 213-222.

Fage, J. D. (1969): A History of West Africa. An Introductory Survey. Cambridge.

Fall, J. K. (1994): Soif de revanche après les violences entre ethnies. In: *Le Monde*, 05.03.1994, o. S.

Feder, G. / D. Feeny (1991): Land Tenure and Property Rights: Theory and Implications for Development Policy. In: *The World Bank Economic Review*, 5, 1, 135-153.

FES (1994): The Impact of the Structural Adjustment Programme on Education. Accra.

Finsterwalder, R. / E. Hueber (1943): Vermessungswesen und Kartographie in Afrika. Berlin.

Firmin-Sellers, K. (1996): The Transformation of Property Rights in the Gold Coast. Cambridge.

FORIG (1993): Baseline Ecological Studies and Strategies for Tree Survival in Northern Ghana Guinea Savanna Ecosystem. Report Presented to the Cooperated Integrated Project on Savanna Ecosystems in Ghana. Kumasi.

Foucault, M. (1994): Überwachen und Strafen. Frankfurt am Main.

Freeman, R. A. (1967 [1898]): Travels and Life in Ashanti and Jaman. Westminster.

Frimpong-Ansah, J. H. (1991): The Vampire State in Africa. London.

Gertel, H. (1995): The Case of Food Security within the UNESCO-CIPSEG Project. Final Report Output. Tamale.

Gertel, H. / S. Haack / G. Kruk (1997): Gyankufa: Ein Dorf in Westghana. Eine Analyse sozioökonomischer Transformationsprozesse mit Fokus auf geschlechtsspezifische Aktionsräume. Unveröffentlichter Auswertungsbericht eines Studienvorhabens im Rahmen des ASA-Programms der Carl-Duisberg Gesellschaft. Freiburg, Mainz, Bonn.

Ghana Statistical Service [Hrsg.] (1993): Rural Communities in Ghana. Accra.

Ghana Statistical Service [Hrsg.] (1995): Ghana Living Standards Survey. Report on the Third Round (GLSS 3). September 1991 - September 1992. Accra.

Ghana Statistical Service [Hrsg.] (1996): Ghana Living Standards Survey. Report on the Second Round (GLSS 2). October 1988 - September 1989. Accra

Giddens, A. (1985): Time, Space and Regionalisation. In: Gregory, D / J. Urri [Hrsg.]: *Social Relations and Spatial Structure.* London, 265-295.

Giddens, A. (1990): The Consequences of Modernity. Oxford.

Giddens, A. (1995a): The Constitution of Society. Cambridge.

Giddens, A. (1995b): Sociology. Oxford.

Giddens, A. (1996): Konsequenzen der Moderne. Frankfurt am Main.

Giddens, A. (1997): Jenseits von Links und Rechts. Frankfurt am Main.

Glewwe, P. / H. Jacoby (1993): Delayed Primary School Enrolment and Childhood Malnutrition in Ghana. In: *The World Bank Living Standard Measurement Study Paper 98.* Washington.

Gnielinski, S. von (1986): Ghana: Tropisches Entwicklungsland an der Oberguineaküste. Darmstadt.

Grainger, A. (1990): The Threatening Desert. London.

Grawert, E. (1998): Der 'Livelihood Approach'. Eine Analysemethode für komplexe sozioökonomische Absicherungsformen, dargestellt am Beispiel Kutun / Westsudan. In: *Peripherie,* 69/70, 67-87.

Gregory, D. (1994): Geographical Imaginations. Oxford.

Griffiths, I. Ll. (1994): The Atlas of African Affairs. London.

GTZ (1994): Northern Region on Fire. Unveröffentlichte Zeitungsartikelsammlung über den ethnischen Konflikt von 1994 in der Nordregion Ghanas. Tamale.

GTZ (1996): Bericht über die Prüfung des Vorhabens 'Förderung ressourcenschonender bäuerlicher Betriebssysteme in der Brong Ahafo Region , Ghana'. Stuttgart.

Gundlach, E. / P. Nunnenkamp (1996): Aufholprozesse oder Abkopplungstendenzen? Entwicklungsländer im Zeitalter der Globalisierung. In: Schäfer, H.-B. [Hrsg.]: *Die Entwicklungsländer im Zeitalter der Globalisierung.* Berlin, 87-112.

Guyer, J. I. (1995): Introduction: The Currency Interface and its Dynamics. In: Guyer, J. I. [Hrsg.]: *Money Matters. Instability, Values and Social Payments in the Modern History of West African Communities.* London, 1-33.

Gyekye, O. L. / A. Arthur / E. V. O. Dankwa (1995): Family Law and Customary Practices for Child Maintenance and Inheritance in Ghana. FADEP Technical Series 5. Legon.

Hailey, Lord (1957): An African Survey. Revised 1956. A Study of Problems Arising in Africa South of the Sahara. London.

Hailey, Lord (1979): Native Administration and Political Development in British Tropical Africa. London.

Haraway, D. J. (1991): Simians, Cyborgs, and Women. The Reinvention of Nature. New York.

Hardin, G. (1968): The Tragedy of the Commons. In: *Science*, 162, 1243-1248.

Harvey, D. (1989): The Condition of Postmodernity. An Enquiry into the Origins of Cultural Change. Oxford.

Harvey, D. (1997): Justice, Nature & the Geography of Difference. Oxford.

Heath, C. W. (1996): Children's Television in Ghana: A Discourse about Modernity. In: *African Affairs*, 96, 261-275.

Herbst, J. (1993): The Politics of Reform in Ghana, 1982-1991. Oxford.

Hill, P. (1970): The Migrant Cocoa-Farmers of Southern Ghana. A Study in Rural Capitalism. Cambridge.

Holtkamp, T. (1993): Dezentralisierung und Partizipation in Ghana. In: Bohle, H.-G. [Hrsg.]: *Freiburger Studien zur Geographischen Entwicklungsforschung 6*. Saarbrücken.

Hopkins, A. G. (1973): An Economic History of West Africa. Harlow.

Huntington, Samuel P. (1996): The Clash of Civilization and the Remaking of World Order. New York.

IMF (1991): Ghana: Adjustment and Growth, 1983-91. Washington.

IRNR / UNESCO-CIPSEG (1993): Baseline Studies of the Savelugu-Nanton, Tolon-Kumbungu, and West Dagomba-Tamale Sites. Kumasi.

ISSER (1995): The State of the Ghanaian Economy in 1994. Legon.

ISSER (1996): The State of the Ghanaian Economy in 1995. Legon.

ISSER / Centre for World Food Studies (NL) (1993): Background to Food Security in Ghana. University of Ghana. Legon.

Jeffries, R. (1982): Rawlings and the Political Economy of Underdevelopment in Ghana. In: *African Affairs*, 81, 324-329.

Johnston, R. J. (1989): Environmental Problems: Nature, Economy and State. London.

Johnston, R. J. / P. J. Taylor / M. J. Watts (1995): Geographies of Global Change. Oxford.

Kay, G. B. [Hrsg.] (1972): The Political Economy of Colonialism in Ghana. A Collection of Documents and Statistics 1900-1960. Cambridge.

Kimble, D. (1963): A Political History of Ghana. The Rise of Gold Coast Nationalism 1850-1928. Oxford.

Klein, N. A. (1996): Toward a New Understanding of Akan Origins. In: *Africa*, 66, 2, 248-273.

Korboe, D. / UNICEF-Ghana (1995): Extended Poverty Study (PPA Phase 3): Access and Utilization of Basic Social Service by the Poor in Ghana. Accra.

Kost, T.-K. / C. Callenius (1992): Ghanaische Frauen erzählen aus ihrem Alltag. Problemanalyse aus der Sicht von Frauen eines Dorfes in Nord-Ghana. Arbeiten aus dem Institut für Afrika-Kunde 81. Hamburg.

Krätke, S. (1995): Globalisierung und Regionalisierung. In: *Geographische Zeitschrift*, 83, 1, 207-221.

Krätke, S. (1997): Globalisierung und Stadtentwicklung in Europa. In: *Geographische Zeitschrift*, 85, 2/3, 143-158.

Krings, T. (1991): Kulturbaumparke in den Agrarlandschaften Westafrikas - eine Form autochthoner Agroforstwirtschaft. In: *Die Erde*, 122, 117-129.

Krings, T. (1992): Die Bedeutung autochthonen Agrarwissens für die Ernährungssicherung in den Ländern Tropisch Afrikas. In: *Geographische Rundschau*, 44, 2, 88-93.

Kruk, G. (1998): Frauen in Ghana. Alltägliche Handlungsspielräume und der Einfluß sozioökonomischer Wandlungsprozesse in der ländlichen Region. Diplomarbeit am Geographischen Institut der Johannes Gutenberg Universität Mainz. Mainz.

Kruk, G. (2000): Frauen in Ghana: Alltägliche Handlungsräume zwischen Modernisierung und Marginalisierung. Münster.

Kyereme, K. S. (1992): Ghana's Development Problems: Some Reflections / Solutions. Kumasi.

Ladouceur, A. (1979): Chiefs and Politicians: The Politics of Regionalism in Northern Ghana. London.

Langyintuo, A. S. (1995): Food Security in the Guinea Zone of Ghana. Paper presented at the International Conference on 'Sustainable Food Security in West Africa' in Accra. Tamale.

Lash, S. / J. Urry (1994): Economies of Signs and Space. London.

Lastarria-Cornhiel, S. (1997): Impact of Privatization on Gender and Property Rights in Africa. In: *World Development*, 25, 8, 1317-1333.

Latein, C. (1997): "Du mußt reden, reden, reden". Erfahrungen in einem Workcamp in Ghana. In: Stock, C. [Hrsg.]: *Trouble in Paradise. Tourismus in die Dritte Welt*. Freiburg, 133-137.

Lenz, C. (1993): Histories and Political Conflict. A Case Study of Chieftaincy in Nandom, Northwestern Ghana. In: *Paideuma*, 39, 177-215.

Lenz, C. (1998): The Chief, the Mine Captain and the Politician: Legitimating Power in Northern Ghana. In: *Africa*, 68, 1, 46-67.

Loxley, J. (1989): Structural Adjustment in Africa: Reflections on Ghana and Zambia. In: *Review of African Political Economy*, 49, 8-27.

Lugart, Lord (1965 [1922]): The Dual Mandate in British Tropical Africa. London.

Mahama, A. (1993): Gender Issues and the Participation of Women in CIPSEG Activities. Tamale.

Mahama, I. (1987): YA-NAA. The African King of Power. o.O.

Manoukian, M. (1951): Tribes of the Northern Territories of the Gold Coast. In: Forde, D. [Hrsg.]: *Ethnographic Survey of Africa*. London.

Manshard, W. (1957): Agrarische Organisationsformen für den Binnenmarkt bestimmter Kulturen für den Waldgürtel Ghanas. In: *Erdkunde. Archiv für wissenschaftliche Geographie*, 11, 3, 215-224.

Manshard, W. (1961): Die Geographischen Grundlagen der Wirtschaft Ghanas. Wiesbaden.

Manshard, W. (1962): Agrargeographische Entwicklungen in Ghana. In: *Westfälische Geographische Studien*, 15, 81-105.

Manshard, W. (1986): The West African Middle Belt. Land Use Patterns and Development Problems. In: *Land Use Policy*, 10, 304-310.

Manshard, W. (1998): Bevölkerung, Landnutzung und Umweltwandel in den Tropen. In: *Geographische Rundschau*, 50, 5, 278-282.

Manuh, T. (1995): Changes in Marriage and Funeral Exchanges in Asante: A Case Study from Kona, Afigya-Kwabre. In: Guyer, J. I. [Hrsg.]: *Money Matters. Instability, Values and Social Payments in the Modern History of West African Communities*. London, 188-202.

Mauss, M. (1990 [1966]): Die Gabe. Form und Funktion des Austauschs in archaischen Gesellschaften. Frankfurt am Main.

Menzel, U. (1998): Globalisierung versus Fragmentierung. Frankfurt am Main.

Meyer, B. (1998): Waren und Macht des Gebets. Zur Problematik des Konsums in ghanaischen Pfingstkirchen. In: *Sociologus*, 48, 1, 42-72.

Migot-Adholla, S. / P. Hazell / B. Blarel / F. Place (1991): Indigenous Land Rights Systems in Sub-Saharan Africa: A Constraint on Productivity? In: *The World Bank Economic Review*, 5, 1, 155-175.

Mikell, G. (1989): Cocoa and Chaos in Ghana. New York.

Mikell, G. (1991): Equity Issues in Ghana's Rural Development. In: Rothchild, D. [Hrsg.]: *The Political Economy of Recovery*, London.

Mikell, G. (1995): The State, the Courts, and 'Value': Caught Between Matrilineages in Ghana. In: Guyer, J. I. [Hrsg.]: *Money Matters. Instability, Values and Social Payments in the Modern History of West African Communities*. London, 225-244.

Mosblech, B. (1998): Die weisen Könige in Afrika. Dokumentarfilm. Ausstrahlung im ARD vom 25.11.98, 23:05-00:35.

MTADP (1990): Medium Term Agricultural Development Programme. Ministry of Agriculture, Accra.

Nationalarchiv Sunyani (1933): Early History of Jaman. Drobo.

Nationalarchiv Sunyani (1951): Stool Land Boundaries Settlement. Sunyani.

Nationalarchiv Sunyani (o.Z.): History of Suma. Sunyani.

Ninsin, Kwame A. (1989): The Land Question since the 1950s. In: Hansen, E. / K. W. Ninsin [Hrsg.]: *The State Development and Politics in Ghana*. London, 165-183.

NORRIP (1982): Regional Development Strategy for the Northern Region, Ghana. Draft Report. Tamale.

NORRIP (1994): A Growth Strategy for the Northern Region. Tamale.

Nsiah-Gyabaah K. / S. E. Edusah (1996): Options for financing small- and medium-scale industries (SMIs) in Northern Ghana. In: Aryeetey, E. [Hrsg.]: *Small Enterprise Credit in West Africa*. o.O., 109-127.

Nugent, P. (1995): Big Men, Small Boys and Politics in Ghana: Power, Ideology and the Burden of History, 1982-94. London.

Nuhn, H. (1997): Globalisierung und Regionalisierung im Weltwirtschaftsraum. In: *Geographische Rundschau*, 49, 3, 136-143.

Nukunya, G. K. (1992): Tradition and Change: The Case of the Family, Accra.

Okali, C. (1983): Cocoa and Kinship in Ghana. The Matrilineal Akan of Ghana. London.

Oppong, C. (1973): Growing up in Dagbon. Tema.

Oppong, C. (1983): Female and Male in West Africa. London.

Ormsby-Gore, W. G. A. (1926): Agricultural Policy: Comprehensive Survey. In: Kay, G. B. (1972) [Hrsg.]: *The Political Economy of Colonialism in Ghana.* A Collection of Documents and Statistics 1900-1960. Document 25. Cambridge, 204-214.

Oßenbrügge, J. (1998): Globalisierung und Umbrüche im Verhältnis von Politik und Raum. In: *Geographie und Schule,* 115, 2-7.

Owusu-Ansah, D. / D. M. McFarland (1995): Historical Dictionary of Ghana. African Historical Dictionaries 63. London.

PAMSCAD (1994): PAMSCAD Report as at 31st December 1993. Accra.

Panin, A. (1988): Hoe and Bullock Farming Systems in Northern Ghana. Eschborn.

Pearce, R. (1992): Ghana. In: Duncan, A. / J. Howell [Hrsg.]: *Structural Adjustment and the African Farmer.* London, 14-47.

Pellow, D. / N. Chazan (1986): Ghana: Coping with Uncertainty, London.

Platteau, J.-P. (1992): Formalization and Privatization of Land Rights in Sub-Saharan Africa: A Critique of Current Orthodoxies and Structural Adjustment Programmes. In: Hussain, A. / Stern N. [Hrsg.]: *The Development Economics Research Programme.* Bd. 34. London.

Polanyi, K. (1979): Ökonomie und Gesellschaft. Frankfurt am Main.

Pottier, J. [Hrsg.] (1985): Food Systems in Central & Southern Africa. London.

Pritzl, R. F. J. (1995): Property Rights, Rechtsunsicherheit und Rent-Seeking in Entwicklungsländern. In: *List Forum für Wirtschafts- und Finanzpolitik,* 21, 3, 266-293.

Rathbone, R. [Hrsg.] (1992): British Documents on the End of the Empire. Ghana. Part I. 1941-1952. London.

Rathbone, R. [Hrsg.] (1992): British Documents on the End of the Empire. Ghana. Part II. 1952-1957. London.

Rattray, R. S. (1969a): Ashanti Law and Constitution. New York.

Rattray, R. S. (1969b): The Tribes of the Ashanti Hinterland. Oxford.

Richards, P. (1990): Indigenous Agricultural Revolution: Ecology and Food Production in West Africa. London.

Rimmer, D. (1992): Staying Poor. London.

Ritz-Müller, U. (1993): Bäume des Lebens. Zum Naturverständnis in der Westafrikanischen Savanne (Burkina Faso). In: *Paideuma,* 39, 163-176.

Robertson, A. F. (1973): Histories and Political Opposition in Ahafo, Ghana. In: *Africa,* 43, 41-58.

Robertson, R. (1989): 'Globalization', Politics and 'Religion'. In: Beckford, J. A. / T. Luckmann [Hrsg.]: *The Changing Face of Religion*. London, 10-23.

Robertson, R. (1995): Globalization: Time-Space and Homogeneity-Heterogeneity. In: Featherstone, M. [Hrsg.]: *Global Modernities*. London. 25-44.

Robertson, R. (1996): Mapping the Global Condition: Globalization as the Central Concept. In: Featherstone, M. [Hrsg.]: *Global Culture*. London. 15-30.

Robertson, R. (1998): Glokalisierung: Homogenität und Heterogenität in Raum und Zeit. In: Beck, U. [Hrsg.]: *Perspektiven der Weltgesellschaft*. Frankfurt am Main, 192-220.

ROG (1987a): 1984 Population Census of Ghana. Demographic and Economic Characteristics. Brong-Ahafo Region. Accra.

ROG (1987b): 1984 Population Census of Ghana. Demographic and Economic Characteristics. Northern Region. Accra.

ROG (1989): Ghana: Structural Adjustment for Growth. Report 7515-GH. Accra.

ROG (1990): Ghana Medium Term Agricultural Programme. Accra.

ROG (1991): Enhancing the Human Impact of the Adjustment Programme. Accra.

ROG (1992a): Constitution of the Republic of Ghana. Tema.

ROG (1992b): National Agricultural Extension Project. Staff Appraisal Report Number 9847-GH. Accra.

ROG (1992c): The Child Cannot Wait. A National Programme of Action on the Follow-up to the World Summit for Children. Accra.

ROG (1993): Rural Communities in Ghana. Report of a National Rural Community Survey Carried Out as Part of the Third Round on the Ghana Living Standard Survey 1991/92. Accra.

ROG (1994): Revised National Population Policy. Action Plan for Population Information, Education and Communication. Accra.

ROG (1995a): Ghana Living Standards Survey. Report on the Third Round (GLSS 3). Accra.

ROG (1995b): The Pattern of Poverty in Ghana 1988-1992. A Study Based on the Ghana Living Standard Survey. Accra.

ROG (1996): Ghana Living Standards Survey. Report on the Second Round (GLSS 2). Accra.

ROG / UNDP (1992): Fifth Country Programme for Ghana. New York, Accra.

ROG / UNDP (1995): Mid-Term Review of the 5th Country Programme. New York, Accra.

ROG / UNICEF (1996): Master Plan of Operations and Programme Plans of Operations 1996-2000. Accra.

ROG / UNICEF-Ghana (1990): Children and Women of Ghana. A Situation Analysis 1989-90. Accra.

Rothchild, D. [Hrsg.] (1991): Ghana: The Political Economy of Recovery. London.

Rowland, J. (1993): Dryland Farming in Africa. London.

Sabelli, F. (1986): Le Pouvoir des Lignages en Afrique. La Reproduction Sociale des Communautés du Nord-Ghana. Paris.

Said, E. W. (1981): Orientalismus. Frankfurt am Main.

Santos, M. (1977): Spatial Dialectics: The Two Circuits of the Urban Economy in Underdeveloped Countries. In: *Antipode*, 9, 3, 49-60.

Sarpong, P. (1974): Ghana in Retrospect. Some Aspects of Ghanaian Culture. Tema, Rottenburg.

Sarpong, P. (1991): Girls' Nubility Rites in Ashanti. Tema, Ulm.

Sarris, A. / H. Shams (1991): Ghana under Structural Adjustment: The Impact on Agriculture and the Rural Poor. New York.

Schaaf, T. (1987): Ungelenkte Agrarkolonisation und regionale Disparitäten in Ghana und der Elfenbeinküste. Freiburg.

Schaaf, T. (1988): Ländliche Pioniersiedlungen in der Brong-Ahafo-Region Ghanas unter besonderer Berücksichtigung des Kakaoanbaus. In: Mäckel, R. / W. D. Sick: *Natürliche Ressourcen und ländliche Entwicklungsprobleme der Tropen*, Stuttgart, 42-52.

Schaaf, T. / W. Manshard, (1989): Ländliche Siedlungen in der Feuchtwald- und Feuchtsavannenzone Ghanas und der Elfenbeinküste. In: *Paideuma*, 35, 221-229.

Schlottmann, A. (1998): Entwicklungsprojekte als 'strategische Räume'. Eine Akteursorientierte Analyse von sozialen Schnittstellen am Beispiel eines ländlichen Entwicklungsprojektes in Tanzania. In: Bohle, H.-G. / Krings, T. [Hrsg.]: *Freiburger Studien zur Geographischen Entwicklungsforschung 15*. Saarbrücken.

Schlottner, M. (1991): Herrschaft und Religion bei den Mamprusi und Kusasi im Nordosten von Ghana. In: *Paideuma*, 37, 141-159.

Schmid, K. / W. Reisch (1971): Tabak. In: Blankenburg, P. von / H.-D. Cremer [Hrsg.]: *Handbuch der Landwirtschaft und Ernährung in Entwicklungsländern 2.* Pflanzliche und tierische Produktion in den Tropen und Subtropen. Stuttgart, 544- 559.

Schmidt-Kallert, E. (1994): Ghana, Perthes Länderprofile, Gotha.

Schmidt-Kallert, E. (1995): Zum Beispiel Kakao. Göttingen.

Schmidt-Wulffen, W. D. (1987): 10 Jahre entwicklungspolitischer Diskussion. In: *Geographische Rundschau*, 39, 3, 130-135.

Schmidt-Wulffen, W. D. (1993): Ghanaische Kleinbauern zwischen Agrarmodernisierung und standortgerechtem Landbau. In: *Afrika Spectrum*, 28, 1, 55-72.

Schönhuth, M. / U. Kievelitz (1994): Participatory Learning Approaches. Rapid Rural Appraisal. Participatory Appraisal. An Introductory Guide. Roßdorf.

Scott, J. W. (1991): The Evidence of Experience. In: *Critical Inquiry*, 17, 773-797.

Shillington, K. (1992): Ghana and the Rawlings Factor. London.

Siebold, T. (1988): Ghana 1957 - 1987: Entwicklung und Rückentwicklung, Verschuldung und IWF-Intervention. Hamburg.

Siebold, T. (1993): Ghana. In: Nohlen, D. / F. Nuscheler [Hrsg.]: *Handbuch der Dritten Welt 4.* Bonn, 227-242.

Smith, P. (1995): Problems for Rawlings in Election Year. In: *Africa Today*, 5, 22/23.

Stamm, V. (1996): Bodenordnung und ländliche Entwicklung in Afrika südlich der Sahara. In: Hofmeier, R. [Hrsg.]: *Afrika-Jahrbuch 1995.* Opladen, 73-82.

Stamm, V. (1996): Zur Dynamik der westafrikanischen Bodenverfassung. Eine ökonomische Analyse am Beispiel Burkina Faso. Hamburger Beiträge zur Afrika-Kunde 49. Hamburg.

Staniland, M. (1975): The Lions of Dagbon: Political Change in Northern Ghana. Cambridge.

Statistisches Bundesamt (1994): Länderbericht Ghana. Wiesbaden.

Telly, E. M. / Abla, Fiadjoe (1996): Environmental Education and Training for Savanna Ecosystem Management. A Training of Trainers Manual. Tamale.

Terray, E. (1982): Event, Structure and History: the Formation of the Abron Kingdom of Gyaman (1700-1780). In: Friedman, J. / M. J. Rowlands: *The Evolution of Social Systems.* London, 279-301.

Tetzlaff, R. (1992): Strukturanpassung - das Kontroverse Entwicklungspolitische Paradigma in den Nord-Süd-Beziehungen. In: Nohlen, D. / Franz N. [Hrsg.]: *Handbuch der Dritten Welt 1.* Bonn, 420-445.

Thomi, W. (1986): Zur Problematik weltmarktorientierter Rohstoffproduktion in Schwarzafrika am Beispiel des Kakaoanbaus in Ghana. In: *Frankfurter Beiträge zur Didaktik der Geographie* 9, 64-89.

Tordoff, W. (1965): Ashanti under the Prempehs 1888-1935. London.

Toye, J. (1991): Ghana. In: Mosley, P. [Hrsg.]: *Aid and Power: the World Bank and Policy based lending.* London.

UNESCO (1990): Der Mensch und die Biosphäre: MAB stellt sich vor. Bonn.

UNESCO-CIPSEG (1993): Project Document. Tamale. 507/GHA/40.

UNESCO-CIPSEG (1996): Project Findings and Recommendations. Terminal Report, FIT/507/GHA/40. Paris.

UNICEF-Ghana (1995): Ghana: Programme 2000. Accra.

UNICEF-Ghana / ROG (1996): Master Plan of Operations and Programme Plans of Operation 1996-2000. Accra.

Van der Geest, S. (1997): Money and Respect: The Changing Value of Old Age in Rural Ghana. In: *Africa,* 67, 4, 534-559.

Vieta, K. T. (1995a): Ghana's Sectoral Reform Programme Still Trying. In: *West Africa,* 4091, 849.

Vieta, K. T. (1995b): Hardtimes. A Survey has Revealed Widespread Malnutrition in Ghana. In: *West Africa,* 4055, 999.

Vieta, K. T. (1995c): Eye of the Storm: A Report on the Third Round of the Ghana Living Standards Survey. In: *West Africa,* 4057, 1038/1039.

Vietinghoff-Scheel, G. von (1995): Förderung ressourcenschonender bäuerlicher Betriebssysteme in der Brong Ahafo Region, Ghana'. Projektprüfung, Teilbericht Agrarökonomie. Stuttgart.

Wallerstein, I. (1974): The Modern World System: Capitalist Agriculture and the Origins of the European World-Economy in the 16th Century. New York.

Wallerstein, I. (1984): Long Waves as Capitalist Process. In: *Review,* 7, 4, 559-576.

Waters, M. (1995): Globalization. London.

Watts, M. (1989): The Agrarian Question in Africa: Debating the Crisis. In: *Progress in Human Geography,* 1, 1-41.

Werlen, B. (1995): Sozialgeographie alltäglicher Regionalisierungen. Zur Ontologie von Gesellschaft und Raum. Stuttgart.

Werlen, B. (1997): Sozialgeographie alltäglicher Regionalisierungen. Globalisierung, Region und Regionalisierung. Stuttgart.

West Africa (1995a): Ghana: VAT Protest Deaths. In: *West Africa*, 4050, 774.

West Africa (1995b): Painful Adjustment in Ghana. In: *West Africa*, 4051, 824.

West Africa (1995c): Ghana: VAT Withdrawn. In: *West Africa*, 4053, 906.

West Africa (1995d): Give and Take in Ghana. In: *West Africa*, 4054, 944.

West Africa (1998): VAT Rate. In: *West Africa*, 09.-15.02.98, 175.

Wilks, I. (1982): Land, Labour, Capital and the Forest Kingdom of Asante: a Model of Early Change. In: Friedman, J. / M. J. Rowlands [Hrsg.]: *The Evolution of Social Systems*. London, 487-534.

Williamson, O. (1994): Transaction Cost Economics and Organization Theory. In: Smelser, N. J. / R. Swedberg [Hrsg.]: *The Handbook of Economic Sociology*. New York. 77-107.

World Bank (1981): Accelerated Development in Sub-Sahara Africa: An Agenda for Action. Washington.

World Bank (1984a): Ghana: Policies and Programme for Adjustment. Washington.

World Bank (1984b): Ghana: Agricultural Sector Review. Washington.

World Bank (1989): Sub-Sahara Africa: from Crisis to Sustainable Growth. Washington.

Yaka, A.-R. (1996): The Sozio-Economic Impact of the Ghanaian-Danish Community Project in Northern Ghana: A Case Study of the Tolon-Kumbungu District. Unveröffentlichte Diplomarbeit. Geographisches Institut der Universität Legon. Ghana.

Yeboah, V. (1992): Ghana`s Policy and Adjustment Initiative. In: Fuller, B. / A. Habate [Hrsg.]: *Adopting Educational Policies: Conserving Resources while Raising School Quality*. World Bank Discussion Papers 132. Washington, 18-22.

Yeboah-Afari, A. (1995): VAT Rising Shakes Capital. In: *West Africa*, 4051, 840.

Zapf, W. (1993): Entwicklung und Sozialstruktur moderner Gesellschaften. In: Korte, H. / B. Schäfers (Hrsg.): *Einführung in die Hauptbegriffe der Soziologie*. Opladen, 181-198.

ANHANG

A) ÖKONOMISCHE BASISINDIKATOREN VON 1980-1996 172

B) WEST-OST PROFIL VON GYANKUFA 173

C) GYANKUFA *FARM MAP* 174

D) LANDNUTZUNG IM GEBIET VON GYANKUFA 175

E) EXEMPLARISCHE ZUSAMMENFASSUNG BIOGRAPHISCHER INTERVIEWS 176

F) *THE MICRO-CATCHMENT TECHNIQUE OF PLANTING* 181

ANHANG

A) Ökonomische Basisindikatoren von 1980 bis 1996

Ökonomische Grunddaten	1980	1985	1990	1991	1992	1993	1994	1995	1996
BIP zu Marktpreisen *cedis* mr	-	-	-	2.575	3.009	3.949	5.117	8.253	-
Reales BIP in %	-	-	3,3	5,2	3,6	4,8	3,8	4,5	-
Inflationsrate in %	50	10	37,2	17,3	10,9	25,0	24,9	55,0	65,9
Bevölkerung mio	11,3	12,3	-	15,48	15,96	16,45	17,11	17,69	-
Exporte (fob) $ mio	1104	632	-	998	986	1.064	1.227	1.461	392,7
Importe (fob) $ mio	-	-	-	1.319	1.457	1.728	1.580	1.743	361,2
Auslandverschuldung $ mio	-	-	-	4.249	4.312	4.590	5.022	5.000	-
Kakao Produktion `000 t	258	219	-	240	305	255	290	330	-
Gold Produktion m fein oz	-	-	-	0,9	1,1	1,4	1,5	1,5	-
Wechselkurs C:$	-	-	326	367	437	649	956	1.300	1.589

Quelle: CEPA 1996:16; ECONOMIC INTELLIGENCE UNIT 1996; ISSER 1995; ISSER 1996; SIEBOLD 1993:231; LOXLEY 1989:9.

B) WEST-OST PROFIL VON GYANKUFA

West
300 m asl

250 m asl   Werewere   Werewere

	Farmland (A)	Settlement	Farmland (B)	Grassland
Landuse	Mixed Cropping: Yam, Maize, Cassava, Plantain, Cocoyam, Pepper, Tomatoes, Okra, Garden Eggs		Mixed Cropping	Sometimes early Yam
Vegetation	Kopoc, Mango, Odum, Mahagoni	Mangos, Coconuts, Calabase-Tree	Less trees	Giant-Grass, Bushes
Soil Fertility	Very fertile	Low	Fertile	Sand, Clay (Medium)
Labour Force	Planting, Weeding, Harvesting, Clearing, Mounding, Harvesting	Working in the house	See (A)	
Problems	Access to land; Fragmentation of land; Capital for clearing land; Lack of storage facilities; Reduction of soil fertility; Fertiliser application; Dry season & Bush burning; Insecticides	Erosion; Transport; Literacy; Family Planning	See (A)	Bush burning; Erosion; Lack of soil fertility

Quelle: H. GERTEL, HAACK, KRUK, Feldaufenthalt 1996; Zeichnung: H. GERTEL 1999

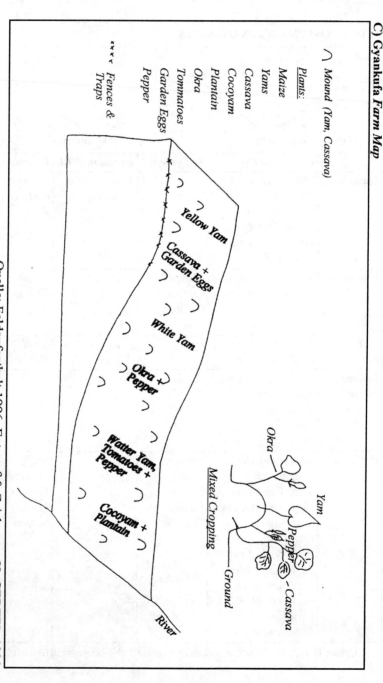

C) Gyankufa Farm Map

Quelle: Feldaufenthalt 1996; Entwurf & Zeichnung: H. GERTEL 1999

D) Landnutzung im Gebiet von Gyankufa

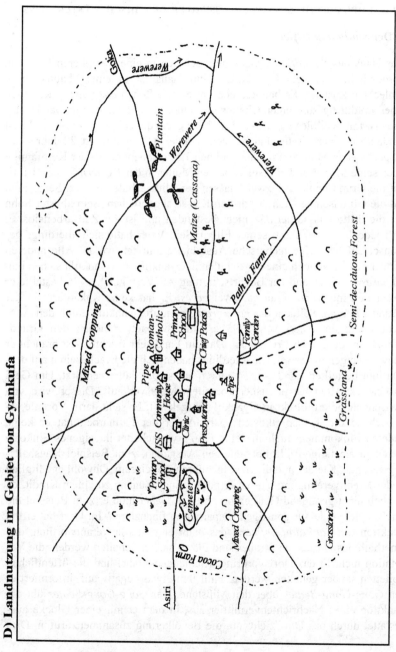

Quelle: Feldaufenthalt 1996; Entwurf & Zeichnung: H. GERTEL 1999

E) EXEMPLARISCHE ZUSAMMENFASSUNG BIOGRAPHISCHER INTERVIEWS

1. Der *Sanitation Officer*

Das Haus des *Sanitation Officer* befindet sich in einer peripheren Lage, im nordöstlichen Viertels Gyankufas. Sein Haus ist in einem bautechnisch schlechten Zustand. Es handelt sich um einen offenen *compound*, der durch einen notdürftig zusammengehaltenen Lattenzaun begrenzt wird. Das Haupthaus ist mit Wellblech gedeckt, das Nebengebäude lediglich mit Stroh. Er ist 42 Jahre alt, verheiratet und hat acht Kinder. Das älteste ist 20 Jahre, das jüngste sieben Monate. Im Haus wohnen 12 Personen, neben der Kernfamilie noch seine Mutter und ein Neffe, dessen Mutter in der *Western Region* ist. Er hat die Grundschule und zwei Klassen der Mittelschule besucht. Seine Frau hat die Grundschule nach der dritten Klasse abgebrochen. Sein ältester Sohn hat die dritte Klasse der *JSS* nicht bestanden und ist zur Zeit arbeitslos, er hilft jedoch auf der Farm seiner Eltern. Sein Vater hätte sich allerdings gewünscht, daß er eine technische Ausbildung antreten würde. Alle anderen Kinder besuchen noch eine der Schulen in Gyankufa. In Gyankufa stehen ihm 50 *acres* Familienland zur Bewirtschaftung zur Verfügung. 1996 bestellte er zusammen mit seiner Frau ca. zwei *acres*. Er hat keine Kakaofarm in der *Western Region*. Seitdem der *cash crop* Anbau in Gyankufa durch den Ältestenrat und die *chiefs* seit 1993 erlaubt ist, baut er neben den Grundnahrungsmitteln noch *Cashew* an. Da sein Land sehr fruchtbar ist braucht er keinen Dünger zu verwenden, allerdings haben sich die Brachezeiten auf dem von ihm bestellten Land von 14 Jahren auf sieben Jahre verkürzt. Um Geld zu erwirtschaften hat er bisher vor allem Mais verkauft. Dieser wird von Zwischenhändlern direkt in Gyankufa aufgekauft. Er sieht darin Vorteile, da er sich so die Transportkosten spart. Außer der Farmarbeit hat er keine anderen Einkommensquellen. Seine Frau erwirtschaftet ihr eigenes Einkommen und sie tätigen alle notwendigen Ausgaben, zum Beispiel Haushaltsgegenstände, Kleider und die Schulgebühren gemeinsam. Obwohl er Mitglied in der Kreditvereinigung ist, hat er noch keinen Zugang zu einem Kredit, da er noch nicht genügend Geld einbezahlt hat. Daher muß er zum Beispiel die *Cashew* Setzlinge aus sonstigen Ersparnissen finanzieren. Im Dorf hat er die Funktion des *Sanitaion Officers*, das heißt er ist dafür verantwortlich, daß innerhalb des Dorfes die Straßen und Plätze sauber gehalten werden, die Vegetation nicht in das Dorf vordringt (Schlangengefahr) und die öffentlichen Toiletten sauber gehalten werden. Fällt ihm etwas negativ auf, informiert er den *Gong-Gong-Beater* über den Mißstand. Der *Gong-Gong-Beater* übt die Funktion eines Nachrichtenvermittler aus, in dem er mit einer Glocke ausgestattet durch das Dorf zieht, um die Bevölkerung zusammenzurufen. Dies geschieht zum Beispiel, wenn gemeinschaftliche Arbeiten anstehen, die dann in Form von *community work* durchgeführt werden. Des weiteren ist er innerhalb der Kreditvereinigung im *Education Committee* tätig. Dieses Komitee informiert über die Funktion der Kreditvereinigung und ist darüber hinaus für die Eintreibung von überfälligen Zins- und Rückzahlungsraten zuständig. Sein derzeit größtes Problem stellt die hohe Anzahl seiner Kinder dar. Er ist sich nicht sicher, ob er den jüngeren Kindern einen Schulbesuch längerfristig finanzieren kann. Um weitere Härten durch eine noch größere Anzahl von Kindern zu vermeiden, möchte er daher zukünftig am Familienplanungsprogramm teilnehmen. Seiner Meinung nach ist die ökonomische Situation Ghanas momentan schlechter als vor 10 Jahren, da die Märkte zwar besser bestückt, die Konsumgüter aber zu teuer seien. Seine größte Hoffnung ist, daß er durch die Anpflanzung von *Cashew* zukünftig ein höheres Geldeinkommen erwirtschaften kann, um allen seinen Kindern den Schulbesuch zu ermöglichen.

2. Der Linguist des Gyasehene

Das Haus des Linguist des Gyasehene befindet sich zwar noch in der Kernzone von Gyankufa, ist aber in einem vergleichsweise schlechte Zustand. Es ist kein geschlossener *Compound* und ein Teil der Daches ist mit Stroh gedeckt. Es befindet sich im südwestlichen Viertel von Gyankufa. Er ist 80 Jahre alt, ist mit einer Frau verheiratet und hat 11 Kinder. Das älteste Kind ist 30 Jahre, das jüngste 4 Monate. Im Haus wohnen ca. 35 Personen, die alle zur Familie gehören. Er und seine Frau hatten keinen Zugang zu Bildungsmöglichkeiten, seine Kinder gehen aber alle zur Schule, bzw. haben diese abgeschlossen. Einige seiner Kinder sprechen sehr gut Französisch, da sie in der *Côte d'Ivoire* in die Schule gehen. Er hat sowohl von der *Côte d'Ivoire*, als auch von Ghana die Staatsbürgerschaft. Er besitzt in beiden Staaten eine Kakaofarm. Neben den Kakaofarmen bestellt er noch ca. 6 *acres* in Gyankufa mit Grundnahrungsmitteln. Trotz der relativ großen Farm in Gyankufa muß er noch zusätzlich Nahrungsmittel kaufen, um seine große Familie versorgen zu können. Als junger Mann war er Fahrer für die CPP, die Partei Nkrumahs, in der er auch als Wahlhelfer tätig war. Gegenwärtig betreut er lediglich seine Kakaofarmen und die Farm in Gyankufa. Trotz seines Alters fährt er jedes Jahr in die *Western Region* und die *Côte d'Ivoire*, um die Kakaoernte zu überwachen. Er beklagt sich darüber, daß früher die Menschen in seinem Alter nicht mehr auf der Farm arbeiten mußten, da die Kinder dies für die Eltern übernahmen. Heute aber strebten die Kinder aufgrund ihrer Schulbildung andere Berufe an. Seine Frau arbeitet auf der Kakaofarm mit und erzielt daraus ihr eigenes Einkommen. Daneben verkauft sie noch Gemüse auf dem Markt, um Fleisch einkaufen zu können. Am meisten Geld gibt er für die Schulgebühren, die Bücher, Stühle und Uniformen aus. Weiterhin für Nahrungsmittel, Kleider, medizinische Versorgung, Kerosin und Beerdigungen. Er ist in der Lage Geld zu sparen und hat dafür auch ein Bankkonto. Daher hat er auch Zugang zu offiziellen Krediten. Er gibt ca. 20,- DM in der Woche aus. Er ist der Familienvorstand der Patakro Familie und stellt damit einen der *subchiefs* von Gyankufa. Außerdem ist er der Linguist (Sprecher) des Gyasehene der Sumas. Wenn ein Fest stattfinden soll, müssen der Sumahene und der Gyasehene ihn als Hauptverantwortlichen in die Organisation des Festes miteinbeziehen, besonders bei der Organisation des jährlichen Yamfestes in Suma-Ahenkro. Zukünftig möchte er sich ein größeres und besseres Haus bauen. Für seine Kinder wünscht er sich, daß sie eine gute Ausbildung bekommen und später Polizisten, Beamte, Doktoren und Präsidenten werden.

3. Ein ökonomischer Aufsteiger: Kojo

Das Haus befindet sich in der nordöstlichen Modernisierungszone Gyankufas. Es ist eines der neuesten und besten in Gyankufa. Es hat zwei Stahltore und Glasscheiben und ist vollständig mit Wellblech gedeckt. Kojo ist nicht in Gyankufa geboren, aber seine Mutter stammt aus Gyankufa. Er ist 55 Jahre alt, mit zwei Frauen verheiratet und hat 13 Kinder. Das älteste ist 30 Jahre alt und das jüngste 11 Jahre. Im Haus wohnen 11 Familienmitglieder und 4 Fremde, die jeweils einen Raum gemietet haben. Die Miete betrug im September 1996 pro Monat 2,50 DM. Seine jüngere Frau wohnt nicht mit im Haus. Sie wohnt bei ihrer Mutter in einem Dorf bei Drobo. Es ist allerdings seine Pflicht sie regelmäßig zu besuchen. Wenn er in die *Western Region* geht begleitet sie ihn und die ältere Frau bleibt in Gyankufa zurück. Er und seine Frauen sind nicht zur Schule gegangen, aber alle seine Kinder besuchen die Schule. Er bewirtschaftet seit 20 Jahren zwei Kakaofarmen in der *Western Region*, die zusammen ca. 70 *acres* umfassen. In Gyankufa bewirtschaftet er weitere vier *acres*, um dort Grundnahrungsmittel anzubauen. Er pflanzt in Gyankufa keine *cash crop* an, da er der Meinung ist, daß bei verstärktem *cash crop* Anbau das Land in Gyankufa für *'food crops'* langfristig zu knapp wird. Er besitzt ein Radio und ein Fahrrad. Außerdem hat er ein Bankkonto, aber keinen Zugang zu Krediten, da die *'Ghana Commercial Bank'* keine Kredite vergibt. Er übt keine soziale oder politische Funktionen in Gyankufa aus, da er bis vor zwei Jahren fast das ganze Jahr über in der *Western Region* gewesen ist. Seitdem geht er nur noch für ca. zwei Monate im Jahr seine Kakaofarmen besichtigen. Er hatte nie vor in der *Western Region* zu bleiben, da dort die Bildungsmöglichkeiten für die Kinder wesentlich schlechter seien als in Gyankufa. Seiner Meinung nach hat sich die ökonomische Situation Ghanas in den letzen 10 Jahren verschlechtert. Früher gab es zwar weniger auf den Märkten zu kaufen, aber gegenwärtig sei alles so teuer, daß man es sich nicht leisten könne. Die Konsumgüterpreise seien gegenüber dem Einkommen, welches er aus seiner Kakaoproduktion beziehe, real gestiegen. Da er ein Anhänger der traditionellen Religion ist, befürchtet er den weiteren Verfall der Traditionen durch den Einfluß des Christentums. Positiv sieht er, daß die Kinder in den Schulen jetzt wieder lernen würden, wo ihre Wurzeln lägen. Zukünftig möchte er die Ausbildung seiner Kinder fördern. Seine Töchter möchte er mit Nähmaschinen und Material für das Schneiderhandwerk ausstatten, seinen Söhnen möchte er Läden, Geschäfte und Kioske einrichten.

4. Ein 'typisches' männliches Dorfmitglied: Anthony

Das Haus von Anthony ist in einem schlechten Zustand. Es ist aus Lehmziegeln gebaut, die Dächer zum Teil mit Stroh, zum Teil mit Wellblech gedeckt. Er ist 81 Jahre alt, in Gyankufa geboren und mit einer Frau verheiratet. Sie haben 12 Kinder, von denen aber vier bereits verstorben sind. Die anderen acht sind alle weiblich, verheiratet und leben in anderen Städten/Dörfern. Die älteste ist 45, die jüngste Tochter 25 Jahre alt. Die Töchter haben alle die Schule abgebrochen als sie schwanger wurden, was er sehr bedauert. Seine Enkel jedoch gehen alle zur Schule. Im Gehöft leben mit ihm und seiner Frau 10 Personen. Die anderen acht Personen sind Kinder seiner Schwester und seiner Brüder. Früher war er Mitglied im *Town Development Committee*. Als das Komitee, wegen des Regierungswechsels, aufgelöst und durch da *Unit Committee* ersetzt wurde, wechselten auch die Mitglieder. Er hat keinen Zugang zu Krediten und ist auch nicht Mitglied in der neuen Kreditvereinigung. Er kennt Accra und Takoradi, da er wegen psychischer Erkrankungen von zwei seiner Kinder öfter mit ihnen dorthin zur Behandlung mußte. Er hat eine Kakaofarm in der *Western Region* und eine Yamfarm in Gyankufa. Er ist ca. vier Monate im Jahr in der *Western Region*, hatte aber nie vor dort zu bleiben. Bezüglich des Landbesitzes in Gyankufa ist er der Meinung, daß das Land niemanden, beziehungsweise allen gehöre. Es sei jedem erlaubt überall zu farmen, wo er möchte. Lediglich die Palmen gehörten dem *chief* und den Ältesten. In Zukunft möchte er in Gyankufa auch *Cashew* anbauen. Er führt aus, daß der *chief* und der Ältestenrat 1993 den *cash crop* Anbau in Gyankufa diskutiert und genehmigt haben, da jedes aktive Gemeindemitglied einen finanziellen Beitrag zu den Entwicklungsmaßnahmen von *World Vison International* leisten muß, aber nicht jeder eine Kakaofarm besitzt. Das Land in der *Western Region* hat er von einem Bruder, der in Taiano lebt geschenkt bekommen. Seine Kinder und seine Frau werden es nach seinem Tod gemäß dem neuen *'Interstate Succession Law'* erben (die Kinder, die Frau und die Familie erhalten danach jeder ein Drittel des Besitzes). In der *Western Region* bestellt er drei *acres*, in Gyankufa ca. 2,5 *acres*. Seine Farm in Gyankufa liegt etwa 10 Minuten westlich des Dorfes. Neben den Grundnahrungsmitteln hat er dieses Jahr 20 *Teak* und *Cashew* Setzlinge gepflanzt. Er produziert nicht genügend Grundnahrungsmittel und muß in der Regel zusätzlich welche auf dem Markt kaufen. Seine Kakaofarm wird 1996 keine gute Ernte einbringen, da sie von Schädlingen befallen ist und er sich keine Insektizide leisten kann. Außerdem hat er Transportprobleme was die Kakoernte betrifft. Es gibt zwar eine Farmervereinigung in der *Western Region*, die jedoch nicht ausreichend helfe. Neben den Einkünften aus dem Kakao hat er keine anderen Einkommensquellen. Er ist für alle Ausgaben innerhalb des Haushaltes verantwortlich, in Krisenzeiten muß seine Frau ihn allerdings unterstützen. Sie hat ihr eigenes Einkommen, da ein Teil der Kakaofarm ihr gehört. Er kann nicht sparen und hat auch kein Interesse an Krediten. Er gibt monatlich ca. 3,- DM aus. Dies nimmt aber stetig zu, da die Preise für Nahrungsmittel in den letzten Jahren kontinuierlich gestiegen seien. Auf Fragen bezüglich der Veräderungen in den letzten Jahren, antwortet er, daß sich Gyankufa sehr entwickelt habe. Es gibt nun Schulen und Wasserpumpen. In den Traditionen habe sich nichts geändert. Er kann sich an Nkrumah erinnern (er war in seiner Partei) sowie an Busia, Limann und Rawlings. Seit fünf Jahren sei sein Leben schlechter, da die ökonomischen Bedingungen schlechter geworden seien. Als Bewältigungsstrategie seiner momentanen, schlechteren Lage hofft er auf den Erfolg seiner *cash crop* Farm in Gyankufa. Für seine Enkel wünscht er sich, daß sie Lehrer, Doktoren oder Präsidenten werden.

F) The Micro-Catchment Technique of Planting

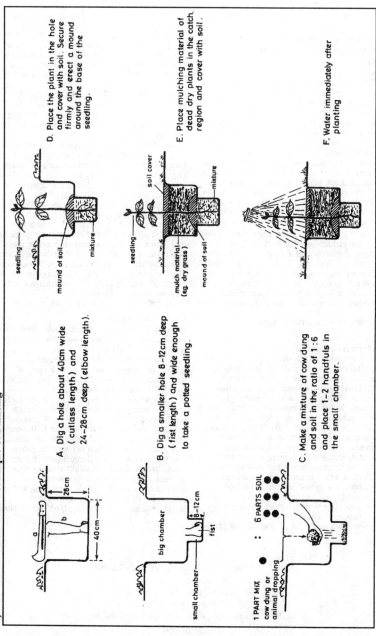

Quelle: TELLY / FIADJOE 1996:18/19

Spektrum

Berliner Reihe zu Gesellschaft, Wirtschaft und Politik in Entwicklungsländern
herausgegeben von Prof. Dr. Georg Elwert, Prof. Dr. Volker Lühr, Prof. Dr. Ute Luig und Prof. Dr. Manfred Schulz (Freie Universität Berlin)

Manfred Schulz (Hrsg.)
Entwicklung: Theorie – Empirie – Strategie
Festschrift für Volker Lühr

Die Entwicklungssoziologie kennt eine analytische, eine empirische und eine normative Dimension. Die analytische Seite, d. h. theoretische Erklärungsmodelle von Unterentwicklung und Entwicklung sowie daraus abgeleitete Entwicklungsstrategien ist wegen ihrer geringen Tragfähigkeit ins Gerede geraten. Vielerorts wird in der Entwicklungssoziologie von einer Theoriekrise gesprochen. Die theoretische soziologische Entwicklungsdebatte bedarf u. E. neuer Ansätze: Sie muß methodisch durch präzise historisch-empirische Einzelfallstudien sowie durch soziologisch begleitete Entwicklungsstrategien neu fundiert werden. Der vorliegende Band ist im Kontext der aktuellen Entwicklungsdebatte angesiedelt. Im Abschnitt "Theorie" werden u. a. Überlegungen zum Verhältnis von Entwicklungssoziologie und allgemeiner Soziologie angestellt und auf neue, immer wichtiger werdende Wissenschaftsfelder, z. B. Umwelt und Entwicklung, eingegangen. Der Schwerpunkt der Aufsatzsammlung liegt indes eher auf den Bereichen Empirie/Methodik und neuerer Entwicklungsstrategie, u. a. der Transformationsdebatte.
Bd. 45, 1997, 248 S., 38,80 DM, br., ISBN 3-8258-3245-7

Jörn Sommer
Die Herausforderung
Zum Weltmarktdiskurs der chilenischen Gewerkschaften jenseits ihrer Akteurfähigkeit

In der vorliegenden Studie wird die von der CEPAL proklamierte Komplementarität wirtschaftlicher Entwicklung und sozialer Gerechtigkeit hinterfragt. Ob beides kompatibel ist, hängt davon ab, ob verschiedene Akteure (Unternehmen, Gewerkschaften, Parteien, Militär) Strategien wählen, die eine qualitativ neue Phase der Weltmarktintegration einleiten. Am Beispiel des dynamischen Holzsektors Chiles wird gezeigt, wie Gewerkschaften ein Interesse hieran haben, doch nicht die Fähigkeit, entscheidend dazu beizutragen. Nur wenige können aufgrund innerer Gespaltenheit (multiple self) dies Ziel verfolgen, ohne die ihnen als Mitgliederorganisation eigene Probleme vernachlässigen zu müssen.
Bd. 46, 1997, 120 S., 38,80 DM, br., ISBN 3-8258-3314-3

Gabriele Beckmann
Partizipation in der Entwicklungszusammenarbeit
Mode, Methode oder politische Vision?

Seit vielen Jahren wird in der entwicklungspolitischen Diskussion mehr Partizipation der Betroffenen gefordert. Trotzdem wird vielen Projekten der Entwicklungszusammenarbeit bis heute ein Mangel an partizipativem Vorgehen bescheinigt. Handelt es sich bei der selbstverpflichtenden Forderung nach mehr Partizipation also um bloße Rhetorik? Fehlt es am politischen Willen in den Organisationen der Entwicklungszusammenarbeit? Fehlen methodische Kenntnisse? Oder existieren andere Hindernisse, die eine Beteiligung der Betroffenen im Verlauf von Planung und Durchführung von Maßnahmen der Entwicklungszusammenarbeit erschweren?
Dieses Buch versucht u. a. Antworten auf diese Fragen zu geben. Eine Inhaltsanalyse von Dokumenten verschiedener entwicklungspolitischer Organisationen zeigt, daß der in der Entwicklungszusammenarbeit gebräuchliche Partizipationsbegriff mehrdeutig und problematisch ist.
Gelungene Partizipation ist an eine Vielzahl von Bedingungen geknüpft. Sie vollzieht sich im Spannungsfeld der konkreten Erwartungen und der Motivation der Betroffenen auf der einen Seite und dem Entwicklungsverständnis der in ihnen beschäftigten Experten auf der anderen Seite. Beckmann plädiert für eine realistischere Einschätzung von Partizipation in der Entwicklungszusammenarbeit. Sie muß in der Regel ausgehandelt werden und verläuft konflikthaft.
Bd. 47, 1997, 144 S., 34,80 DM, br., ISBN 3-8258-3097-7

Omar Abdelgabar
Mechanised Farming and Nuba Peasants
An Example for Non-sustainable Development in the Sudan

This study examines the sustainability of mechanised farming in Habila as a form of agriculture and model of development. The study concludes that rainfed mechanised farming in Habila does not at all appear to be a sustainable type of development. This is reflected in that mechanised farming lacks aspects of compatibility between economic activity and local inhabitants. Mechanised farming lacks elements of fairness and equity in the relation between the Jallaba scheme holders and local inhabitants. It has intensified destructive conflicts over resources between different production systems. It has moreover encouraged the expansion and persistence of the civil war in the Sudan.
Bd. 48, 1997, 208 S., 38,80 DM, pb., ISBN 3-8258-3498-0

LIT Verlag Münster – Hamburg – London
Bestellungen über:
Grevener Str. 179 48159 Münster
Tel.: 0251 – 23 50 91 – Fax: 0251 – 23 19 72
e-Mail: lit@lit-verlag.de – http://www.lit-verlag.de

Preise: unv. PE

Thomas Bierschenk
Die Fulbe Nordbenins
Geschichte, soziale Organisation, Wirtschaftsweise. Mit einem Nachwort von Georg Elwert
Die Fulbe im Norden der Republik Bénin (dem ehemaligen Dahomey) passen in keines der beiden Klischees, von denen die wissenschaftliche Literatur über Fulbe geprägt ist: Sie sind weder Aristokraten, Krieger, Sklavenhalter, Stadtbewohner, wie sie vor allem von Historikern und Orientalisten beschrieben werden; noch sind sie Hirtennomaden und Heiden, die für viele Ethnologen als der "reinste" Typ von Fulbe gelten. Die Fulbe in Nordbenin sind Rinderhalter, aber keine Nomaden: Sie sind vielmehr seßhaft und auch im Hackbau engagiert. Sie sind Moslems, aber keine "Aristokraten": In vorkolonialer Zeit waren sie als Spezialisten für Rinderhaltung mit einem relativ niedrigen soziopolitischen Status in das System von Berufs- und Statusgruppen des Borgou integriert, waren aber ihrerseits Sklavenhalter; heute sind sie dort eine ethnische Minderheit.
Bierschenks Studie, die sozialanthropologische und historische Ansätze verbindet, ist ein Beitrag zu den Diskussionen über Ethnizität und über die lokale Artikulation zentralstaatlicher Herrschaft und zur Wirtschaftsanthropologie des Agropastoralismus in Afrika.
Bd. 49, 1998, 288 S., 48,80 DM, gb., ISBN 3-8258-2634-1

Uwe Kracht; Manfred Schulz (Eds.)
Food Security and Nutrition
The Global Challenge
The persistence of an unacceptably high level of hunger and malnutrition worldwide presents a serious challenge to the world on the threshold of the third millenium. Although enough food is produced to feed mankind, about 840 million people go hungry; among them are 185 million pre-school children that are severely underweight for their age. Since an additional 80 million people have to be fed each year, achieving food security is a central global challenge, if not the most important development issue.
The aim of the reader is to analyze actual problems in the field of food security and nutrition and to discuss present and future strategies to overcome hunger. Food security is a complex subject. In order to master this complexity, we distinguish between four dimensions of analyses: Theoretical-analytical, empirical-descriptive, normative-political, institutional.
Contributors: Cesar Deben Alfonso, Peter Ay, Friederike Bellin-Sesay, Peter von Blankenburg, Joachim von Braun, John C. Caldwell, William D. Clay, Mark Cohen, Bernd V. Dreesmann, Günter Dresrüsse, Asbjorn Eide, Geog Elwert, Javier Ekboir, Bernhard Glaeser, Albert Hoegner, M. Anwar Hussain, Noriko Kashiwagi, Uwe Kracht, Klaus Lampe, Klaus M. Leisinger, Uma Lele, Benjamin Ariel Marte, Elisabeth Meyer-Renschhausen, Hans Pfeifer, Theo Rauch, George E. Rossmiller, Frances Sandiford-Rossmiller, David E. Sahn, Lazare Séhouéto, Detlef Schwefel, Hans Schoeneberger, Bernd Schubert, Manfred Schulz, Ismail Serageldin, Manohar Sharma, D. John Shaw, Gerd Spittler, Pieter van Steekelenburg, Friedhelm Streiffeler, Parto Teherani-Krönner, Peter Uvin, Gerhard Wenzel, Gabriele Zdunnek, Manfred Zeller.
Co-published with St. Martin's Press, New York.
Bd. 50, 1999, 696 S., 128,80 DM, hc., ISBN 3-8258-3166-3

Evangelos Karagiannis
Zur Ethnizität der Pomaken Bulgariens
Bd. 51, 1998, 216 S., 48,80 DM, br., ISBN 3-8258-3608-8

Thomas Hüsken; Olin Roenpage
Jenseits von Traditionalismus und Stagnation
Analyse einer beduinischen Ökonomie in der Westlichen Wüste Ägyptens
Die Fallstudie von Thomas Hüsken und Olin Roenpage über eine beduinische Ökonomie in der Westlichen Wüste Ägyptens ist eine faszinierende Lektüre und gleichzeitig eine ungemein anregende und unmittelbar praxisrelevante Erweiterung des analytischen Instrumentariums in der sozialwissenschaftlichen Auseinandersetzung mit vermeintlich traditionellen Ökonomien. Die Quintessenz der in ihrer empirischen Schärfe bestechenden Arbeit besteht in der Forderung nach einer theoretischen Neubewertung. Der tatsächliche Charakter einer beduinischen Ökonomie wird in seiner Vielschichtigkeit erkennbar. Die Vielfalt der Ordnungen, die flexible und strategisch geschickte Verschmelzung von Tradition und Moderne sind die Ingredienzien eines ökonomischen Erfolgsrezeptes, welches sich jenseits gängiger Stereotypen und Klischees über Niedergangstendenzen, Konflikte zwischen Tradition und Moderne, Subsistenz und Markt, Stamm und Staat bewegt.
Bd. 52, 1998, 256 S., 39,80 DM, br., ISBN 3-8258-3762-9

Andreas König
"no saben ni hablar pobrecitos" – "sie können nicht mal sprechen, die Armen"
Formen des Sprechens und die Konstruktion der Identität in der Sierra von Huelva / Andalusien (Spanien)
Ethnologische Tätigkeit beruht in dreifacher Weise auf dem Dialog. Über den Dialog werden in der untersuchten Gesellschaft selbst Kultur und Bedeutung hergestellt und vermittelt: Gesellschaft wird in ihm ständig neu produziert. Das System

LIT Verlag Münster – Hamburg – London
Bestellungen über:
Grevener Str. 179 48159 Münster
Tel.: 0251 – 23 50 91 – Fax: 0251 – 23 19 72
e-Mail: lit@lit-verlag.de – http://www.lit-verlag.de
Preise: unv. PE

von symbolischen Bedeutungen wird im Dialog der Feldforschung vermittelt. Schließlich stellen Dialoge das zentrale empirische Material dar, auf dem die ethnographische Repräsentation der fremden Gesellschaft beruht.
Das Sprechen als grundlegendste soziale Tätigkeit des Menschen muß, wie alle Arten sozialen Handelns, kulturspezifische Eigenarten haben, die (vergleichend) zu untersuchen eine Hauptaufgabe der Ethnologie ist. Worin besteht aber überhaupt die kulturelle Prägung des Sprechens und in welchen spezifischen Formen kann sie gezeigt werden? Um die mündlichen Quellenmaterialien der Ethnologie auf ihre spezifischen Arten der Bedeutungskonstruktion hin zu untersuchen, muß eine eigene, genuin ethnologische Methodik entwickelt werden. Sprechwissenschaften wie die Kommunikationsethnographie, die Konversationsanalyse und Soziolinguistik haben wichtige Vorarbeiten erbracht, doch muß die Perspektivik ihrer Fragestellungen umgekehrt werden: Wenn das Sprechen eine kulturelle Form hat, was sagt diese dann über die Sprecher selbst und darüber aus, wie sie sich in Beziehung setzen? Um Verstehen zu erreichen, müssen die Sprecher verweisen: auf sich selbst, auf einander und auf ihre Gesellschaft. Besonders mit "leeren Zeichen" (z. B. Deiktika) leisten sie die Konstruktion personaler, lokaler und kollektiver Identität.
Anhand von Tondokumenten aus einer vergleichenden Feldforschung in zwei ländlichen Gemeinden im Bergland von Südspanien (Andalusien) bzw. Ostdeutschland (Thüringen) zeigt der Autor, welche Formen der Konstruktion von Identität die Sprecher verwenden und wie diese mit Blick auf die "sprechende Gesellschaft" lesbar sind.
Indem die Ethnologie den Dialog nicht allein als Vehikel kultureller Inhalte, sondern bereits selbst als eine kulturelle Tätigkeit nimmt, eröffnet sie sich einen neuen Zugang zur Frage nach der Konstruktion der kulturellen Bedeutung und gewinnt zum Status der reinen Beobachtungswissenschaft die Qualität der "Hörwissenschaft" hinzu.
Bd. 53, 1998, 488 S., 69,90 DM, br., ISBN 3-8258-3877-3

Annerose Hammer
Aids und Tabu
Zur soziokulturellen Konstruktion von Aids bei den Luo in Westkenia
Die Krankheit Aids wird hier nicht nur als biologisches und medizinisches Problem erfaßt, sondern vor allem als Ausdruck eines lokalen, regionalen und globalen Diskurses. Auf der Basis einer konstruktivistischen Position werden Hypothesen für die empirische Forschung in einer ländlichen Luoregion in Westkenia entwickelt, welche die soziokulturellen Faktoren in den Vordergrund stellen: *Der Umgang mit Aids und die Verarbeitung spiegelt sich in moralischen Diskursen wider.*
Diese Diskurse reflektieren Werte, in denen sich globale und lokale Vorstellungen zeigen.
Der Umgang mit dem Phänomen Krankheit verläuft nicht statisch. Er ist von einer geschlechtsspezifischen und einer individuellen Konstruktion beeinflußt.
Die Themen, die sich aus dieser Herangehensweise ergeben, werden als unterschiedliche alltägliche Diskurse dargelegt: biomedizinische Kenntnisse zu Aids, das Geschlechterverhältnis unter dem Aspekt der Veränderungen für Frauen, die besondere Situation von Witwen und Waisen sowie das indigene Krankheitskonzept *Chira*.
Das stigmatisierende *Chira*, das auf die Nichtbeachtung von einem oder mehreren gesellschaftlichen Tabus zurückgeführt wird, zieht sich wie diverse andere Stigmata als ein roter Faden durch alle Diskurse. Die massiv von Aids betroffene Region befindet sich in einem Zustand der permanenten Krise, die – ausgelöst und verschärft durch Krankheit und Tod – eine chronische Gefährdung auch für den sozialen Kosmos der Menschen darstellt.
Bd. 54, 1999, 128 S., 34,80 DM, br., ISBN 3-8258-3908-7

Anette Schade
Armut und Statuswünsche
Fijianische Frauen als Haushaltsvorstände in der Hauptstadt des südpazifischen Inselstaates Fiji
Fijianische Frauen stellen seit den späten 50er Jahren unseres Jahrhunderts die Hälfte der hauptstädtischen Bevölkerung Fijis, diese konzentriert etwa ein Fünftel der Gesamtbevölkerung des Landes auf sich. Wachsende Armut läßt sich auch in Fiji verzeichnen, von der besonders die große Zahl von Haushalten betroffen ist, denen Frauen als alleinerziehende Mütter vorstehen. Am Beispiel von Frauen, die Vorstände von Haushalten in einer Siedlung des sozialen Wohnungsbaus und Klientel einer anerkannten Wohlfahrtsorganisation sind, untersucht die Autorin, in welcher Situation im Lebenslauf sich fijianische Frauen als Haushaltsvorstände etablieren und welche Strategien zur Lebensbewältigung sie entwickeln. Hat die Migration in die Stadt zu sozialen Brüchen mit zunehmender Individualisierung und sozialer Ausgrenzung geführt, welche Rolle spielen Macht und Status als weiblicher Handlungsmotor, auf welche Weise wirken unterschiedliche kulturelle Systeme im Spiel der sozialen Kräfte zusammen und charakterisieren die fijianische Auseinandersetzung mit den tiefgreifenden sozialen Wandlungsprozessen, diesen Fragen versucht sich die Autorin zu

nähern.
Bd. 55, 1999, 240 S., 39,80 DM, br., ISBN 3-8258-3916-8

Jochen Seebode
"Aduro kum aduro"
Ritual, Macht und Besessenheit in Asante (Südghana)
In den kosmologischen Vorstellungen der Asante-Gesellschaft Südghanas sind die spirituelle, unsichtbare und die materielle, sichtbare Sphäre untrennbar miteinander verwoben. In dieser Studie wird am Beispiel eines rituellen Experten die Diskrepanz zwischen idealtypischen, tradierten Vorgaben und konkreter Umsetzung in der sozialen Praxis verdeutlicht. Dabei wird besonderes Augenmerk auf individuelle Strategien bei den Aushandlungsprozessen um die Bedeutung von in den Ritualen getroffenen Aussagen gelegt. Die vorliegende Schrift bettet das Phänomen Besessenheit in das Alltagsleben ein, wertet historische Quellen aus und betont oftmals vernachlässigte emische Perspektiven der rituellen Praxis in Asante.
Bd. 56, 1998, 224 S., 39,80 DM, br., ISBN 3-8258-3927-3

Clemens Beck; Stefanie Demmler
"From Resistance to Development"
Kontinuität und Wandel basisnaher Nichtregierungsorganisationen in Südafrika
Bd. 57, Herbst 2000, 184 S., 39,80 DM, br., ISBN 3-8258-3987-7

Thomas G. Kirsch
Lieder der Macht
Religiöse Autorität und Performance in einer afrikanisch-christlichen Kirche Zambias
Lieder der Macht werden in der hier behandelten indigen-christlichen Religionsgemeinschaft des zambischen Gwembe-Tals nicht nur gesungen, um den Heiligen Geist herbeizurufen und bösartige Geistwesen zu exorzieren. Vielmehr wird während ihrer Performance auch bestimmt, welchem Gemeindemitglied eine spirituelle Befähigung und somit eine charismatische Autorität zugestanden wird. Die vorliegende Untersuchung konzeptualisiert dieses Charisma konsequent als Resultat einer interaktiven Aushandlung und nimmt eine detaillierte Analyse der sich dabei einstellenden Prozesse vor. Sie wendet sich mit dieser Perspektive einem bislang weitgehend vernachlässigten Themenkomplex zu.
Bd. 58, 1999, 160 S., 34,80 DM, br., ISBN 3-8258-4008-5

Christiane Maria Indira Molt
Minderheiten im Transformationsprozeß Südafrikas
Die indische Community in Durban
Die viertgrößte Bevölkerungsgruppe in der multikulturellen Regenbogennation Südafrikas sind die Inder. Auf dem Hintergrund der Geschichte Südafrikas und der Geschichte der indischen Einwanderung nach Südafrika wird empirisch untersucht, was die Identität der Inder ausmacht und welche politischen Optionen sie in der heutigen Situation ergreifen. Die Mehrheit der indischen Einwanderer kam als Vertragsarbeiter nach Südafrika, um die Sklaven auf den Zuckerrohr-Plantagen abzulösen. Gegen den rechtlosen Status der Inder protestierte schon Ende des vergangenen Jahrhunderts Mahatma Gandhi. In Südafrika hat er die Methode des gewaltfreien Widerstands, als Instrument des politischen Handelns der Unterdrückten, entwickelt. Damit waren die Inder auch Vorreiter des Kampfes der afrikanischen Bevölkerungsgruppen gegen das Apartheidregime.
Die Untersuchung macht deutlich, daß die indische Community aufgrund der Heterogenität ihres Ursprungs nicht als Ethnie im Sinn der heutigen Definition betrachtet werden kann. Das Gruppenbewußtsein ist vielmehr Ergebnis des politischen Systems der Apartheid. Es gibt Perspektiven, daß das so konstruierte ethnische Bewußtsein durch die neue Problemlage und die ökonomische Differenzierung abgelöst wird. In ihrer politischen Option wird ein Schwanken erkennbar zwischen der historischen Allianz mit dem ANC und einer neuen Interessengemeinschaft mit der Partei der ehemaligen weißen Herren.
Es wurden 60 zufällig ausgewählte InterviewpartnerInnen unterschiedlichen ökonomischen Status befragt und außerdem eine Reihe von Führungspersönlichkeiten der indischen Community in Durban interviewt.
Bd. 59, Herbst 2000, 224 S., 39,80 DM, br., ISBN 3-8258-4012-3

Thomas Brehm
Lokale Entwicklungskomitees im Neuen Südafrika
Eine Feldstudie zu Demokratisierung und Interessenvertretung in Umlazi
Bd. 60, Herbst 2000, 128 S., 34,80 DM, br., ISBN 3-8258-4038-7

Stephanie Schütze
Mit dem Widerstand kamen die politischen Konflikte
Transformationsprozesse der politischen Kultur der Nahua-Gemeinden des Alto Balsas im Zusammenhang mit der Widerstandsbewegung gegen das Wasserkraftwerk "San Juan Tetelcingo"
Die Widerstandsbewegung der Nahua-Bevölkerung der Region des Alto Balsas im mexikanischen Bundesstaat Guerrero gegen das Wasserkraftwerk "San Juan Tetelcingo" Anfang der neunziger Jahre führte zu einem tiefgreifenden Transforma-

L IT Verlag Münster – Hamburg – London
Bestellungen über:
Grevener Str. 179 48159 Münster
Tel.: 0251 – 23 50 91 – Fax: 0251 – 23 19 72
e-Mail: lit@lit-verlag.de – http://www.lit-verlag.de
Preise: unv. PE

tionsprozeß der traditionellen politischen Kultur dieser indigenen Gruppe. Der Protest gegen die Regierungspolitik der mexikanischen Staatspartei "Partido de la Revolución Institucional" (PRI) stellt das frühere politische System des Klientelismus, in dem politischer Einfluß nur über die PRI erlangt werden konnte, in Frage und öffnet den Handlungsraum eines pluralistischen Systems, in dem auch andere politische Gruppierungen und Parteien an der Entscheidungsfindung teilhaben.
Bd. 61, 1999, 128 S., 29,80 DM, br., ISBN 3-8258-4045-x

Hansjörg Dilger
"Besser der Vorhang im Haus als die Fahne im Wind"
Geld, AIDS und Moral im ländlichen Tanzania
In exemplarischer Weise bestätigt AIDS, daß die Wahrnehmung von Krankheit einer gesellschaftlichen Konstruktion unterworfen ist. Teil dieser Konstruktion ist der Diskurs über die Epidemie, der unmittelbar mit den jeweiligen sozialen und politischen Gegebenheiten einer Gesellschaft verquickt ist.
Basierend auf einer mehrmonatigen Feldforschung im ländlichen Tanzania zeigt das Buch, daß der wirtschaftliche und soziale Wandel der Region zu einem Konflikt zwischen den Generationen und Geschlechtern geführt hat, der durch den AIDS-Diskurs einer Wertung unterzogen wird. Durch das Sprechen über AIDS und die Bezugnahme auf die Bereiche Bildung und Geld wird eine neue Moral ausgehandelt, die eigentlich eine alte ist, da sie aus der Vergangenheit der Luo hergeleitet wird. Unterstützt wird die Analyse durch die Einbettung in Theorien der Ökonomie und der gesellschaftlichen Rekonstruktion von Vergangenheit, die verdeutlichen, daß AIDS aus der Sicht der lokalen Bevölkerung zu einer Metapher für das Leben unter den Bedingungen der Moderne und ihrer negativen Konsequenzen geworden ist.
Bd. 62, 1999, 176 S., 39,80 DM, br., ISBN 3-8258-4298-3

Gabriele Zdunnek
"Her-stories"
Transformationsprozesse und geschlechtsspezifische Differenzierung in Nigeria und Ghana
Anfang der 1970er Jahre brach die Frauenforschung auf, um die Wissenschaft aus einer anderen Perspektive zu betrachten und damit paradigmatisch zu erweitern. Insbesondere ab Mitte der 1990er Jahre dokumentieren Veröffentlichungen in unterschiedlichen Disziplinen und Fachrichtungen einen Trend zur kritischen Bilanzierung, inwieweit sich in der nun mehr als 20 Jahre existierenden Frauen- und Geschlechterforschung neue Fragestellungen und Forschungsschwerpunkte eröffnet haben. Der Band ist ein Beitrag zu dieser Diskussion und stellt theoretische Ansätze und am Beispiel Nigerias und Ghanas Ergebnisse empirischer Studien vor. Die Analyse empirischer Studien zeigt unterschiedliche Konstruktionen von Geschlechterverhältnissen, Aushandlungsprozesse für ihre Modifizierung sowie die Zusammenhänge zwischen gesellschaftlichen Transformationsprozessen und geschlechtsspezifische Differenzierungen. Durch die Vielfalt der behandelten Themen – z. B. Sklaverei, ländliche Produktionssysteme, Erwerbsarbeit im formellen und informellen Sektor, staatliche Politik und politische Partizipation – macht Gabriele Zdunnek deutlich, daß nahezu jedes Thema, das Aspekte von Gesellschaft und gesellschaftlicher Entwicklung behandelt, gleichzeitig ein "Frauenthema" ist.
Bd. 63, Herbst 2000, 280 S., 49,80 DM, br., ISBN 3-8258-4484-6

Jan Koehler
Die Zeit der Jungs
Zur Organisation von Gewalt und der Austragung von Konflikten in Georgien
Bd. 64, Herbst 2000, 136 S., 29,80 DM, br., ISBN 3-8258-4528-1

Volker Mönikes
Igala und Tiv – Die Entwicklung der Verplanten
Gesellschaftliche Selbstorganisation und Fremdeinfluß durch Entwicklungshilfe
Tiv und Igala, zwei bevölkerungsstarke Ethnien im nigerianischen Middle Belt, leben unter ähnlichen administrativen und naturräumlichen Bedingungen. Ihre Gesellschaftsstruktur und ihre politische Kultur aber unterscheiden sich deutlich. Die Igala sind hierarchisch und zentralistisch, die Iiv akephal und segmentär organisiert. Die Ergebnisse dieser empirischen Studie zeigen, wie sehr der Umgang mit modernen Angeboten der Agrartechnologie und die Nutzung von Angeboten der Entwicklungszusammenarbeit vor allem von der jeweiligen Form der gesellschaftlichen Selbstorganisation abhängen. Dabei überrascht, daß das schlichte Schema akephal = dynamisch und hierarchisch = stagnativ nicht greift.
Bd. 65, Herbst 2000, 176 S., 39,80 DM, br., ISBN 3-8258-4672-5

Tobias Dierks
Südafrikas Township-Jugend und die "Wahrheits- und Versöhnungskommission"
Eine Fallstudie in Diepkloof, Soweto
Schwarze Township-Jugendliche waren Frontkämpfer im Widerstand gegen die Apartheid. Als Opfer und Täter von Gewalt waren sie aufge-

LIT Verlag Münster – Hamburg – London
Bestellungen über:
Grevener Str. 179 48159 Münster
Tel.: 0251 – 23 50 91 – Fax: 0251 – 23 19 72
e-Mail: lit@lit-verlag.de – http://www.lit-verlag.de
Preise: unv. PE

fordert, am Versöhnungsprozeß der "Wahrheitskommission" teilzunehmen – ohne Erfolg. Der Widerspruch zwischen der Konzeption der Institution und den Biographien der Jugendlichen ist die Ursache für ihre Zurückhaltung: Nicht Folter und Straßenkampf, sondern Alltags- und Zukunftssorgen prägen ihr heutiges Selbstbild.
Der Autor bietet nicht nur eine empirisch fundierte Erklärung für seine These, sondern dank seines dreimonatigen Aufenthaltes in Soweto auch einen intimen Einblick in das Township-Leben.
Bd. 66, Herbst 2000, 136 S., 39,90 DM, br.,
ISBN 3-8258-4699-7

Marion Miketta
Voodoo-Kulte als Institution in Westafrika
Eine Analyse unter besonderer Berücksichtigung der Ewe und der Guin-Mina in Togo
Das Alltagsleben der Ewe und der Guin-Mina im Süden Togos ist in einem großen Ausmaß durch den Glauben an Voodoo beeinflußt. Anhand einer Institutionsanalyse wird das Phänomen der Voodoo-Kulte in eine theoretischen Rahmen gebettet und die sozio-strukturelle Dimension der Kulte aufgezeigt. Dabei wird deutlich, dass die Kulte das Problem jeder Institution aufweisen: Die Unvereinbarkeit von einer freien Gestaltung des Lebenslaufes, individueller Spontaneität und Schaffenskraft auf der einen Seite und dem organisierten Zusammenhalt und der Ordnungsleistung der Institution auf der anderen Seite.
Bd. 68, Herbst 2000, 104 S., 29,80 DM, br.,
ISBN 3-8258-4757-8

Konstantin Woinoff
Zivilgesellschaftliche Gruppen in Kenia
Politische Hoffnungsträge und gesellschaftliche Realität
Der Begriff Zivilgesellschaft wird mittlerweile auf vielerlei Erscheinungen des politischen Lebens bezogen. Es ist das Anliegen der Arbeit, diesen Begriff anhand des konkreten Beispiels kenianischer zivilgesellschaftlicher Gruppen einzugrenzen. Spätestens seit den politischen Umwälzungen in Osteuropa wurden zivilgesellschaftliche Gruppen zu den neuen politischen Hoffnungsträgern für die weltweite Durchsetzung demokratischer Standards. Ob diese eine Verkennung und Überfrachtung der demokratiefördernden Funktionen von Zivilgesellschaft ist, ob sich die Hoffnungen an der gesellschaftlichen und politischen Wirklichkeit des subsaharischen Afrikas bzw. Kenias messen lassen, steht im Mittelpunkt dieser Arbeit. Dabei bietet sich eine historisch-theoretische Herangehensweise an: Einerseits die Aufarbeitung des theoretischen Konzepts der Zivilgesellschaft, andererseits die Überprüfung der Anwendbarkeit des Begriffs Zivilgesellschaft auf die historische und politische Entwicklung im subsaharischen Afrika. In Abhängigkeit von der politischen und wirtschaftlichen Verfaßtheit erklären sich Stellung und Funktionen der mittleren gesellschaftlichen Organisierungsebene in Afrika. Das Fallbeispiel ausgewählter zivilgesellschaftlicher Gruppen in Kenia illustriert die Möglichkeiten und Grenzen, eine Demokratisierung durch zivilgesellschaftliches Engagement zu befördern. Dabei wird deutlich, daß ein statisches Verständnis der Zivilgesellschaft, das dieser per se Etablierung von demokratischen Strukturen unterstellt, den konkreten Verhältnissen nicht gerecht werden kann. Vielmehr ist nur ein dynamisches Verständnis der Zivilgesellschaft tauglich, das die Wandelbarkeit und die Funktionsverschiebungen der Zivilgesellschaft durch soziale, politische und wirtschaftliche Bedingungen anerkennt.
Aus dem Inhalt: *Zivilgesellschaft, Transition, Entstehung und Bedingungen der Zivilgesellschaft in Afrika, Geschichte der Zivilgesellschaft im unabhängigen Kenia*
Bd. 69, Herbst 2000, 152 S., 39,80 DM, br.,
ISBN 3-8258-4759-4

Verda Kaya
Lehmburgen und Wellblechdächer
Architektur in Ghana
Bd. 70, Herbst 2000, 168 S., 34,80 DM, br.,
ISBN 3-8258-4760-8

Keramatollah Rasekh
Das politische Denken der Reformisten im Iran 1811 – 1906
Eine Untersuchung über das politische Denken der iranischen Intellektuellen
"Anlaß der Arbeit ist sicherlich die persönliche Betroffenheit des Verfassers vom Umsturz im Iran 1979.
Seine Ausgangsfrage lautet, warum die Intellektuellen bei der Machtübernahme im Iran die Geistlichkeit überhaupt unterstützt haben." (Prof. Dr. Manfred Schulz)
"Der Autor versucht, die damit verbundenen Fragen auf dreierlei Weise zu beantworten. Erstens unternimmt er einen Ausflug in die Soziologie, insbesondere die Wissenssoziologie; zweitens gibt er einen Abriß der iranischen Sozialstruktur seit dem frühen 19. Jahrhundert; und drittens analysiert er die Reisebücher von zehn Iranern, die seinerzeit Europa besucht haben, und zwei iranische Sozialphilosophien aus derselben Zeit." (Prof. Dr. Volker Lühr)
"Der Ansatz des Verfassers und auch die Wahl der Quellen, die er für seine Untersuchung verwendet, sind sinnvoll. Es gibt keine anderen Quellen aus dem 19. Jh., die eine ähnliche Einsicht in die Rezeption westlicher Lebensformen durch Iraner

LIT Verlag Münster – Hamburg – London
Bestellungen über:
Grevener Str. 179 48159 Münster
Tel.: 0251 – 23 50 91 – Fax: 0251 – 23 19 72
e-Mail: lit@lit-verlag.de – http://www.lit-verlag.de
Preise: unv. PE

erlauben wie die Reiseberichte aus dem 19. Jh. Wenn diese auch notgedrungen subjektiv sind und nur die Ansichten des jeweiligen Autors wiedergeben, sind sie dennoch wertvolle Zeugnisse der ersten Begegnungen mit dem Westen, die im Sinne der Fragestellung Auskunft über die Herkunft und die Ursprünge bestimmter, von den westlichen Verhältnissen beeinflußter politischer Reformideen iranischer Intellektueller des 19. Jhs. liefern können. (Prof. Dr. Maria Macuch)
Bd. 71, Herbst 2000, 216 S., 39,90 DM, br.,
ISBN 3-8258-4842-6

Ulrich Goedeking
Politische Eliten und demokratische Entwicklung in Bolivien 1985 – 1996
Bd. 72, Herbst 2000, 336 S., 49,80 DM, br.,
ISBN 3-8258-4860-4

Annika Reich
Was ist Haiku?
Zur Konstruktion der japanischen Nation zwischen Orient und Okzident
Bd. 73, Herbst 2000, 112 S., 34,80 DM, br.,
ISBN 3-8258-4905-8

Katharina Schramm
Dancing the Nation
Ghanaische Kulturpolitik im Spannungsfeld zwischen Nation und globaler Herausforderung
Bd. 74, Herbst 2000, 200 S., 34,80 DM, br.,
ISBN 3-8258-4978-3

Politics and Economics in Africa
Series Editors:
Robert Kappel (Universität Leipzig)
and Ulf Engel

Jedrzej Georg Frynas
Oil in Nigeria
Conflict and Litigation between Oil Companies and Village Communities
This well-researched book on the oil industry in Nigeria deals with the major consequences of foreign oil operations in village communities. The study, which has been developed out of a doctoral thesis at the University of St Andrews (UK), gives a comprehensive overview of conflicts between oil companies and village communities, which have so far been little understood. In addition, a wide range of background data is presented on oil companies, their conflicts with village communities and government policy in Nigeria, including statistical tables, which will allow for the book to be used as a reference for scholars and non-scholars alike.

The book describes the interaction between oil companies and village communities, discusses the economic, social and legal problems that can be encountered in this context and derives important conclusions regarding the involvement of multinational companies in developing countries. With the help of a large number of court cases, it uses a new approach to illustrate the social and environmental impact of multinational companies. Using exemplary cases from Nigerian courts on topics such as oil spills and compensation payments for land acquisition, the book demonstrates how legal materials can be used to understand conflicts between multinational companies and indigenous people. The court cases deal with large multinational companies such as Shell as well as smaller oil company sub-contractors such as Seismograph Services, and provide a wealth of information on issues such as land conflicts, loss of property and life, as well as oil company compensation efforts. This information is supplemented by some recent political inside material related to Shell's Nigerian operations.
Written in an accessible style, this study makes difficult topics such as a seismic study or communal land rights easy to understand.
This important book will appeal to students as well as anyone interested in the operations of multinational companies in developing countries.
Bd. 1, 2000, 288 S., 49,80 DM, pb., ISBN 3-8258-3921-4

Ulf Engel
Die Afrikapolitik der Bonner Republik 1949 – 1999
Afrikapolitische Rollen und Identitäten
Bd. 2, Herbst 2000, 360 S., 49,90 DM, br.,
ISBN 3-8258-4709-8

Barbara Praetorius
Power for the People
Die unvollendete Reform der Stromwirtschaft in Südafrika nach der Apartheid
Bd. 3, Herbst 2000, 312 S., 49,80 DM, br.,
ISBN 3-8258-4772-1

LIT Verlag Münster – Hamburg – London
Bestellungen über:
Grevener Str. 179 48159 Münster
Tel.: 0251 – 23 50 91 – Fax: 0251 – 23 19 72
e-Mail: lit@lit-verlag.de – http://www.lit-verlag.de
Preise: unv. PE